여러분이시여
기쁜 소식이 왔습니다

쇼가 있는 경성 연예가 풍경

여러분이시여 기쁜 소식이 왔습니다
쇼가 있는 경성 연예가 풍경

저자_ 김은신

1판 1쇄 인쇄_ 2008. 12. 8.
1판 1쇄 발행_ 2008. 12. 12.

발행처_ 김영사
발행인_ 박은주

등록번호_ 제406-2003-036호
등록일자_ 1979. 5. 17.

경기도 파주시 교하읍 문발리 출판단지 515-1 우편번호 413-756
마케팅부 031)955-3100 편집부 031)955-3250 팩시밀리 031)955-3111

값은 뒤표지에 있습니다.
ISBN 978-89-349-3058-7 04900

독자의견 전화_ 031) 955-3200
홈페이지_ http://www.gimmyoung.com
이메일_ bestbook@gimmyoung.com

좋은 독자가 좋은 책을 만듭니다.
김영사는 독자 여러분의 의견에 항상 귀 기울이고 있습니다.

| 김은신 지음 |

김영사

연예사의 물줄기를 찾아서

이 책이 다루고 있는 주제는 근대 경성의 연예사이다. 시기적으로는 구한말부터 광복전까지 약 50년간에 해당한다. 궁궐에서 기생들이 쏟아져나오고, 돈을 내고 공연을 보는 사설공연장이 생겨났다. 소리꾼·재담가·만담가가 새로운 스타로 떠올랐다. 라디오·유성기·활동사진(영화)에서는 연일 '쇼'가 벌어졌다. 이런 경성 연예가 이야기가 이 책의 주내용이다.

연예라는 말이 언제부터 쓰였는지는 알 수 없다. 예전에는 연예를 연희演戲라고 했다. 그 뜻은 서로 같다. 연예를 전문으로 하는 사람이 곧 연예인인데, 당시에는 연희를 전문으로 하는 사람을 연희패라 했고, 광대·재인·화랑이·사당패·날탕패·창우라고도 했다. 따라서 이 책에서 다룬 사람들 대부분은 기생 아니면 광대이다.

이 시기 연예사에는 자연 '한국 최초'라는 수식어가 따라붙는다. 한국 최초의 극장, 최초의 흥행사, 최초의 영화, 최초의 연극배우, 최초의 가수, 최초의 입장료, 최초의 코미디언, 최초의 음반, 최초의 방송……. 이때 연예가 풍경은 어땠을까? 궁금하지만 뭐라고 말하기 어려울 만큼 예인 재사들이 넘쳐났다. 이러한 예인들이 몰고온 변화는 때로는 충격적이고, 때로는 어이없는가 하면, 때로는 진기하고, 때로는 우습기도 하고 슬프기도 했다.

언제부터 연희가 연예로 불리고 연희패가 연예인으로 불리게 되었을까, 또 무슨 이유로 그렇게 불리게 되었는지, 또 무슨 일을 겪으면서 그렇게 된 것인지를 다룬 것이 이 책이다. 그 속에는 때로는 기가 막히고 슬프기조차 한 연예인들의 삶이 있었다. 이 시기는 서구문물과 충돌할 무렵이고, 봉건사회의 굴레에서 벗어나는가 했더니 이민족의 지배를 받기 시작할 무렵이다. 참으로 운이 나빴다고나 할까? 이들은 왜 하필이면 그때 조선이라는 나라에 태어나 기생으로, 광대로 한세상 부대끼며 연예인으로 살아야 했을까?

그러나 시대야 그럴지언정 이들이 신명나게 불렀던 노랫소리가, 목청껏 불렀던 가락이, 저절로 터져나왔던 우스갯소리가 여전히 사라지지 않고 남아 있어서 우리 연예사의 물줄기가 되었다.

　이 책에서는 근대 공간에서 펼쳐진 연예의 역사를 열 개의 장으로 다루었다. 즉, 1) 국립극장의 등장으로 공연무대가 만들어지고, 2) 기생들이 조합을 만들고 권번으로 변화하는 과정, 3) 사설공연무대인 단성사의 등장, 4) 소리책의 유행, 5) 고종에게 사랑받았던 천재 소리꾼 재담가 박춘재라는 스타의 탄생, 6) 여성들로 구성된 사당패, 7) 장안의 화제를 몰고다녔던 명월관 기생의 공연, 8) 라디오의 등장과 라디오 스타, 9) 소리꾼·만담가의 새로운 경연장이 된 유성기, 10) 재담과 만담 그리고 코미디의 계보를 따라가는 연예사의 물줄기가 그것이다.

　이와 관련한 내용은 초창기의 신문이나 잡지, 서적 등 서구문물의 산물에 수록되어 있는 경우가 많고, 사진이나 음반 등의 자료에도 남아 있다. 그전의 것은 물론 문헌 속에 기록으로 남아 있을 뿐이다. 따라서 이 책에서는 가능한 한 최초의 연원을 밝혀보려고 노력했다. 그래야 타당성을 제시할 수 있기 때문이다.

　그러나 이 책이 결코 학술적인 접근으로 이루어진 것은 아니다. 그렇기 때문에 자료의 인용이나 서술에서 양해를 해주어야 하는 부분이 있다. 이 책에서 이용한 자료는 대부분 신문화 초창기의 기록물들이다. 국한문혼용체가 대부분이고, 한글만을 사용했다 해도 읽히지 않는 단어들이 수두룩하다. 분위기를 전달하고 입증자료로 인용하려면 자료의 내용을 그대로 옮겨 적어 전달해야 하는데, 사실 그것을 제대로 읽을 수 있는 사람은 그리 많지 않을 것이다. 그래서 그런 부분은 쉽게 이해할 수 있도록 풀어서 인용했다. 더불어 상태가 좋지 않은 사진이라도 당시의 연예상을 보여주는 데 꼭 필요한 자료는 사용했다.

"아! 여러분이시여, 기쁜 소식이 왔습니다!"
이 책의 제목이기도 한 이 말은 경성시대 어느 공연장을 선전하기 위해 박승필이 신문에 낸 광고의 첫 귀절이다. 박승필은 그뒤 영화와 관련한 활동으로도 널리 알려진 인물인데, 그의 첫 출발은 흥행사였다. 그는 오늘도 서울 한 극장의 현관 천정에서 아래를 내려다보고 있지만, 지금 그를 아는 이가 얼마나 될지, 그래서 이 책은 연예사의 물줄기를 거슬러 올라가 본 것이다.

2008년 11월
김은신

차 례

나라에서 만든
유료공연장

1

1902년 여름, 또 하나의 실내공연장이 지금의 신문로 새문안교회 자리인 야주현에 생겨 큰 관심의 대상이 되었다. 이 실내공연장은 무엇보다 광대들이 세운 게 아니라 국가에서 세운 것이어서 반향이 더욱 컸다. 그 뒤 이 건물은 1908년부터 이인직, 김상천, 박정동 등 민간인들이 임대해 원각사로 이름을 바꾸고 운영하다가 1914년 화재로 소실되고 말았다. 지금도 통칭 원각사라고 불리는 이 공연장은 흔히 유사 이래 최초의 제대로 된 극장으로 중요시되고 있다. 그만큼 공연상 나온 공연장으로서 한국 연예의 요람기를 장식한 곳이었기 때문이다.

실내공연장이 등장하다

전통연희에서 실내공연장이 생겼다는 것은 일대 사건이라고 해도 과언이 아닐 만큼 획기적인 일이었다. 그로 인해 관람료라는 것이 생겼고, 출연료라는 것도 생겼기 때문이다.

연희는 이때부터 내용 면에서도 차츰 달라져야 했고, 연희패의 자질문제도 대두되었다. 그 모든 것을 관리하고 지도해야 하는 문제도 발생했다. 무엇보다도 신문이니 잡지니 하는 것들이 생겨나 연희패의 활동에 대해서 이러쿵저러쿵 말이 많아짐으로써 예전처럼 흥이 나면 흥이 나는 대로만 할 수가 없었다.

마당이나 판이 아닌 무대 또는 공연장, 그것도 아무나 들어올 수 없게 만들어놓은 공연장. 근대 연예사의 물줄기는 바로 그곳에서부터 시작되었다.

인천항 남촌 백성들이 돈 사천여 냥을 거두어 광대 십여 명과 무녀 십여 명을 불러 사월 십구일에 당굿을 하는데 집집마다 걷은 돈이 적지 아니하였다니 이것이 허황한 일이라 본항 경무서에서 어

찌 엄금 아니하였는지. 이다음에는 이러한 일을 엄금하는 것이 당
연하다고 한다더라.

「독립신문」, 1897년 5월 1일자 '잡보란'

이는 굿판에서 연주하는 연희패의 모습을 연상하기에 충분한 기
사이다. 이 신문은 민중계몽의 성격을 띠었기 때문에 무당을 허황
된 것으로 여겼는데, 그 당시 사람으로서 무당과 광대를 그런 시각
으로 보았다는 것도 놀라운 일이다. 이 기사는 본래 굿판에서 시작
된 소리와 춤이 얼마나 끈질긴 생명력을 지녔는지를 확인해준다.
　한 가지 흥미를 끄는 것은 돈 4,000냥을 거두어 광대와 무당을
불렀다는 점이다. 말하자면 광대들은 대가를 받고 연주한 것이니
이로 볼 때 굿판은 곧 연주장, 대가는 곧 출연료였다.
　또 이런 기사가 실려 있다.

　최근에 동네에서 계집 끼고 장구 치고 놀이하며 노래 부르는 것
　과 길거리에서 잡스럽게 짝을 지어 노래 부르는 사람들을 경무청
　에서 엄하게 단속한다더라.

「독립신문」, 1897년 8월 7일자

기사에는 노래 부르기를 좋아한 당시 서민들의 모습이 드러나
있다. 노래 부르고 춤추는 것을 좋아한다는 것은 그것을 보고 즐기
는 것도 좋아한다는 것을 뜻한다. 그런데 경무청에서 그것을 단속
하기로 했다는 것이다. 물리적인 단속으로 막을 수 없었다는 것은
오늘까지 그것이 건재하다는 사실만으로 충분히 입증이 된다.
　서민들이 노래 부르고, 춤추며 노는 것이 보기 싫었던지 「독립신

문」 이외에 우리나라 초기 신문들, 이를테면 「황성신문」, 「대한매일신보」, 「만세보」, 「제국신문」 등도 모두 이와 같은 내용을 기사화했다. 이는 당시 지식인의 한 계층이 민족문화를 어떻게 생각했는지를 보여주는 예이기도 하다.

전문적인 소리꾼, 춤꾼, 재담꾼들이 점차 늘어나면서 이런 기사는 도처에 보인다. 그리고 시간이 지나면서 광대들은 차츰 독자적 영역을 확보하기 시작했는데, 그것은 공연장의 마련으로 나타났다. 인구가 점차 도시로 집중하고 상공업에 종사하는 사람들이 늘어날 때였다. 연희패들은 차츰 마당이나 나루터, 시장바닥 같은 데서 탈피해야 한다는 것을 인식하게 되었다.

그들도 예인이기 전에 한 사람의 생활인이었다. 자식을 교육하고 연로한 부모도 봉양해야 했다. 당시 생업현장 속 소리꾼의 모습은 어땠을까?

> 김 모, 신 모, 전 모, 세 사람이 어떤 요리점에서 광대소리를 듣노라고 한참 흥에 겨워 얼씨구나, 얼씨구나, 하는데 어떤 은행에 다니는 김 모, 전 모, 이 모, 몇 사람들이 그 옆방에서 술을 먹다가 광대소리를 듣더니 아마 어깨춤이 나던 것이야. 문을 열고 들여다보며 광대소리 같이 들읍시다, 하고 좌석을 합하였다가 말로 옥신각신하더니 갑자기 크게 다툼이 벌어져서 어떤 은행원은 쟁반을 뒤집어쓰고 어떤 은행원은 구쓰(구두)를 잃었답니다.
>
> 「매일신보」, 1912년 4월 20일자

신문의 고정 가십난에 실린 기사인데, 광대소리를 듣다가 다툰 은행원들을 비꼬고 있다. 광대에 대해서는 별다른 언급이 없다. 또

사당패의 공연 모습 떠돌이 연희패인 사당패는 실내공연장이 생기면서 차츰 자취를 감췄다.

한 이는 굿판이나 양반가의 잔치에나 불려다니던 소리꾼들이 이제는 시내 요정에까지 나와 있는 현실을 그대로 보여주고 있다.

광대들은 누구나 좀 더 지속적·계획적으로 공연활동을 하고 싶어했다. 이에 착안한 것이 기량을 보여줄 수 있는 일정한 장소, 곧 실내공연장이었다. 그래야 재능을 마음껏 보여줄 수 있고, 평가도 받을 수 있을 뿐만 아니라, 무엇보다 계획에 따라 입장료를 제대로 받을 수 있기 때문이었다.

당시 「황성신문」 기사는 광대들의 그런 의식이 실내공연장의 등장이라는 결과를 가져왔다는 것을 알려준다.

서강 인근에서 할 일 없이 지내던 사내들이 아현 등지에서 무동연희장舞童演戱場을 열었는데, 관광하는 사람이 운집하였기에 경무청에서 순검을 보내 못하게 하자 곁에서 보고 있던 병정이 화를 내면서 그 순검을 무수난타하여 죽을 지경에 이른지라, 본청에서 그 사내들

몇 명을 체포하고 그 연희장 시설이며 도구들을 태워버렸다더라.

「황성신문」, 1899년 4월 3일자

같은 신문에 또 이런 기사가 실려 있다.

어제 하오 세 시에 내외국 신사들이 용산 무동연희장에 몰려들어 관광자가 구름과 같았다.

「황성신문」, 1899년 3월 6일자

그리고 1년 후에는 이런 광고도 나온다.

어제 아침나절에 무동을 처음으로 공연하고자 하였더니 종일 비가 내려 연희치 못하고, 양력 3월 4일부터 매일 재미있게 공연할 터이오니 여러분께서는 빠지지 마시고 용산으로 오셔서 즐겨주시기 바랍니다.

「황성신문」, 1900년 3월 3일자

이는 1900년을 전후해 이 땅에도 일반서민들을 대상으로 한 실내공연장이 들어섰으며, 주축이 된 연희패는 서울의 광대들이었다는 것을 알려주는 내용이다.

무동이란 아이를 어깨 위에 올려놓고 추는 춤을 말하며, 궁중잔치 때도 있었지만 떠돌이 걸립패들의 연희순서에도 있었다. 또 용어에서도 공연은 연희, 관객은 관광자라 했다는 것을 알 수 있다.

신문에 공연장을 '무동연희장' 이라 한 것은 광대들의 놀이 중 가장 눈에 띄는 것이 무동이었기 때문에 임의로 그렇게 붙였을 것이

선상에서 이루어진 연희패의 공연 모습(1907년경)

다. 처음 등장한 것이었던 만큼 어떤 명칭이 없었던 것은 당연하다. '내외국 신사'들이 구경하러 왔던 것도 그렇게 처음 실내에서 버나도 돌리고 땅재주도 하는가 하면 가곡·가사·시조도 부르고, 잡가는 물론 날라리에, 피리에, 무동까지 하자 그를 구경하기 위한 것이었다. 관객이 '구름 같았다'는 표현만으로는 얼마나 많이 모였는지 감을 잡기 힘들다.

연희장의 모습을 그려보는 것도 어렵기는 마찬가지이다. 실내인 것만은 사실인 듯한데 어떤 건물인지, 가설무대 같은 곳이었는지는 정확히 알 수 없다. 다만 비가 오면 공연을 할 수 없다고 한 걸로 보아 처음에는 시설이 부실했다가 나중에 제대로 정비된 듯하다.

연희장이 아현동이나 용산에만 있었던 것은 아닐 것이다. 신문 광고를 한 것으로 미루어보아 규모를 갖춘 또 다른 패가 있었을 것이라는 짐작은 얼마든지 가능하다.

날짜는 양력 며칠이라고 분명히 해놓았다. 우리나라에서 양력을 사용하기 시작한 것은 음력 1895년 11월 17일부터였다. 이날을 1896년 1월 1일로 해서 태양력을 사용하기 시작한 것이다. 그로부터 4년이 지났는데 양력날짜를 사용한 것을 보면 태양력이 상당히 보급되었음을 알 수 있다.

아현동의 경우 연희장을 만든 광대들은 서강에 근거를 둔 광대들이었다. 이 한 가지만 보더라도 당시 연희장은 서울의 광대들이 주축이 되어 만들었다는 것을 알 수 있다. 광대들은 주로 한강변이나 주막거리, 시장주변에서 살았다. 각종 악기에 능한 사람은 물론 재담을 잘하는 사람, 춤을 잘 추는 사람, 그리고 소리를 잘하는 사람들도 있었다.

신문은 그들을 '한가로운 잡배'라고 표현했지만, 관객의 반응은 그와 달랐던 듯하다. 순검이 공연을 못하게 하자 관객 중의 한 군인이 '무수난타'했다는 것은 시사하는 바가 크다. 구체적인 이유는 알 수 없지만, 한참 재미있게 보는데 공연을 방해하자 화가 치밀었던 것으로 보인다.

이때 공연된 소리들에는 이미 서울의 서민들 사이에 잘 알려져 있는 가곡, 가사, 시조는 물론 잡가도 있고 산타령도 있었다. 그중 가곡과 가사, 시조는 이른바 양반의 소리라 해서 지체 높은 계층이나 즐겼던 것이지만 연희장이 생길 무렵에는 이미 그런 간격이 사라지고 없었다.

그런데 판소리 쪽에서는 이보다 훨씬 전에 광대들의 조직체가 있었다. 이는 서울소리와도 무관하지 않을 것이다.

창악인은 엄청나게 많고 활동지역은 너무나 비좁았다. 서울을 비롯하여 큰 고을은 언제나 대명창이 판을 치고 있어 웬만한 창악인은 행세를 할 수 없었던 것이다. 여기에 생계의 수단으로 생겨난 것이 백성을 상대로 하는 이른바 협률사協律社라는 예술단체였다.

이 협률사가 언제부터 생겼는지에 대하여는 그 확실한 연대는 알 수 없으나 송만갑, 이동백 옹이 전하는 바를 종합검토한 결론은 1860년 안팎이며, 협률사라는 명칭은 청국淸國의 협률창희協律唱戲에서 유래한 것이 아닐까 한다. 그러나 이때의 협률사에서는 창극은 없었고, 판소리, 줄타기, 가무음곡, 재담, 농악 등의 연예물로 흥행하였다.

박황, 『창극사연구』

이 자료에서 말한 1860년은 판소리의 유입으로 서울을 중심으로 한 선비사회의 음악이 차츰 약화되는 시점이었다.

정노식의 『조선창극사』에 따르면, 이때 이미 판소리를 내세운 연예단체인 협률사가 등장해 여기저기 옮겨다니면서 공연을 했고, 차츰 서구문물이 모습을 보이면서 서울의 토박이 광대들이 주축이 되어 아현동이나 용산에 실내공연장이 생겨났던 것이다.

나라에서 공연장을 만든 까닭은

1902년 여름, 또 하나의 실내공연장이 지금의 신문로 새문안교회 자리인 야주현夜珠峴에 생겨 일대 관심의 대상이 되었다. 이 실내공연장은 무엇보다 광대들이 세운 게 아니라 국가에서 세운 것이어서 더욱 큰 반향을 불러일으켰다.

정부에서 공연장을 지은 이유는 두 가지로 알려져 있다. 하나는 이곳에서 춤, 노래 등 각종 연희를 보여주고 받은 입장료를 군악대 창설기금으로 삼기 위해서였다는 것이고, 다른 하나는 그해가 고종이 왕위에 오른 지 40주년 되는 해여서 기념행사를 하기 위해서였다는 것이다.

이전에는 나라에서 주도해 이런 공연장을 지은 적이 없었다. 신문에 따르면 공연장은 희대戲臺라 표현되어 있고, 관리기관은 궁내부 소속 협률사協律祉라 했다.

최남선의 『조선상식문답속편』에 따르면, 지금 새문안교회 자리에 있던 이 공연장은 로마의 콜로세움을 축소한 형태의 소극장으로 규모는 작지만 막을 갖춘 무대와 삼단 관람석, 그리고 준비실까지

원각사 원래는 1902년에 건립된 협률사 공연장이다. 협률사는 오늘날의 국립극장으로 1906년 민간에 이양되면서 원각사로 불리다가 1914년 화재로 소실되었다. 활동사진의 도입은 물론, 창극 시도로 근대연극의 기점을 이룬 장소이기도 했다.

갖춘 어엿한 모습이었다고 한다. 최남선은 여기에 덧붙여 이곳은 조선 최초의 극장으로 런던의 로열극장, 비엔나의 왕립극장에 비견할 만한 유일의 국립극장이라고 설명하기도 했다.

건물은 외형이 붉은 벽돌로 된 원형이었으며 내부는 모두 목재였다고 한다. 이서구, 현철 등 이 건물에서 공연을 본 석이 있는 사람들의 증언기록을 보면 내부에는 무대가 있었고, 객석은 층계식으로 되어 있었으며, 수용인원은 대략 500명 안팎이었다고 한다.

그러나 콜레라가 퍼지는 바람에 고종 등극 40주년 기념예식은 제대로 치러지지 못했다. 협률사는 광대들을 동원해 연희를 보여주면서 명년을 기다렸지만, 이때도 영친왕의 병환과 일본과 러시아의 정세악화로 흐지부지되고 말았다. 협률사는 이때부터 엉뚱하게도 일반인들을 대상으로 한 오락기관으로 전락했고, 좋지 않은 세평을 견디지 못하고 1906년에 끝내 폐쇄되었다.

이 건물은 1908년부터 이인직, 김상천, 박정동 등 민간인들이 임대해 원각사圓覺社로 이름을 바꾸고 운영하다가 1914년 화재로 소실되었다. 지금도 통칭 원각사라고 불리는 이 공연장은 우리나라 최초의 근대식 극장으로 중요시되었다. 그만큼 공연장다운 공연장으로서 한국 연예의 요람기를 장식한 곳이었기 때문이다.

이 공연장에서 창극이 처음 시도되었으며, 당시 명창 소리를 들었던 인물들이 총망라되어 기량을 선보였다. 이러한 공연형태는 운영 면에서 특기할 만했다. 즉, 그들의 공연은 단순한 솜씨자랑이 아니라 국가의 지원을 받아 행한 것이었고, 관객들 또한 일정한 입장료를 내고 명창들의 소리를 들었다는 점에서 연예사의 획기적인 일로 짚고 넘어갈 만하다.

이것은 광대니, 창우니, 걸립패니, 날탕패니 하고 천대를 당했던 연희패들이 예전과 달리 공식적으로 대우를 받았다는 것을 말해준다. 공연장의 설립 자체도 획기적이었지만, 그런 기회를 만들어 전통예능인에 대한 관심을 새롭게 한 것도 유사 이래 처음 있는 일이었다.

기생에 소리꾼까지, 경성이 소란하다

희대의 운영 주무부서인 협률사에서는 처음에 어떤 일을 했을까?

전해오는 말을 들으니 최근 협률사에서 재능을 다양하게 발휘할 수 있는 창기를 조직하는데 태의원 소속 의녀와 상의사 침선비 등을 옮겨와 이름하여 관기라 하고, 무명색 삼패 등을 같은 식으로 하여 이름하여 예기藝妓라 하고 신음률을 교습시킨다더라.

「황성신문」, 1902년 8월 25일자

이는 전속기생을 두었음을 뜻하는 것으로 이들은 노래를 비롯한 각종 기예를 전문으로 하는 기생이었다.

기사 내용 중 관기는 조선조 관아에 소속되어 연회 때 가무를 담당한 기녀를 말하는 것이 아니라 궁궐 내의 의무 관련기관인 태의원이나 의복을 담당한 상의사에 소속된 의녀와 침선비들을 말한다. 말하자면 그들은 궁궐의 예의범절로 철저하게 교육받은 여성들이

관기 한일합병이 되면서 궁에 있던 여인들은 뿔뿔이 흩어져야만 했다. 그들의 마지막 행적에 대해서는 아무도 관심을 가지지 않았다. 단지 관기들만은 달라서 시중의 유흥장으로 흘러들어 갔는데, 그렇게라도 할 수 있었던 것은 그들에게 궁에서 익힌 예능이 있었기 때문이다.

었으며, 그들을 협률사로 이관시켜 신음률을 가르쳤던 것이다.

또한 무명색 삼패는 이들보다 교양수준이 낮은 시중의 기생들을 말한다. 기생에는 일패, 이패, 삼패가 있었는데 그중 삼패는 이리저리 불려다니면서 소리와 기예를 파는 여성들을 지칭했다. 그런데 그 삼패를 불러 예기라는 칭호를 주고 역시 신음률을 가르쳤다는 것이다.

신음률이란 무엇일까? 이는 당시 서울에서 유행하던 소리일 가능성이 크다. 당시 서울에서는 앉아서 부르는 잡가가 크게 유행했으며 서서 부르는 산타령 역시 어디서나 씩씩하게 들려왔다. 그리고 「수심가」, 「육자배기」, 「배따라기」 등 평안도, 전라도의 가락들도 널리 퍼져 있었다. 거기에 판소리까지 유명세를 타고 있어서 서울의 소리는 그야말로 팔도 소리의 집합이라 할 만했다.

그렇다고는 하나 기본줄기를 이루고 있는 것은 이 지역 전통의 소리들, 가곡이나 가사 특히 더욱 대중화된 시조를 비롯해 다양하게 불려지는 서울소리였을 것이다. 그중에서도 대중이 쉽게 부를 수 있고 들을 수 있었던 것은 단연 잡가雜歌라는 명칭으로 뭉뚱그려 표현한 노래들이었다.

그런 노래들은 대개 가사가 선정적이고 곡조도 비속했다. 일부러 꺾어 부르는 부분이 많고, 자지러지게 휘몰아가는 부분도 있었다. 장님을 골리기도 하고 장사치를 흉내내기도 했다. 그런데 대중은 그런 소리들을 더 좋아했다. 대중이 좋아하자 창자는 더욱 신이 났고 특정 분야를 유난히 잘 부르는 창자도 나타났는데, 대중은 이들에게도 서슴없이 명창이라는 칭호를 붙여주었다.

이런 시류를 감지한 협률사는 우선 기생들에게 유행하는 소리를 가르쳐 무대에 올리려 했다. 말하자면 국립극장을 지어놓고 가장 먼저 연희단체부터 만든 것이다. 일반 대중에게는 그야말로 듣도 보도 못한 희한한 일이 벌어진 것이다.

다음으로 한 것은 남성들을 중심으로 한 연희단체였다. 즉, 전국적인 규모의 연희단체를 조직한 것인데, 이때 주역을 맡은 이는 판소리 명창 김창환金昌煥과 송만갑宋萬甲이었다. 이들은 판소리 애호가였던 고종의 신임을 받으면서 전국의 명창을 모으라는 칙명을 받았던 것이다.

이때 모집된 전국의 소리꾼들은 모두 170여 명에 이르렀다. 주요인물은 김창환, 송만갑 이외에 박춘재朴春載, 문영수文永洙, 이정화李正和, 홍도紅桃, 보패寶貝 등 경서도 명창들과 이동백李東伯, 강용환姜龍煥, 염덕준廉德俊, 유공렬劉公烈, 허금파許錦波, 강소향姜小香 등 판소리 명창들이었다.

이중 박춘재는 당시 가장 유명한 서울소리 명창이었고, 문영수와 이정화는 평양에서 온 명창이었다. 또 홍도와 보패는 서울기생으로서 다른 일류명창들과 어깨를 나란히 했다는 점에서 이채롭다.

협률사 희대에서 처음 펼쳐진 이들의 공연은 관객들에게 큰 감동을 주었다. 그것은 한마디로 당시까지 있었던 조선 전통음악의 진수를 확인시키는 자리였다. 서울·경기소리는 말할 것도 없고, 수백 년 전부터 가장 가깝게 교류했던 서도소리, 그리고 서울에 와서 크게 환영을 받은 판소리까지 한자리에서 감상할 수 있게 된 것이다.

「동아일보」, 「조선일보」 등 민간신문이 나오기 전까지 유일한 한글신문이었던 「매일신보」에는 협률사 공연이 처음으로 있었던 당시의 정황을 수록한 몽외생夢外生이라는 사람의 투고가 실려 있다. '연희계 일별'이라는 제목으로 실린 이 글이 눈길을 끄는 것은 협률사 공연이 얼마나 큰 반향을 불러일으켰는지를 알 수 있는 공연장 안팎의 분위기가 담겨 있기 때문이다.

남녀노유를 물론하고 해가 지기 전에 그 대문 앞에 산같이 모여들어 각기 다투어 표를 사는데 좀체로 살 수도 없고, 좀체로 구경할 수도 없으며, 일변 안에서는 질탕한 풍류와 노래, 춤이 자지러짐에 더욱 마음이 요동하여 좌정우측으로 구경하고 나온 자이면 입마다 모두 벌어지고, 좋아라고 칭찬하는 소리는 귀가 아파 들을 수 없던 터이라.

「매일신보」, 1915년 1월 8일자

이는 백 년 전 서울 한복판에 세워진 협률사 희대라는 공연장에

서 무슨 일이 벌어졌는지를 추측하기에 좋은 자료이다. 당시 서울
은 민족이 부르던 소리들의 길목이었으며, 그것이 모여 처음으로
일대 향연을 벌인 곳이 바로 협률사 공연장이었다.

돈 내고 공연을 보라더이다

이때 예인집단의 대표자는 판소리 명창 김창환이었다. 출연자들은 기량에 따라 급료를 받았는데, 국가에서 광대, 기생, 소리꾼들에게 재능을 보이게 하고 공식적으로 급료를 지급한 것은 이때가 처음이었다. 이것은 획기적인 일이었던 만큼 기삿거리가 되었다.

당시 기사에는 급료의 액수와 지급방법 등이 실려 있다. 1등급 소리꾼에게는 20원, 2등급 소리꾼에게는 14원, 3등급 소리꾼에게는 10원을 지급했다. 공연은 낮부터 다음 날 새벽까지 이어졌고 때로 밤샘공연도 있었다. 또한 예인들은 출연시간에 따라 급료를 달리 받았으며, 밤샘공연을 하면 곱절 정도 더 받기도 했다.(『황성신문』, 1902년 11월 30일자)

이때 출연자들이 받은 급료는 어느 정도의 가치일까? 1996년 통계청에서는 구한말 이후 백 년 동안의 사회변천을 통계로 집계해 발표한 적이 있는데, 이 자료에 따르면 협률사 공연이 있기 4년 전인 1898년 서울의 시장시세로 가장 좋은 쌀 한 섬의 값이 8원이었다. 이와 비교해보면 사흘에 한 번씩 지급했다는 20원은 쌀 두 섬반을 살 수 있는 금액이다. 이것은 실제 급료를 받았던 해보다 4년 전을 기준으로 해서 계산해본 것이지만, 쌀값과 급료의 비례는 갑자기 변하지 않는 예대로 계산해본다면 이들의 출연료는 결코 적은 것이 아니었다.

협률사 공연에는 당연히 입장료가 있었다.

> 본사에서 소춘대유희笑春臺遊戱를 금일부터 시작하는데 시간은 오후 6시에서 11시까지입니다. 입장표는 누런 종이로 된 상등표가 1원, 붉은 종이로 된 중등표가 70전, 푸른 종이로 된 하등표가 50 전이오니 보러오실 내외국 여러분께서는 이 점을 잘 살펴 오시되 잡담, 주정, 흡연은 금지하는 규칙을 두었으니 지켜주시기를 바랍니다.
>
> 「황성신문」, 1902년 12월 4일자

고종 등극 40주년 기념예식이 연기됨에 따라 협률사는 '소춘대 유희'라는 제목으로 공연을 하면서 입장료를 받았다. 입장권이 색깔별로 구분되어 있는 것으로 보아 좌석이 위아래로 구분되어 있었던 듯하다. 규칙상 함부로 떠들거나 술을 마시고 시끄럽게 굴거나 담배를 피우는 것은 금지되어 있으니 지켜달라는 단서가 당시의 사회분위기를 짐작하게 한다.

대중은 협률사의 연희에서 처음으로 기획되고 짜여진 공연을 보았고, 익히 알고 있는 소리를 듣고 춤도 구경할 수 있었다. 더욱이 입장료를 내고 실내에 들어가 보는 공연이어서 예전에는 느끼지 못한 감흥을 맛볼 수 있었다. 말로만 듣던 박춘재, 홍도, 보패의 얼굴도 직접 볼 수 있었고, 문영수와 이정화의 멋들어진 서도잡가 소리도 들을 수 있었다.

하지만 당시 신문의 반응은 그리 좋지 않았다. 시간이 점점 지나면서 협률사 공연이 관객들에게 호평을 받자「황성신문」은 관객을 '탕자야녀蕩子冶女'라 표현했고,「제국신문」은 '기생 삼패 광대 등을 모집하여 희학하여 관광자에게 돈을 받더니' 하고 비난했다. 다른 신문도 대체로 마찬가지였다.

> 요즘 협률사에서 석양 무렵이 되면 구슬픈 가곡과 질탕한 풍류로 장안의 수많은 청년자제를 미혹케 하여 밤에 공부하는 데 방해가 적지 않다 하다더라.
>
> 「만세보」, 1906년 7월 1일자

이는 협률사 공연장이 사회기강을 걱정하게 하는 문제점을 드러냈다는 점과 무관하지 않다. 당시는 아직 조선사회였으며 사회분위기는 보수적이었다. 남녀칠세부동석은 여전히 미덕이었고, 밤늦게까지 소리하면서 노는 것은 교양을 갖춘 자제들이 할 짓이 아니었다.

그런데 공연장에는 남녀가 함께 들어갈 수 있었으며 새벽까지 공연을 볼 수 있었다. 더욱이 관객들은 주의를 주어도 함부로 고함을 지르고 싸우는가 하면 담배를 피우기도 했다. 또 야간학교에 다니는 학생들이 점차 늘어나기도 했다.

이것은 매우 자연스러운 현상이었다. 아직 공연장에 익숙지 않은 관객들의 그와 같은 반응은 서양의 경우와 별반 다르지 않을뿐더러 충분히 예측할 수 있는 일이기도 했다.

그러나 시야가 좀 넓다는 당시 언론인들은 마치 세상이 말세로 가기라도 하는 것처럼 점차 질타 일변도로 나갔다. 급기야 임금에게 협률사를 없애야 한다는 상소를 올리기에 이르렀다. 봉상사(봉상시의 바뀐 이름) 부제조 이필화의 상소가 그것인데, 이 상소는 즉각 받아들여져 협률사는 개설 4년 만인 1906년에 폐지되었다.

그 뒤 화재로 소실될 때까지 협률사 공연장은 명사들의 모임장소로 또는 연극공연장 원각사로 탈바꿈하기도 했으며, 이따금 명창들을 초대해 무대를 마련하기도 했다. 그러나 이때의 공연은 협률사가 주관하던 때처럼 활기차지는 못했다.

뒷날 원각사라고 하면 야주현에 세워진 공연장을 말하는데, 사실은 이처럼 1906년까지는 협률사 공연장이었다. 명창들의 회고기에도 원각사는 협률사와 혼용되는 경우가 있다. 이는 협률사보다 원각사가 더 많이 알려진 데다 쉽게 이해가 되기 때문일 것이다.

협률사라는 이름은 폐지 후에도 여기저기에서 볼 수 있었다. 김창환 협률사, 송만갑 협률사라 했던 것이 바로 그것이다. 명창들은 협률사가 폐지되자 개인적으로 연예단체를 조직한 뒤 협률사라는 이름을 붙여 전국을 돌며 공연했다.

이때 생긴 말이 '해밀사 구경'이었다. 해밀사는 협률사의 편한 발음이었다. "해밀사 구경 가자"는 말은 "굿 보러 가자"는 말과 같은 뜻으로 볼거리를 구경하러 가자는 뜻인데, 이것은 곧 협률사 공연을 한다니 보러 가자는 뜻이었다. 이런 단체들도 한일합병이 된 이후에는 하나 둘 사라졌다.

협률사와 원각사를 거치면서 연희는 한결 세련된 모습으로 발전했으며, 나라의 운명이 기울어가던 그때에 한국인의 정서에 깊은 인상을 남겼다. 더욱이 이 무렵의 공연은 전통연희도 단체를 통해 공연할 수 있으며, 기획하기에 따라 여러 형태로 만들 수 있다는 가능성을 체득하게 해주었다.

그것은 대중의 호응도가 높았기 때문에 더욱 선명하게 느낄 수 있었다. 연희 종사자들은 그들의 재능으로 대중을 이끌 수 있으며, 그것이 상업성을 띨 수 있다는 점도 알게 되었다.

관아에서
풀려나온 기생들

2

기생은 조선왕조의 붕괴와 함께 발생한 새로운 여성계층을 말한다. 즉, 궁궐에 속해 있던 기생을 비롯해 유흥가, 소리패, 색주가 등에서 소리와 춤, 연주를 생업으로 한 기생들 또는 개인적으로 불려다니면서 소리와 춤을 전문으로 한 기생들을 말한다. 이러한 기생들의 주요 활동무대라 할 수 있는 요정들이 속속 등장하면서 기생사회는 한국사회 전반에 명암이 교차하는 영향을 끼쳤다. 그중에서도 전통연희, 특히 서울소리와 춤은 떼려야 뗄 수 없는 고리로 연결되어있다. 그것은 두말할 필요도 없이 그것이 그들의 주요 생활수단이었기 때문이다.

흔들리는 기생제도

공연장이 연희자나 관객 모두에게 활기를 불어넣어주었다면, 그런 분위기를 더욱 고조시키고 소리와 춤을 유행시키는가 하면 다양하게 만든 계층이 있었다. 바로 기생집단이다. 기생들이야말로 서양의 소리가 들려오기 전 본토의 전래소리를 가장 대중적으로 퍼지게 했을 뿐만 아니라 보존과 전승이 되게 한 예인들이었다.

그러나 그들은 가부장적인 사회분위기와 남존여비사상에 따른 일방적 차별로 예인의 자질을 올바르게 평가받지 못한 채 시대의 그늘로 사라져갔다. 간혹 제대로 인정받는 경우가 있다 해도 사회 전체의 분위기에 비하면 극히 이례적인 것일 뿐, 그들은 항상 편견과 선입견에 의해 부당한 대우를 받아야만 했다.

더욱이 그들이 사회활동을 한 시기는 대부분 일제통치기여서 예인으로서의 역할이 인간적인 대접과 병행하지 못하는 삶을 살아야 했다. 또한 그들은 어려서 기생수업을 받고 사회에 내보내졌기 때문에 수동적인 입장에서의 출발이라는 약점을 지닐 수밖에 없었다. 그들이 자기 세계를 발견했을 때는 대부분 기량이 수준급이고 어느 정도 명성도 얻고 있었지만 이미 국권이 상실된 상태였고, 재래의 인습도 아직 굴레로 작용하고 있었다.

여기에서 말하는 기생은 조선왕조의 붕괴와 함께 발생한 새로운 여성계층을 말한다. 즉, 궁궐에 속해 있던 기생을 비롯해 유흥가, 소리패, 색주가 등에서 소리와 춤, 연주를 생업으로 한 기생들 또는 개인적으로 불려다니면서 소리와 춤을 전문으로 한 기생들이다.

이런 기생들은 최초의 민간신문에 이렇게 등장한다.

서울 배석환의 기생 난홍과 오봉환의 기생 연홍과 백희봉의 기생과 김광수의 기생 합 넷이 춤추는 검남무 기계 수만 냥어치를 사가지고 공인(악공) 김봉철 등 여섯 명을 데리고 상해로 가서 벌이할 양으로 그저께 오전에 인천서 화륜선을 곧 타고 떠나려 하는데, 이 기생들은 모두 약방(내의원 소속)에 매인 기생이라 서울서 알고 인천 경무서로 즉시 전보하여 다 잡아올리라고 하였더라.

「독립신문」, 1898년 7월 28일자

검남무는 기생이 남자복장을 한 채 양손에 검을 들고 추는 남성 검무를 말하는데, 기사에 나오는 기생들은 그 검무를 살 순 보양이다. 그것을 밑천으로 상해에 가서 살려고 몰래 인천항을 떠나려다 발각되었다는 내용이다.

그런데 기생들이 해외로 나가는 일이 왜 문제가 되었을까?

대원군은 각전各殿(왕과 왕비의 통칭)의 별감과 포도군관, 정원사령, 금부나장, 각 관가의 겸인(청지기) 및 무사만이 기부妓夫(기생서방)가 될 수 있는 자격으로 규정짓고, 금부와 정원의 하례(하인)는 창부娼夫만

기생 검무 검무는 민간에서 시작되어 궁중으로 들어갔다가 다시 민간의 연희가 된 대표적인 전통춤으로, 기생이라면 누구나 레퍼토리로 삼을 만큼 인기가 있었다.

을 허락했다. 여기서 별감, 포도군관, 청지기, 무사는 이른바 사처소四處所 외입장外入匠으로서 이들은 지방에서 뽑아올린 기생을 데려오기도 하고, 또 자신이 지방으로 가서 기생을 골라 상부에 바치거나 집에 두고 키우면서 그 적은 내의원이나 상의원에 이름을 올려 대궐 안의 여악의 소임도 맡으며 집에서는 기생영업을 했다.

그래서 기생이라 하면 양방兩房이라 했는데 약방기생, 상방기생을 말한다. 또 기생을 첩으로 삼으려는 자가 있으면 반드시 기부에게 돈을 주고 기생의 적을 없애게 했다. 이것은 몸을 속량하는 것으로 즉 기부를 먹여살리는 비용을 배상하는 것이다. …… 이들 기생에게는 조선시대까지도 성을 붙이지 않고 이름만 불렀다. 기생과 자리를 같이하면 성을 묻지 않고 이름만 묻는 것이 상식이었다. 만약 성을 물었다가 같은 성이면 서로 난처하고 또 자리를 피할까 두려워했기 때문이다. 즉 기생 취연 또는 홍도 등으로 불렀으

며 박무경의 기생 매월, 김춘성의 기생 행운 등은 서방이 있는 기
생으로서 유부기라 했다.

이능화, 『조선해어화사』; 『서울육백년사』에서 재인용

그러니까 약방기생이나 상방기생은 당시의 관기로서 신분상 처
신을 자기 마음대로 할 수 없었다. 그들의 주인이라 할 수 있는 기
생서방도 마찬가지여서 비록 기생에게 권한이 있다 해도 기생이 양
방에 있는 한 개인적인 권한은 한계가 있었다.

그런데 기생과 같이 해외로 가려고 했다면 이것은 당연히 국법
을 어기는 짓으로 결코 작은 죄가 아니었다. 「독립신문」(1899년 8월 29
일자)에도 이와 비슷한 기사가 실려 있다. 즉, 서울 기생서방들이 모
두 봇짐장사나 등짐장사로 나섰는데 기생들도 그 서방들을 따라 장
삿길에 나섰다는 것이다.

이는 수백 년간 이어져온 조선의 기생제도가 흔들리고 있다는
사실을 보여준다. 「독립신문」의 두 기사는 이러한 사회분위기를 인
식하게 한다. 기생들의 매우 과감한 행동은 예속적이고 굴종적인
틀을 벗어버리려는 움직임으로도 보인다.

기생늘은 1909년에 가서야 그런 제약에서 벗어날 수 있었다. 즉,
관기제도가 폐지된 것이다.

기생과 창기를 단속하라

조선정부는 관기제도가 폐지되었을 때를 대비해서 어떤 규정을 만들어놓을 필요를 느꼈다. 관기가 관의 간섭에서 벗어나게 되면 모두 개인적으로 일하려 할 것이므로 예기치 못한 무질서 상황이 발생할 수도 있었기 때문이다. 그래서 관기제도를 폐지하기 전 해에 경시청령 제5호와 제6호로 단속령을 만들어 고시했다.

제5호는 기생단속령, 제6호는 창기단속령이었다. 이는 재능을 수단으로 영업을 하는 기생과 재능 중에서 소리만을 전문으로 하는 창기로 나누었다는 것을 뜻한다. 각 단속령은 기생과 창기라는 단어만 다를 뿐 내용은 같다.

제1조	기생으로 생업을 삼으려는 자는 부모나 혹은 이에 대신할 친족의 서명이 있는 서면으로써 관할 경찰관서를 거쳐 경시청에 신고하고 인가증을 받아야 한다. 기생업을 그만둘 때는 인가증을 경시청에 반납해야 한다.

<table>
<tr><td>제2조</td><td>기생은 경시청에서 지정하는 시기에 조합을 개설하고 규약을 정하여 경시청에 인가를 받아야 한다.</td></tr>
<tr><td>제3조</td><td>경시청은 풍속을 문란케 하거나 공공질서를 어지럽힐 염려가 있다고 인정될 때는 기생업을 금지하거나 정지할 수도 있다.</td></tr>
<tr><td>제4조</td><td>제1조의 인가증을 받지 않고 기생업을 하는 자는 십일 이하의 구류 또는 십 원 이하의 벌금에 처한다.</td></tr>
<tr><td>부칙
제5조</td><td>현재 기생으로 업을 하는 자는 본령 시행일로부터 삼십일 이내에 제1조의 규정을 준수해서 시행해야 한다.</td></tr>
</table>

이 단속령은 기생사회에 대변혁을 가져왔다. 관기제도가 폐지되자 예상대로 관기는 모두 시중으로 흘러들어 자리를 잡기 시작했다. 이들은 인가증을 받아야 하고 조합을 설치해 신고해야만 했다.

이 기생 중에서도 가장 자존심이 세고 도도한 기생은 관기였다. 그들은 시중에서 노래나 춤을 팔고 있던 기존의 기생과는 질적으로 다르다고 생각했다. 예법을 배워도 궁궐에서 배웠고, 소리 한 가지를 배워도 정식으로 배웠다는 것이다. 또한 잡가류 같은 소리는 저속해서 부르지 않은 게 바로 자신들이라고 했다.

실제도 관기제노가 폐지된 뒤에노 그늘은 실생활에서 꼿꼿한 자세를 견지했다. 한 예로 다른 기생은 소리를 하러 나갈 때 일이 끝난 뒤 초청자가 베푸는 음식을 마음껏 먹을 심산으로 일부러 음식을 먹지 않고 나갔다. 그러나 관기는 그런 기생과는 달리 음식을 든든히 먹고 소리를 하러 나갔다. 아무리 기생이라도 점잖지 못하게 남이 주는 음식을 바라고 나갈 수는 없다는 것이었다.

시중의 기생은 그런 관기를 곁눈질로 흘기고 입방아를 찧어댔다. "너희들이 언제까지 그럴 수 있는지 보겠다"면서 벼르기도 했다. 또

가마 앞에 선 기생들 당시 인기 있는 기생은 출입시 가마나 인력거를 탔다. 이들은 뒤에 자동차가 본격적으로 운행될 때에도 주고객이었다.

42

"소리라면 명인명창들에게 피를 토하면서 배운 우리가 그래도 낫지 궁궐에서 얌전이나 빼다 온 너희가 뭘 아느냐"고 하기도 했다.

게다가 색주가를 드나드는 창기는 인가증이니 신고니 하는 말들이 도무지 마음에 와닿지 않았다. 아무리 세상이 바뀌었기로서니 소리 하나만 믿고 온갖 설움 견디며 세상을 지탱해나가고 있는데 인가증은 뭐고, 신고는 뭐냐는 것이었다.

그러잖아도 그들 사회에서는 기생을 구분해 부르는 명칭이 있어 은근히 알력으로 작용했다. 일패—牌와 이패二牌, 삼패三牌가 그것이었다.

기생출신으로서 회고록 『남기고 싶은 이야기들』을 펴낸 이난향에 따르면, 일패는 가무와 서화를 익히고 처신과 범절을 제대로 배운 기생을 말한다. 그리고 이패는 일명 은군자隱君子라 불리는 기생으로 대개 남의 첩이 되었다가 도로 나온 부류를 말한다. 또한 삼패는 일명 더벅머리라고 하는 기생으로 놀이판에서 노래를 불러주며 생활하는 창부를 말한다.

　　같은 기생이면서도 계급이 있었다. 댕기도 구별이 있어서 약방기생은 의녀로서 궁초댕기를 드리고, 상방기생 즉 상의원 기생은 갑사댕기, 혜민원 기생은 통견댕기를 드렸다. 기생들이 큰머리(어여머리)를 하는 반면에 삼패는 그냥 민머리였으므로 더벅머리라 불렀다.

이창배, 『한국가창대계』

　　이런 구분은 노골적인 차별로써 기생조합이 생기기 직전인 1910년 무렵까지 있었다.

　　이패는 밀매음족일 것이라 했다. 즉, 은근자는 은군자라고도 하는데 은밀하고 다정한 것을 뜻하는 것이기 때문에 은근히 몸을 파는 여자를 가리킨다. 또 은군자라 함은 도둑을 양상군자라고 하듯이 이 또한 은밀히 몸을 파는 것을 가리킨다. 이 이패는 주로 첩노릇을 하는 이가 많고, 또 이들 중 기생출신이 많기 때문에 일패에서 한 급 내려 이패로 부르는 것으로 심작된다.

　　삼패는 주석에 잡가를 부르고 기생들의 가무는 못하는 여류들인 것 같다고 했다. 즉, 접객에 있어 잡가 정도는 하지만 기생처럼 노래와 춤을 하지 못하는 매음하는 유녀遊女를 가리킨다. 삼패는 구한말에 서울 각처에 흩어져 있었는데, 광무 연간(1897년~1906년)에 신태휴가 당시 경무사로 있으면서 남부의 시동을 삼패의 거주구역으로 정했는데 이들 집을 칭 상화실이라 불렀다.

이능화, 『조선해어화사』; 『서울육백년사』에서 재인용

이는 기생집단이 얼마나 비인격적인 대우를 받았으며, 기예 또한 어떤 의미로 이해되고 있었는지를 파악할 수 있게 해주는 내용이다.

기생사회는 여러 구별이 있었지만 한 가지 분명한 공통점이 있었다. 그것은 그들이 어떤 경우에도 놀이판에 동원되었다는 점과 소리와 춤, 연주라는 장기를 지니고 있었다는 사실이다. 놀이판에 동원되지 않으면 기생이 아니며, 연희를 잘할 줄 모르면 그 또한 기생이 아니었다. 그런데도 내부로 들어가보면 이런저런 구별이 있었던 것이다.

이는 선비사회에서 가곡과 가사를 잘하는 사람끼리 어울리면서 잡가류나 하는 사람은 낮게 보았던 것과 비슷하다. 같은 시조를 해도 인왕산 계곡에서 하는 사람과 청파동 파움에서 하는 사람은 질적으로 다르다고 여긴 것과도 일맥상통한다. 사람에게 귀천이 있으니 소리에도 계급이 있다고 여긴 것이다.

선비사회의 이러한 구별이 나중에 시중의 소리와 섞이면서 장벽이 없어지고 말았듯 기생사회의 구별도 조합이 결성되면서 없어지고 말았다.

아직 외래문화가 활발하게 들어오지 않은 상황에서 연희는 당연히 가장 사랑받는 대중문화였고, 여가선용의 수단이었으며, 오락적이고 유흥적인 모임에는 빠질 수 없는 것이었다. 그리고 이때 기생들은 없어서는 안 될 존재였는데, 그것은 무엇보다 그들이 소리와 춤을 잘했기 때문이다.

기생들은 그러면서도 놀이의 주재자인 남성들에게 성희롱의 대상이 되었다. 일패이든 이패이든, 삼패이든 남성들의 소유물로 취급된 것은 마찬가지였다. 예의범절이 어떻고 매춘이 어떻고 하는 것은 외부적인 구분에 불과했다. 때로는 노예처럼 때로는 노리개처럼 취급을 당하면서도 노래 잘하고 춤 잘 춘다고 칭찬받으며 불려 다닌 이들이 바로 기생이었던 것이다.

기생 공연 구경가세

기생들 중에서 삼패는 서민들과 가장 가까운 부류였다. 그들이 주로 부른 잡가류는 곧 서민들의 유행가라고 해도 과언이 아니었다. 하지만 그들은 언제나 하층민으로 취급되는 소외집단이었다. 그래서 소리를 잘한다는 이유만으로 특수계층에 속한다고 할 수 있었던 그들은 결속력이 강했다.

어저께 각처 상화실 가인 백여 명이 회동하여 동대문 밖 화계사로 야유회를 하러 나갔는데 가객과 악공이 부지기수요, 먹을거리를 운반하느라 쓸데없이 들어간 돈이 삼만여 냥이라더라.

「만세보」, 1906년 8월 18일자

삼패기생들의 화계사 야유회를 신문에서 기사화한 것은 그것이 당시로서는 거리에서 쉽게 볼 수 없는 일이었기 때문이다.

이때 기생들은 인력거를 탔을 것으로 보이는데, 인력거는 갑오경장과 함께 일본인이 들여온 것으로 당시에는 서울에만 수백 대가

거리에서 공연하는 기생들(1925년 무렵, 안국동) 총독부 선전을 위해 강제로 동원된 것이지만 관중은 인산인해를 이루었다.

있었다. 자동차는 아직 황실용 두 대밖에 없었고, 자전거 역시 손가락으로 셀 수 있을 정도여서 운반용으로는 달구지가 사용되었다.

그러니 백여 명이나 되는 기생들을 태운 인력거가 줄지어 가고, 소리꾼과 연주자들이 동행하며, 먹을거리를 실은 우마차가 그 뒤를 따르는 광경은 분명 장관이었을 것이나. 이것은 관기세노가 폐시되기 직전 서울의 기생집단의 모습을 보여주는 단면이라고 해도 과언이 아니다.

삼패기생들은 조합이 결성될 무렵 주로 시동詩洞에 모여 살았기 때문에 흔히 시동기생 또는 시곡詩谷기생이라 불렸다. 시곡은 수표교 남쪽 동네로서 지금의 청계천 4가 부근이다. 서울의 서민들이 쉽게 부르고 이해할 수 있는 노래를 잘 불렀던 만큼 그들의 공연은 호평을 받았다.

당시 시곡기생들의 단성사 공연을 전하는 기록을 보면 이들의
모습을 어렴풋이나마 알 수 있다.

중부 파조교 단성사에서 흥행하는 강선루 일행은 엊그제 밤부터
시곡기생 일단이 가서 흥행하는데 기생의 가무도 잘할뿐더러 기부
들의 단체 된 것이 가상하거니와 오늘 밤에 흥행할 재료는 아래와
같음.
모란·연홍의 남무, 채경·연심·향란·명옥의 검무, 농선의 성진
무, 도화의 승무, 농주·채경·경월·금홍·모란·계화·계선·경패
의 무고, 연홍·화향·부용·향란·농주·명옥·연심·계선의 가인
전목단, 채경·농선·도화의 전기춤, 옥엽·난주·벽도·채경의 앉
은소리.

「매일신보」, 1912년 5월 15일자

이 기사에 나오는 남무男舞, 검무劍舞, 성진무性眞舞, 승무僧舞, 무고
舞鼓, 가인전목단佳人剪牧丹 등은 모두 궁중의 의식이나 연회 때 사용
되던 춤이다. 이런 춤은 궁중에서 기생들에게 가무를 가르치던 곳,
즉 교방에서 배운 기생들이 아니면 출 수 없을 뿐만 아니라 일반사
회에서 볼 수 있는 춤도 아니었다.

그러므로 이런 춤이 서울시내 복판에 있는 단성사 무대에서 공연
되었다는 것은 시대의 변화상을 그대로 보여주는 것이다. 시곡기생
들은 삼패기생이라고 차별을 받았지만, 이미 기생사회에서 그 기량
으로 인한 차별은 없어지고 있다는 것을 이 기사는 말해주고 있다.

거기에 그녀들이 잘했다는 앉은소리도 빠지지 않고 포함되어 있
다. 앉은소리는 곧 좌창坐唱으로 서울의 전통소리인 잡가를 말한다.

그리고 이때는 그들만이 특별히 잘했다는 것도 별로 어울리지 않을
만큼 잡가는 기생이라면 누구나 기본적으로 갖추어야 할 기량이 되
어가고 있었다.

관기제도가 폐지되고
기생조합이 생겨나다

관기제도의 폐지는 근대화 과정에서 당연한 일이었다. 기생들은 단속령에 따라 조합을 만들어야 했는데, 이에 대해서는 먼저 다동에 있었던 기생훈련소를 짚고 넘어갈 필요가 있다.

이곳은 궁중음악을 전수하던 함화진, 한석진, 조이순 등이 창립한 정악전습소에서 부설로 둔 곳으로 기생들에게 잊혀져가는 정악을 가르칠 목적으로 세워졌다. 학감은 당시 유일하게 정악을 알고 있었던 하규일이 맡았는데, 그는 이때 상다동에 있는 기생훈련소에서 여악 분교실장도 겸하고 있었다.

이는 관기제도가 폐지되자 서울 다동에 기생들을 훈련시키는 학교가 세워졌다는 것을 뜻한다. 주체는 정악이 점차 사라지고 있는 것을 인식한 사람들로 이왕직李王職에 있던 전문음악인들과 뜻을 같이하는 명사들이었다.

따라서 그들은 기생들에게 제대로 된 정악을 가르칠 수 있는 가객으로 하규일을 선정, 초빙해왔다. 사라지는 줄 알았던 서울의 전통소리는 그렇게 기생들에 의해 전수되고 있었다.

기생수업 노래와 춤은 기생으로서 갖추어야 할 필수적인 기예였다. 기생이 되기 위한 수업은 이러한 노래와 춤을 익히는 과정이었다.

그러나 기생단속령이 내려지면서 그들의 사회활동에도 변화가 생기기 시작했다.

기녀는 주로 정재를 당하여 각처에서 선상되었으나 어느 곳보다 평양기생이 많이 상경했다. 진연에 참가하여 정재가 끝나면 하향하는 기녀도 몇몇 있었으나 대부분은 그대로 서울에 머물면서 기업妓業을 차리는 것이 상례가 되었던 것이나. 양기鄕妓가 서울에서 기업을 행하는 자는 대개 무부기無夫妓였고, 경기京妓는 또 포주가 있는 유부기들이 많이 대치하고 있었다.

이때 정악원 학감 하규일이 무부기를 모아 무부기조합을 만들고 이를 정악전습소 분교실이라 하여 다동에 분치하니 이것이 이른바 무부기조합이었다. 이에 대해 경기들은 조합을 따로 만드니 이를 이른바 유부기조합이라고 불렀으며, 광교에 있어 광교조합이라 칭했다. 무부기조합은 배후에서 친일파 송병준이 지원하고 전면에는

하규일 일파를 내세워 교도敎導에 당하게 하였고, 후에 다동조합이
라 고쳐불렀다.

비록 기생조합으로 선수를 빼앗겼으나 광교조합은 경기기생이
며 더욱 약방기생의 후신이라는 긍지를 가지고 향기의 집결인 다
동조합을 비예하니, 다동조합 역시 지지 않고 기생은 매일반인데
원조가 무엇이냐고 대들었던 것이다.

성경린, 『한국예술사총서』 4권 「무용사편」

조합은 나중에 일본식 명칭인 권번券番으로 바뀌었다. 그리고 일
패니 이패니 삼패니 하던 구별이 없어지고, 그들의 주요 활동무대
라 할 수 있는 요정들이 속속 등장하면서 기생사회는 한국사회 전
반에 명암이 교차하는 영향을 끼쳤다. 그중에서도 전통연희, 특히
서울소리와 춤은 떼려야 뗄 수 없는 고리로 연결되었다. 그것은 두
말할 필요도 없이 그것이 그들의 주요 생활수단이었기 때문이다.

따라서 조합과 권번으로 이어지는 과정, 그리고 그에 따른 활동
상 등은 연대나 인물, 사건 등이 정확하게 조사되고 전해져야만 한
다. 그러나 이 방면의 기록은 매우 무성의해서 어느 것이 맞고 제대
로 된 것인지 알 수 없을 만큼 제각각이다. 관련된 일과 사람은 무
수히 많으나 기록에서는 혼란스러운 것이다.

예를 들어 다동조합이라는 말은 권번이 된 후의 기록에도 그대
로 조합이라는 명칭으로 되어 있는가 하면, 광교조합도 설립시기나
위치가 다른 경우도 있다. 또 다동조합, 다동기생조합, 대정기생조
합이 같은 조합으로 되어 있는데 왜 명칭이 다른지 이해가 가지 않
으며, 한성조합과 광교조합이 섞여 사용되는 기록도 있다. 권번이
된 이후에는 종로권번, 한성권번, 조선권번, 경화권번, 한남권번,

대동권번 등 많은 권번의 이름이 오르내리는데 초기의 조합명칭과 혼동해서 사용해 혼선을 빚기도 한다.

이런 현상은 이른바 기생영업이라는 것이 잘되자 그들을 이용한 매개업체가 우후죽순으로 생겨난 사실과 무관하지 않을 것이다. 기생들은 예전처럼 단독으로 영업을 할 수가 없고 반드시 어디에 소속되어 있어야 했다. 이 점을 이용해 이득을 얻으려는 사람들이 늘어나면서 기생사회는 여러 가지 사회문제를 야기하게 되었다. 그러다 보니 기생을 바라보는 눈이 고울 리 없었고, 그에 대한 기록도 허술해질 수밖에 없었다.

하지만 초기의 상황은 이와는 달리 순수하게 진행되었다. 정악전습소에서는 흩어지려는 기생들을 모아 정악을 가르치려는 목적으로 분교를 만들었고, 그것을 발판으로 조합을 만들었다. 그것은 물론 서울의 명창 하규일이 있어서 가능했던 것이고, 또한 송병준은 재정을 지원했다.

「매일신보」(1912년 2월 7일자)는 정악전습소에서 무부기들을 모집한 일을 다루고 있다.

> 중부 황토현에 있는 정악전습소는 일반 유지신사의 소식으로 그동안 확장발전에 대하여 고심 연구함은 세상에서 알고 있는 바이거니와 그곳 사무원 중 이영환, 하순일, 백용진, 하규일 등이 각 지방에서 상경, 객지에 머무르고 있는 무부기녀를 모집하여 그곳에서 음악을 교습코자 한다는 말이 있다 하더라.

그리고 하규일의 제자였던 평양기생 이난향의 회고록 『남기고 싶은 이야기들』에는 다동 기생조합 설립에 대한 이야기가 나온다.

다동조합 기생 1915년 열린 박람회에서 등을 들고 달리는 경주에 참가한 모습이다.

다동 기생조합은 1913년 13세 때인 내가 서울에 올라온 지 얼마 안 돼서 조직되었다. 이때 기생조합은 최소한 30명이 되어야 당국에서 허가해주었다. 다동조합을 만들 때 30명이 채 안 돼 다른 친구들이 급한 김에 나의 어머니 이름까지 적어넣었던 일이 지금 새삼스럽게 머리에 떠오른다. 다동조합에는 소홍, 춘도, 명옥, 산월, 명화, 보경, 진홍, 화희, 영월, 섬홍, 운선 등 일당백의 명기들이 즐비하게 늘어 있어 장안명사들의 화제가 되고 인기의 초점이 되기도 했다.

이 증언은 무부기를 모집한다는 1912년의 「매일신보」 기사와 시간상으로나 내용상으로나 일치한다. 그러니까 상다동 여악분교는 1910년 하규일이 정악전습소에 왔을 때부터 무부기를 모집한다는 기사가 있기 전까지의 일로 보인다. 「매일신보」의 기사처럼 정악전습소는 황토현, 즉 지금의 광화문사거리에서 종로 쪽으로 나가는 길에 있었는데, 이는 상다동에서 이주해온 직후이기 때문이다.

즉, 하규일이 상다동에 있을 때 주로 평양기생이었던 그곳의 기생들을 주축으로 조합을 만들었는데 이를 무부기조합 또는 다동조합이라 불렀고, 그런 모임체가 생기자 서울의 기생들이 곧 자기들도 조합을 만들었는데 이를 유부기조합 또는 광교조합이라고 부른 것이다.

말하자면 이때의 다동조합이나 광교조합, 무부기조합, 유부기조합 같은 명칭은 기생들의 모임체라는 뜻의 보통명사일 뿐이다. 이것은 이 무렵 신문에 난 또 다른 기생조합이라는 용어의 쓰임새를 봐도 마찬가지이다.

「황성신문」(1910년 2월 22일자)에는 '한성 기생조합소에서 원각사로 한 일주일 연주회를 설행하옵는데'라는 기사가 있는가 하면, 같은 날 「대한민보」에는 한성이라는 명칭 없이 '기생조합소에서는 해소 경비에 보용하기 위하여'라고 표기하고 있다.

또 「매일신보」(1911년 12월 2일자)에는 '경성 기생조합소에서는 당일 일부의 기생이'라는 표현이 보인다. 이는 특정한 조합의 명칭을 말하는 것이 아니라 기생들의 자발적인 모임체를 가리키는 것으로 보인다.

그런데 다동 기생조합과 광교 기생조합은 이와는 달리 엄연히 당국의 인가를 받은 업체였다. 당국이란 물론 일제당국을 말한다. 이때는 이미 한일합병이 된 후였고, 그런 사실을 알려주던 신문인 「황성신문」이나 「대한매일신보」, 「만세보」, 「제국신문」, 「대한민보」 등은 대부분 강압적으로 폐간된 상태였다.

이때부터 3·1운동 이후 「동아일보」와 「조선일보」가 창간되기 전까지 이 땅의 언론매체라고는 오직 조선총독부 대변기관지인 「매일신보」밖에 없었다. 이 신문에서는 전통소리문화에 대한 기사를 상당량 발견할 수 있는데, 이것은 편집진들의 민족적인 각성과 우리 문화에 대한 안목이 있어 가능했다. 즉 심우섭, 윤백남, 이광수, 이인직, 이해조, 이상협, 홍난파, 민태원 등 당대의 유능한 문인, 음악인, 번역가 등이 포진해 정치색이 없는 부분에서는 되도록 민족성을 띠려고 노력한 결과였다.

경성에서 명성을 떨친
평양기생학교

연희가 연예로 변화되는 과정에서 가장 주목해야 할 대상은 기생이었는데, 그중에서도 자주 나오는 것이 바로 평양기생이다. 이는 평양출신 기생이라는 뜻인데, 어느덧 보통명사로 자리잡아 지금까지 전해지고 있다.

그 이유는 예로부터 기예에 능한 기생들이 풍광 좋은 이곳에서 많이 배출되었기 때문이다. 그와 함께 꼭이라고 해도 과언이 아닐 정도로 자주 덧붙여서 나오는 곳이 있는데, 바로 평양기생학교이다. 간단히 평양기생을 배출한 학교라고 이해하면 된다. 경성에서는 기생에게 기예를 가르치던 곳을 학교라고 부르지 않았는데, 유독 평양에서만 그렇게 불렀기 때문에 평양기생학교라는 명칭을 특별한 경우에 해당하는 것으로 이해하려는 사람이 많다.

평양에서의 기생수업은 이른바 기생서재妓生書齋 또는 예기서재에서 이루어졌다. 관기제도의 폐지를 전후로 하여 주로 퇴기들이 자기 집에서 계집아이들에게 기생이 되기 위해 반드시 갖추어야 할 가무와 서화를 개인교습식으로 가르쳤다.

평양기생학교 서도의 소리와 춤을 전승시킨 곳이지만, 기생학교로서 그 이면에는 시대의 깊은 한이 서려 있는 곳이기도 했다.

기생은 천민이었고 하층민이었다. 아무리 얼굴이 곱고 소리가 좋아도 노리개일 뿐이었다. 가족의 호구지책을 위해 또는 부모봉양을 위해 그들은 북채를 들기도 하고 목청을 돋우기도 했다. 소리와 춤은 그런 환경이었기 때문에 더욱 세련되게 다듬어졌다.

그런데 거기에 병폐가 있었던 모양이다. 처음으로 나온 민간신문을 보면 평양의 기생양성소 격인 서재가 어떤 분위기였는지를 대강이나마 알 수 있다.

평양군에 사는 인민들은 괴이한 풍속을 이때까지 고치지 않고, 사람들이 계집아해를 새로 나면 잘 길러 성혼시킬 생각은 아니하고, 기생구실 시키기를 본래 좋은 일로 알아 지금은 그 풍속이 오히려 전보다 더욱 심하고, 무당 불러 점하기와 굿하기며 판수 불러 문복하기, 경읽기며 신당 위하기 모든 악습을 낱낱이 다 말할 수

없다고 편지가 신문사에 왔으니 참 그러한지. 과연 편지사연과 같
을진대 평양사람들은 아직도 꿈을 못 깨달은 듯하다고 하더라.

「독립신문」, 1897년 2월 16일자

신문은 이미 편지내용을 사실로 인정하고 있다. 이후 8개월이 지
나 다시 기사화된 내용을 읽어보면 이러하다.

평양사람들의 편지를 본즉 평양 사는 이 모가 딸을 길러 기생노
릇을 시켜 서울 어떠한 권력 있는 재상에게 첩으로 주었더니 그 첩
의 친속들이 벼슬을 하여 가지고 내려왔으니, 이때부터는 평양사
람들이 딸을 낳거든 모두 기생노릇을 시켜 서울 권력 있는 재상의
첩을 주고 벼슬을 하자 하고 기생 기르기로 작정을 한다고 한탄하
였더라.

「독립신문」, 1897년 10월 26일자

전적으로 그런 것은 아니었지만 그런 일이 비일비재하고, 누구
의 어머니요 오빠라 하면서 내놓고 일을 하는 사람들이 있었기 때
문에 이런 일을 신문에 제보까지 했을 것이다.

평양기생들은 훗날 대거 서울로 진출했는데, 그 본바닥의 양성
기관은 계속 남아서 서도의 원래 소리와 춤을 가르쳤다. 그 변화과
정을 보면 처음엔 기생서재에서 시작했다가 기생학교가 되고, 다시
음악강습소로 바뀌었다가 일본식 권번으로 바뀌었다.

용어에서 알 수 있듯이 서재는 합병 이전의 양성소이고, 그 외는
모두 합병 이후에 생겨났다.

평양부청에서 기생학교를 감독하기 위하여 최근 기생학교와 교습기생 수를 조사한즉 신창리 24번지 김은혜학교 10명, 같은 리 27번지 김해사학교 7명, 동 59번지 박명하학교 27명, 역시 같은 리 김인호학교 10명, 합계 54명인데 수업료는 1개월 오십 전씩이란다.

「매일신보」, 1915년 2월 5일자

기사에 보이는 이름들은 당시 평양에서는 내로라하는 소리꾼들로 현역에서 물러나 어린 기생들에게 기량을 전수했다는 사실을 알 수 있다. 「매일신보」는 나중에 기생학교가 음악강습소로 바뀌었을 때의 일도 기사화했다.

평양의 명물 기생학교에 관한 일을 가끔 본지에 소개한 일이 있었던 바이거니와 작년 가을에 본전本田 부윤, 재등齋藤 경시, 제씨의 주선으로 교명을 평양음악강습소라 개칭하고 대동문 부근 조선은행 뒤 예전 조선 큰집을 사서 교사를 만들었는데 목하 교운은 차차 융성하여 학생수가 대략 일백이십여 명이나 된다.

일전 그 학교를 방문하니 마침 토요일이라 학생들은 학과를 다 마치고 막 집으로 돌아가려 하는 판이다. 박 악사가 기자를 보고 모처럼 왔으니 한 곡조 듣고 가라 붙들기에 교실 온돌 안으로 들어가보니 오륙 간이나 되는 온돌방 윗목에서는 풍악을 타고 그 풍악을 따라 꽃 같은 기생이 넷씩 번갈아가며 방안 가운데 서서 활발한 검무를 춘 후 창가 곡조를 따라 신식 서양춤을 춘다.

본래 기생학교의 선생이라 하는 것은 기생 퇴물로 다년 방탕한 생활에 젖어 몇 해가 되더라도 그 버릇을 고치지 못하고 긴 장죽을 물고 턱과 눈짓으로써 춤을 가르치는 바이더니 음악강습소가 시작된 후로 여러 선생이 서로 힘을 써 춤추는 기생 곁에 서서 일일이 몸 가지는 법을 가르치고 또 친히 모범도 보여 간독히 가르치는 까닭으로 생도의 수는 다달이 증가되어 요사이는 일백오십 명 이상이나 되고, 생도의 출생지로 말하면 평양 기타 가까운 지방은 물론이거니와 황해도 등지에서 온 사람도 적지 않다.

또 그뿐이 아니라 요사이는 양가의 처녀도 입학하러 오는 사람이 있으니 학교과목으로 말하면 노래, 춤 외에 외국말, 습자, 도화, 산술, 한문, 재봉 등이요 교수시간과 교수방침도 아주 신식차림이라 어디로 보든지 평양의 명물 중 기생학교도 한 손을 꼽겠도다. 그러나 단지 아까운 일은 성적이 좋고 얼굴이 아리따운 자는 곧 모두 경성으로 올라간다고 박 교사가 말한다.

「매일신보」, 1918년 2월 15일자

여러 곳에 있었던 기생양성소는 합병이 되면서 조합을 결성했는데, 이는 경성에서와 같은 현상이었다. 이후 점차 인원수가 많아지고 관리해야 할 부분이 복잡해지면서 조합은 1918년부터 권번으로 바뀌어 부속기관을 두고 기생들에게 기예를 가르쳤다. 평양의 경우 평양의 옛 지명이 기성箕城이어서 권번의 명칭을 기성권번으로 불렀다.

흔히 평양기생학교라 하면 조합시절의 음악강습소를 이를 때도 있고, 기성권번 내에서 소리와 춤을 가르치는 곳을 말할 때도 있다. 말하자면 평양기생학교라는 명칭은 기생을 가르친다니까 속칭 그렇게 부른 것이고, 일제 때 잡지나 신문에 나오는 평양기생학교는 대부분 기성권번을 가리킨다.

그런데 뭔가 달라도 다르다는 게 평양기생이었다. 이능화의 『조

평양기생학교 강습 모습 교사는 명창, 명무였고, 규율은 엄격했다.

선해어화사』에는 안동기생은 『대학大學』을 잘 외웠고, 강릉기생과 서울기생은 「관동별곡」을 잘 불렀으며, 함흥기생은 「출사표」를, 영흥기생은 「용비어천가」를, 그리고 평양기생은 「관산융마」를 잘 불렀다는 부분이 있다. 이는 지역의 전통을 대표하는 소리를 기생명창들이 지키고 있었음을 뜻하는 것으로 「관산융마」가 아무리 어렵다 해도 평양기생에게는 필수에 가까운 소리였다는 것을 말해준다.

그렇다면 그 이후, 그러니까 지금 여기서 알아보려는 평양기생학교에서는 무엇을 가르쳤을까? 학교라고 하면 뭔가 조직적이었을 듯한데, 그것은 어떻게 되어 있었을까?

「월간조선」(1921년)에 실린 「조선속곡朝鮮俗曲」 후반부 '평양의 기생양성기관' 자료에 따르면, 평양에는 여러 곳의 기생양성소가 있었는데, 조합이 결성되기 직전 사대 양성소로 통합되었다가 조합시대가 되고, 다시 기성권번으로 되었다고 한다. 1921년 당시 기성권번에는 음악강습소가 있었고, 생도 100명과 기생 100명이 재학 중이었다. 이 기록에 소개된 학교규칙은 다음과 같다.

　　　입학연령:10세 이상의 여자

　　　수업연한:4개년 이상

　　　수 업 료:1개월에 1원 50전

　　　졸 업 생:졸업 후 수년간 이익의 몇 할을 학교에 기부해야 한다.

　　　수업시간:오전 9시에서 오후 4시까지. 단 일요일, 축제일은 휴교

　　　학 과 목:필수과목과 선택과목 두 가지가 있다.

　　　　필수과목: 조선어(1년생에 한함), 일본어(2년생에서 졸업 때까지),

　　　　　　　　조선음악(기악·성악), 무용, 조선 예법

　　　　선택과목: 서, 화(그림은 난묵화)

교실은 온돌이며 서당식으로 가르친다. 그리고 교실 벽에는 다음과 같은 글이 붙어 있다.

　　　명령

　　　1. 수업 중에는 잡담을 금한다.

　　　1. 담배를 피우지 말라.

　　　1. 지각하면 벌을 받는다.

　　　1. 자세를 바르게 하라.

사람들이 평양기생학교라고 부른 권번의 양성소에서는 이후 일본말을 더 강화하고 일본식 범패와 사미생(일본의 전통 현악기) 교육이 추가되었을 뿐 이때의 규정과 큰 차이가 없었다.

생도들은 전국 각지에서 모여들었다고 한다. 교사는 모두 노인

으로 항상 1척 5촌쯤 되는 목검을 들고 다녔다. 일종의 지휘봉 같은 것인데, 규칙 위반자를 발견하면 그 자리에서 이것으로 처벌했다. 이를테면 수업 중에 잡담을 하거나 담배를 피우거나 지각을 할 경우, 그리고 건들건들 돌아다니기라도 할 경우에는 가차없이 목검을 내려쳐 벌을 주었다.

이 규칙은 평양기생들이 서울로 대거 몰려와 명성을 떨칠 때도 그대로 적용되었다.

기생들이 모여사는
다방골과 경성의 권번

합병이 되기 전의 기생 관련자료를 살펴보면 기생들의 모임체로서 첫째로 꼽을 수 있는 것은 상다동에서 발족되었다는 것을 알 수 있다. 상다동은 중다동·하다동과 함께 다동을 이룬 곳이었고, 다동은 오늘의 다동과 같은 위치에 있던 서울의 요지였다.

이능우는 「이야기책에서 다뤄진 우리나라 지소地所들」'서울편'을 통해 『육효자전六孝子傳』에 나오는 다동을 소개했다. 그는 이곳이 고지도에는 다방동茶房洞, 다방동多坊洞으로 표기되어 있었다고 밝히고, 무교동과 남대문로 인근일 것으로 짐작했다.(「향토서울」 제24호, 1965년)

그곳의 모습을 지금 상상하기는 어렵다. 그러나 월간 「개벽」의 자매잡지였던 대중잡지 월간 「별건곤」(1929년 10월호)을 보면 어느 정도 추측을 해볼 수 있다. 이 잡지에서는 「대경성의 특수촌」이라는 제목으로 문화촌, 빈민촌, 서양인촌, 중국인촌, 공업촌, 노동촌 답방기사를 순서대로 싣고 마지막에 기생촌을 다루었다.

이때 기생촌은 물론 다동을 말하는데, 당시는 행정구역 명칭을 일제가 다옥정茶屋町으로 바꾸어놓았을 때였다. 이 기사는 합병이 되고 20년쯤 지난 서울의 다방골을 다루었다는 점에서 일제시대 기생사회의 변천을 알아보는 데 도움이 된다.

한편 이난향의 증언에 따르면 조합이 권번으로 바뀐 것은 1914 년인데, 이것은 착오인 듯하다. 「매일신보」 1918년 기사에 그와 관련된 내용이 나오기 때문이다.

경성 각 기생조합에서는 이왕부터 조합이라는 이름을 써왔으나 지금은 그때와 달라 조합의 이름도 반드시 고칠 필요를 생각하고, 광교조합은 한성권번으로, 신창조합은 경화권번으로, 다동조합은 대정권번으로 고치고, 본정 경찰서에 청원한 결과 일전 경기도 경무부장의 인가가 있었더라.

「매일신보」, 1918년 1월 27일자

경화권번은 삼패기생들만으로 구성된 곳으로 남부 시동에 있었다고 한다. 조합을 권번으로 한 것은 일제의 강압에 따른 것이었지만 신문에는 청원에 따른 것으로 보도되어 있다.

기생들이 본격적으로 가무를 생업수단으로 삼게 된 것은 권번으로 되었을 때부터이다. 권번에서는 부설로 기생학교를 두는가 하면 시중의 명인명창들을 초대해 기생들에게 가무를 가르치게 함으로써 수준을 높였기 때문이다. 그와 함께 기생들의 수입은 늘어났고, 지망생도 많아졌으며, 기생으로 인한 사회적 문제도 대두되기 시작했다.

그 전성기라고 할 수 있는 1930년대 중반 월간 「삼천리」에서는 6월호와 8월호에 각 권번의 내력을 실은 바 있다. 이는 일제 때 기생사회가 조합에서 권번이 된 후의 자취를 말해주는 좋은 자료가 되

권번기생의 모습 기생이 전문 예인으로 대접받기
시작한 것은 권번시대부터였다.

므로 살펴보고자 한다. 제목은 「명기영화사名妓榮華史」로 되어 있고,
6월호에는 조선권번을 다루었다.

명기영화사 - 조선권번

서울 장안에 기생 권번이 몇이던가? 조선권번이 있고, 한양권번
(한성권번을 일부러 이렇게 표현한 듯하다)이 있고, 종로권번이 있다.

이 세 개의 기생 권번에는 그러면 도대체 얼마나 기생들이 있
는가? 한 권번에 근 5백 명, 세 권번이면 1천 5백 명의 기생들이
있다.

기생 권번이란 한마디로 말한다면 기생을 만들어내는 기생학교
이다. 이들 권번에서는 노래면 노래, 춤이면 춤, 양금이면 양금, 모
두 제각기 선생이 앉아 있어 밤과 낮을 가리지 않고 웃으며 욕해가
면서 기생들을 기르는 데가 여기로다.

그러면 조선에 기생이 언제부터 있어왔던고? 하면 그야 역사가들의 알 바로서 아마 신라, 백제, 고구려의 삼국시대부터 있어왔다기도 하고, 또 어떤 사람들은 고려 때에야 비로소 완전한 기생이었다고 하나 이런 것은 우리들의 알 바가 아니라. 다만 조선에는 자고로 기생이 하도 유명하였던 것만은 숨길 수 없는 사실이요 누구나 아는 일이다.

궁 안에 무슨 연회가 있을 때도 기생, 고관대작이나 돈푼 있는 풍류객들에게도 그저 기생. 이러한 기생들도 그 옛날엔 다만 기생서방이 있어 기껏해야 한집에 사오 명이 아니면 오륙 명이 모이면 대작이고, 돈푼이나 발겨먹자는 야비한 수단을 모르는 깨끗한 기생, 도의품성을 기르기에만 힘을 쓰는 한 개의 예술가들이었다.

이 자리에서는 이 세 권번 중에서 가장 역사가 오래이고, 유명한 기생을 하도 많이 이 강산에 내보낸 조선권번을 먼저 찾아 한때에 그 이름을 휘날리던 유명한 기생들의 영화사를 다시금 한번 더듬어볼까 한다. 그러면 조선권번의 연혁은 어떠한 길을 밟아왔나 함부터 간단히 적어나 볼까.

개명 이후 모든 제도가 일신하고 새로워지는 통에 이 기생에 대한 제도도 새로 생겨났던 것이다. 그전에 기생들은 기생서방에게 매달려서 일생을 기생으로 그 서방에게 모든 것을 다 바쳐오던 지난날의 서방제도를 없이 하고 새로이 기생 권번을 만들었던 것이니, 이것이 명치 43년(1910년) 하규일 씨와 그 밖의 몇몇 분이 널리 전선으로 기생을 모집하여 소위 기생조합을 만들었던 것이다.

이때에 모여온 기생들이란 대부분이 평양기생들이었다. 이것이 대정 8년(1918년인 대정 7년의 착오일 것이다)에 와서 비로소 대정권번이란 이름으로 오늘의 조선권번의 전신이 되었던 것이다. 명치 43년에서부터 오늘에 이르기까지 이 조선권번은 오로지 하규일 씨의 공로요, 꾸준한 지도가 있었다 한다.

또한 이 권번의 초창기로부터 오늘날까지 하규일 씨의 손밑에서 자라난 기생이 수삼천 명을 헤아린다고 하니 실로 조선기생 권번사의 첫 페이지를 이루는 하규일 씨의 존재는 뚜렷한 바가 있다 할 것이다. 지금의 하규일 씨는 조선권번을 움직이는 한 주인으로 되었다.

조선의 정악은 물론이지만 춤 잘 추고 노래 잘 부르는 하규일 씨의 손아래에서 하나에서 수천을 헤아리는 수많은 기생들 가운데서도 얼굴 잘나고 재주가 용하고 춤 잘 추고 노래 잘 불러서 장안의 호걸과 풍류객들이 너도나도 하며 단침을 삼키며 연연 사모하던 기생들이 하나요 단둘이 아니려니, 이제 이들의 지난날의 성망과 그들의 자취도 알아나 보련다.

원화홍이가 그러하고, 오소홍이가 또한 그러하다. 그 밖에는 김산호주 또한 뺄 수 없는 한다하는 명기들이었다. 이들은 모두 하규일 씨의 손아래에서 노래를 배우고 춤을 배운 유명한 기생들이었다.

고향은 본래가 모두 평양이었으나 서울에 올라와 한동안 수많은 남자의 흠모와 사랑을 무던히 받아오던 기생들이다. 그중에서도 더구나 김산호주 같은 기생은 일문십지하는 갖은 재주를 구비한 데다가 평양에서부터 이름 있는 어여쁜 얼굴을 가진 기생이다. 패성의 풍류객도 풍류객이려니와 그 당시 서울장안의 기생방을 드나드는 고관대작의 아들까지 사랑을 아끼지 않던 일대 명기들이었다.

그때가 바로 대정 원년(1911년)경이어서 아직 예적도 없이 지나던 때의 일이다. 지금의 이들은 모두 어느 돈 많은 남자들을 얻어가서 곱다랗게 가정을 이루고 살아가는지! 그러지 못하면 일찍이 세상을 떠나갔는지? 그들의 소식은 도무지 알 수가 없다.

이들이 한번 기생의 자리를 물러간 뒤에는 현매홍과 김월선이 또한 당대의 한다하는 이름을 이 강산에 날리던 명기들이다. 현매홍의 본명은 달순이요, 김월선의 본명은 복순이다.

둘이 모두 지금에는 사십을 가까이 바라보는 이들로서 매홍이는 열넷에, 월선이는 열다섯에 똑같이 기생이 되어 하 선생의 귀여움을 받아가면서 밤낮을 가리지 않고 춤추고 노래 부르게 되었으니, 둘이 모두 경성잡가와 서도잡가를 잘하는 명창들이었다.

더구나 매홍은 김상순 씨에게서 양금까지 배워 양금 잘 띄우기로도 당대에 그 이름이 자자하였던 기생이다. 모두 15년 동안이나 기생으로 있으면서 십여 년 전까지도 이름 있는 명기로 치던 기생들이다. 지금에는 모두 현모양처가 되어 돈 있는 남자의 가정으로 들어갔다 한다.

그런데 이들과 거의 같이 나와서 몇 해 앞서 기적에서 물러간 이로는 김명옥이 있다. 명옥 역시 지금은 오십 고개를 바라보게 되는 몸이나 한 20년 전까지는 춤 잘 추고 노래 잘 부르기로는(더욱이 서도잡가) 빼어놓을 수 없는 명기의 하나였다. 지금엔 이 기생도 전라도 어떤 부호와 짝을 지어 평온한 가정을 이루어 여생을 보낸다고 한다.

그 다음에 나타난 명기 가운데는 주산월이 있다. 본명은 주○경이다. 일찍이 천○교의 ○대 교주 손○희의 뜨거운 총애를 받아오던 주산월은 어려서 14세에 기생으로 나섰던 것이다. 얼굴은 비록 잘나지 못한 편이나 노래 잘 부르고, 춤 잘 추고, 더구나 마음씨가 곱고 태도가 아련해서 장안의 수많은 남자들이 그의 뒤를 따랐다.

손○희 씨가 세상을 떠날 때에는 비록 기생의 몸으로 있으나마 침식을 잊어가면서 극진한 간호를 하였던 것이며, 그가 돌아감에

뜨거운 피눈물을 그의 무덤 위에 몇 번이고 뿌렸다고 한다.

그가 기적을 떠나 천○교의 돈으로 동경에 건너가 여자 영어숙英語塾 학교까지 졸업하고 돌아와 오늘날까지 내내 독신으로 지내면서 지금엔 천○교의 여자부 총무로서 오십 고개가 넘도록 피로를 모르고 부지런히 일을 하여가고 있다.

그가 간 후에는 또한 이난향과 서산호주를 손꼽을 것이다. 이난향의 본이름은 선비요, 서산호주의 본이름은 순봉이다.

둘이 다 대정 8년부터 기생으로 나섰으니 난향이 나이 열아홉이요, 산호주는 열다섯이었다. 평양이 역시 이들의 고향이었고, 똑같이 춤 잘 추고, 노래 잘하고, 양금 잘 띄우기로 그 당시 장안의 남자들은 어느 누구 모르는 이가 없었다.

더욱이 이난향은 얼굴 잘나고, 거동 곱고, 말소리가 맑을뿐더러 하나 물으면 열을 아는 재주덩어리였으니 그것은 난향의 맑은 두 눈동자와 넓죽한 이마에 그 재주가 들었다고나 할 것이다. 글 잘하는 사람들도 난향이요, 돈 잘 쓰는 궐자들도 난향이었다.

그러더니 난향이나 산호주나 기적에 몸을 둔 지 15년째 되는 소화 8년(1933년) 봄, 꽃 피고 새 지저귀던 때 이들의 나이도 모두 삼십 고개를 넘게 되니 이들에게 머지않아 닥쳐올 얼굴의 수름살을 막을 길이 없음을 느꼈던지 난향은 영남의 어떤 부호의 사랑과 짝을 지어 화류계에서 사라져버렸으니, 지금에는 아들딸 많이 낳고 무심한 세월만을 손꼽고 있으리라.

그러면 난향과 산호주가 간 뒤의 조선권번에는 어떤 명기가 오늘날까지 있어오는가? 백운선이 그 이름이요, 김수정이 또한 그러하다.

백운선의 본이름은 순향이요, 명치 33년(1900년) 3월 17일이 그의 생일이다. 이제 나이는 먹을 만치 먹어 대정 8년(1919년)에서 오늘날까지 내려오니 실로 기적에 몸을 던진 지 20년을 헤아리게 되었다.

기생으로 더구나 한다하는 명기로 이렇듯이 오랜 동안을 계속해서 오는 이는 오직 백운선 하나뿐일 것이요, 삼십 고개를 넘으나 그 노래 그 춤은 조금도 변할 줄 몰라 그의 인기는 도무지 사라질 줄 모르니, 이를 가리켜 만년명기라고나 할 것이다. 하규일 씨의 손에 길러지면서 귀여움을 많이 받지 않은 명기가 그 누구랴마는 유독 백운선은 그중에서도 가장 귀여움을 받아오고 아껴오는 기생이다.

김수정은 아직 활짝 피지 못한 한 떨기 백장미화. 그의 나이 24세다. 일찍이 고향에서 보통학교를 졸업하였고, 졸업하던 즉시 열다섯에 기적에 몸을 두어 오늘에 이르렀다. 경기잡가, 서도잡가가 기막히지마는 양금도 신간이 녹고 춤도 탄복할 만하니 그의 재주가 어느 명기에 뒤지지 않는다.

요사이 장안에서 백운선을 아는 자 또한 김수정을 알게 되었다. 한 가지 풍편에 들리는 바는 수정은 오래지 않아 기적에서 정든 남자를 따라 가정으로 들어간다니 수정이 간 뒤에는 과연 누가 또한 나설 것인가.

조선권번이 있어온 지 이제 25여 년. 그동안 얼굴 잘난 명기 이 밖에도 많았고, 소리 잘하고 춤 잘 추던 기생 또한 허다하며, 어떤 기생은 비관하고 목숨을 끊은 이도 있고, 어떤 기생은 해외의 손님과 정이 들어 머나먼 외지로 가서 소식조차 없는 이가 하도 많으니 이것을 모조리 적을 수도 없는 일이요, 그것을 다 추려낼 시간의 여유를 못 가졌음을 한할 뿐이다.

이 글에서 예적이니 기적이니 하는 말은 권번의 등록을 말한다. 기생인가증 외에도 권번에 적을 두고 있어야 활동할 수 있었던 규정을 말하는 것이다.

이 글에서 대략이나마 알 수 있는 것은 하규일이 소리를 가르친 기생들이 대부분 평양기생들이었다는 점이다. 이로써 초창기에는 그들이 대거 몰려와 가곡, 가사는 물론 시조와 경기잡가를 배우고 서울의 소리판을 휩쓸다시피 했다는 것을 알 수 있다.

이것은 기량을 가르쳐주는가 하면 신분상으로도 보장을 해주는 기관이 있었기 때문에 가능했던 것인데, 대표적인 곳이 바로 권번 중에서도 조선권번이었다.

월간 「삼천리」 1936년 8월호에는 서울과 전라도 기생들이 주축이 되어 조직한 광교조합의 전신인 한성권번편이 다음과 같이 실려 있다.

명기영화사 – 한성권번

한성권번이 한양성 중에 생겨난 지도 30년이란 세월이 흘러갔다. 한양성 중이야 무슨 일이 일어났건 어떤 변이 있었거나 이래 30여 년간 이러한 시끄러운 세상사는 모르는 듯이 꽃 같은 기생반을 알뜰하게 길러낸 한성권번이다.

꽃 피고 새 지저귀는 봄날이나 달 밝고 바람 소슬한 가을밤이면 유두분면에 녹의홍상으로 화용월태에 애교를 흘리며 꾀꼴새 노랫가락이 마디마디 꺾어 넘어갈 때면 허다한 장안의 풍류남아의 간장을 녹여내던 한다하는 명기명창치고 어느 누가 이 한성권번의 무대를 밟지 않은 이 있으랴!

한성권번을 무대 삼고 가사, 시조를 잘 부르며 가야금, 거문고

한성권번 서대문 바깥에 있었다는 한성권번은 숱한 명창을 배출했던 당대 최고의 예인 교육기관이었다.

잘 뜯기로 장안에 소문 높아 더할 나위 없는 영화를 한 몸에 누리고 있던 이 그 수를 일일이 다 셀 수 없이 많았다.

김○선이 그러했고, 박금○이 그러했다. 이렇게 한때에 서울장안의 수많은 호걸남아, 돈 잘 쓰는 풍류객들의 이 손에서 저 손 위로 무릎 위에 안기고 품안에 꼭 껴안겨서 밤 가는 줄도 모르는 채 춤추고 노래 부르던 명기명창들, 이들은 그 뒤에 어찌 되었노?

어떤 기생 팔자 좋아 고대광실 높은 집에 돈 많고 인물 잘난 정든 남편 모셔놓고 밤낮으로 웃음 섞인 달콤한 가정을 이룬 이 하나요 둘이 아니며, 어떤 기생 팔자 궂어 정들이고 못 살게 되어 님의 손목 마주잡고 한강수 깊은 물에 풍덩실 떨어져 저 세상을 찾아간 이 또한 없지 않으리라.

이제 이들의 이름을 일일이 적어보려 하였으나 아들딸 무둑히 낳아놓고 얌전한 가정살림을 이룬 이들에게 전날의 그 시절을 되풀이시킴은 그리 좋은 일은 아닐 것이며, 또한 애처롭게 한 많은 눈물을 뿌려가며 사바세계를 등지고 허구프게 사라진 이들에겐 그 죽어간 영혼마저 가슴속을 저리게 할까 두려워 흘러가는 붓대를 억지로 돌리려 한다.

한성권번이 있어온 지 30년 동안 기생으로 반도강산에 나왔다 사라진 이 그 수를 헤아리면 무릇 백도 넘고 천도 넘을 것이다.

지금에서부터 30년 전 서울 서대문 밖에 아담스럽게 꾸며놓은 웃뜨름한 한 채 집, 이 집 커다란 솟을대문 옆에는 ‘광교조합’ 이란 커다란 간판이 붙어 있었다. 이 광교조합이 오늘의 한성권번이다.

그러면 이 한성권번은 어떤 사람 손으로 생겨서 오늘에 이르렀노? 오로지 안춘민 씨, 엄순모 씨 등 수삼 인의 힘으로 되어졌다고 한다. 안춘민 씨로 말하면 현재 한성권번의 취체역取締役(이사의 구용어)으로 있는 분이다.

이들 몇 분의 힘으로 합자회사의 형식으로 광교조합을 만들어놓고, 그 당시 소리와 춤으로 유명한 유개동, 주영화, 장계춘, 김용태 등 제씨가 선생으로 있으면서 재주 있고 총명하고 얼굴 잘난 계집애들을 모아놓고 밤낮 매질하고 웃어가며 기생도를 가르치기에 여념이 없었다.

그동안 세월은 덧없이 흘러 30유년, 조목단, 백목단 같은 명기들은 한번 기적에서 몸을 돌렸다가도 가정이 귀찮고 살림이 까다로왔던지 또는 말 못할 야릇한 사정이 있었음인지는 몰라도 불과 몇 해 만에 다시금 기적에 나타나서 사십 고개에 이르러서도 장안의 인기를 잃지 않고, 한 달 잡고도 사오백 시간을 이리저리 늙은 어른, 젊은 사나이들 앞으로 불리어다니고 있으니 만년명기로 불리는 것도 당연한 일일 것이다.

조목단과 백목단, 모두 한양의 우로雨露를 마셔가며 북악산 밑에서 곱다랗게 자라난 명기들이다. 조목단의 경성잡가, 백목단의 서도소리 하면 서울 안에서 돈냥 돈푼 쓸 줄 아는 사람치고 모르는 이 거의 없을 것이다.

조목단은 42세요, 백목단은 39세이다. 이 두 명기 모두 한때에는 얼굴 잘생기고 노래 잘 부르기로 젊은이들의 가슴을 조이게 한때가 있었으나 이제 막을 수 없는 한 가닥 두 가닥 주름살이 어느 겨를에 이들의 얼굴 위에 선을 그어가고 있으니 꽃 같은 청춘이 늙어감을 한숨지어 무엇하랴! 지금은 다만 변할 줄 모르는 청산유수에도 옥을 굴리는 듯한 그 고운 노랫가락에다 한때의 그 시절을 하소하는 듯!

김옥엽. 이름 좋은 옥엽이요, 얼굴 잘난 옥엽이다. 미인의 고을 평양에서 자라난 김옥엽은 어려서 평양기생학교를 다녔다. 청류벽에 철쭉 피고 부벽루에 낙엽 질 때 날씬한 허리에 곱게 단장하고 대동강변을 오락가락할 때면 패성의 젊은이들 모두 그의 뒤를 따랐던 것이다.

이러한 김옥엽이 평양에서 자취를 감추고 봄바람에 붙여 서울장안에 날아들자 서도소리 잘하기로 김옥엽의 이름이 단번에 쫙 퍼지고 말았다. 올해 그의 나이 30. 서울에 올라와 기적에 몸을 둔 지 엊그제 같은 일이었건만 벌써 8년째 되어간다. 옥엽의 수심가라면 오늘날 장안의 풍류객들의 귀를 기울이게 하는 명창이다.

이진봉. 그의 나이 38세에 기적에 다시금 나선 지가 십 년이 가깝다. 옥엽과 같이 평양태생으로 서도소리 잘하기로는 옥엽과 같이 친다. 옥엽이 가는 연회에 진봉이 따르고, 진봉이 가는 좌석이면 으레 옥엽이 나타난다.

한성권번에서 조선소리로 한 달 잡고 그중 많이 불리는 기생이 누구냐 하면 옥엽이 아니면 진봉이다. 서로 다정스럽게 앞서고 뒤서고 하는 굉장한 인기를 가지고 있다. 그러나 그도 40이 앞에 머지않았으니 노랫가락이 아깝다.

김금옥. 전라도 구례출생이다. 서울장안에서 남도소리 잘하고 가야금 잘 띄우기로는 어느 기생이냐 하면 으례 첫손가락으로 김금옥을 꼽게끔 되었다.

아직 기적에 나선 지 날이 일러 삼사 년밖에 안 되지만 그의 인기는 너무나 높아졌다. 가야금에 맞춰 노랫가락 할 때면 그의 빼어난 재주에 탄복하지 않는 이 없을 것이다. 돈 잘 쓰는 전라도부자들이 서울에 올라오면 으례 금옥의 얼굴을 대한다는 것이니 그의 생활이 호강스러울 것도 당연한 일일 것이다.

위에서는 대개 삼사십의 늙은 기생으로 모두가 조선소리로 당대에 그 이름을 떨치는 이들만을 말하여보았지만 오늘의 기생은 댄스 잘하고, 외지손님을 잘 대할 줄 아는 현대적인 기생이 아니면 안 된다.

그런 기생으로 제일 먼저 이춘홍을 말하게 된다. 춘홍은 올해 나이 25세의 한창시절이다. 기생의 고을 평양에서 어려서부터 기생학교를 다녔다. 춘홍은 기생학교를 다닐 때부터 그 타고난 미모와 명랑한 말소리는 수많은 젊은 사나이들의 가슴을 울렁거리게 하였던 것이다.

지금으로부터 한 사오 년 전에 기생학교를 나오는 길로 서울로 올라왔다. 노래 잘 부르고 말 잘하기로 소문이 높은 이다. 더구나 그 상글상글하는 미소 띤 얼굴은 미인이라는 소리를 늘 듣고 있으니 금상첨화는 이를 두고 한 말인가 싶다.

지금 서울장안에서 어느 기생이 그중 많이 불리느냐 하면 첫째 한성권번의 이춘홍을 말하게 된다. 인물이 절색이요, 말 잘하고 노래 잘 부를 뿐만 아니라 댄스까지 잘하는 이춘홍을 광교다리와 다방골이 분주하게 인력거꾼이 싣고 요란스럽게 달리는 것이다. 한 달 잡고 육칠백 시간은 늘 불리어다닌다고 하니 춘홍의 인기도 무던하다.

이춘홍을 말하게 되니 김옥진을 또한 말하지 않을 수 없다. 춤과 노래를 가르치는 장계춘 씨와 댄스선생 김용태 씨의 귀여움을 받는 기생도 옥진이요, 많고 많은 기생들 가운데에서 상냥스럽고 마음씨 좋은 기생도 옥진이다. 더구나 국어를 잘하고 명랑스러운 웃음태를 가진 옥진은 외지에서 들어오는 손님이면 으레 한성권번의 김옥진을 부르게끔 되었다.

아직 활짝 피지 못한 한 떨기 꽃송이. 방긋이 벌어지는 탐스러운 요염한 자태! 그 향그러운 향기를 따라 날아드는 벌과 나비 떼. 옥진의 선잠을 고달프게 흔들어 놓을 것이다. 금년에 22세. 서울이 고향이다. 기생으로 나선 때는 16세 되던 해 이른 봄. 불과 오륙년이 되었건마는 옥진은 기생으로서 배울 것을 다 배웠다.

유금도. 어쩌면 이렇게도 꽃같을까! 이춘홍과 나이도 25세로 똑같고 평양에서 기생학교도 한날 들어가 한날에 다정스럽게 손목 잡고 나왔다. 춤 잘 추고, 노래 잘 부르는 유금도는 얼굴도 미인이요, 거동 좋고 모양 좋으니 당대의 명기로서 모든 점을 갖추었다. 그 어글어글한 얼굴에 시원스러운 마음씨는 장안의 호걸남아들이 무던히 가슴을 조이는 것도 그럼즉한 일이다.

이현정. 충청도출생으로 나이가 27세, 기생으로 나오기는 소화 6년(1931년)이다. 노래 잘 부르고 댄스 잘하기로 그 이름이 높아졌다.

김근화. 이름도 근화요, 생기기도 근화같이 고결하고 아리땁다. 그가 자라난 고향조차 깨끗하고 아름다운 곳 수원이다. 일찍이 얌전하고 착실한 여학생으로 집안에선 따뜻한 사랑과 선생에게 귀여움을 받던 근화로, 여러 가지 까다로운 사정으로 해서 바로 작년 여름 비로소 기적에 발을 들여놓게 되었다.

처음에는 노래 배우고 춤 배우기에 매도 맞고 욕도 얻어먹었으나, 원체 총명한 근화는 한 달이 되고 두 달이 됨에 따라 제법 애티를 활짝 벗고 지금에 와서는 노래 잘 부르고 춤 잘 추는 일류명기로 그 이름이 장안의 젊은 사나이들의 가슴속에 깊이 깊이 박혀 있다.

이 밖에도 일류명기로 치는 한다하는 명기명창을 모조리 세자면 한이 없다. 지금의 한성권번에는 250명의 기생들이 아침이면 11시부터 저녁 4시까지 한데 모아 춤을 배우고 노래를 배우며 가야금 뜯기에 요란스러우니 또한 이들 가운데에서는 어떤 이름을 가진 명기명창이 뛰어나오려는가.

월간 「삼천리」는 언론인이자 시인이었던 파인 김동환이 1929년 6월호부터 1941년 1월호까지 발간했던 종합잡지로 일제시대 전 기간을 통하여 가장 오랫동안 발행된 잡지이나. 일세 때의 잡기발간이란 재정난, 원고난 말고도 검열제도 때문에 오래 견디지 못하는 것이 상례였다. 그러나 김동환은 되도록 대중이 쉽게 접할 수 있으면서도 민족적인 정서를 담은 내용으로 편집해 당시 지식층에게 큰 호응을 얻었다. 이 잡지에 전통음악 관련기사가 많이 실린 것은 그런 편집방침 때문이었다.

집필자를 살펴보면 당대의 명망 있는 모든 문인들이 망라되어 있을 정도로 다양하며, 소재 역시 사통팔달 다루지 않은 것이 없을 정도이다. 그래서 이 잡지는 지금도 특히 문학사, 예술사 방면에서 증빙되는 내용을 제공해주는 충실한 자료집으로 평가받고 있다. 파인은 한국전쟁 때 납북되었지만 이 잡지는 남아 기생들의 자취 면에서 결정적인 자료를 제공해주고 있는 것이다.

조선권번과 한성권번의 발자취를 다룬 두 기사는 한국 기생사를 요약해서 알아볼 수 있는 귀중한 자료이다. 잡지라는 제한된 지면 때문에 자세하지는 않지만 조합이 언제 생겼으며, 권번으로 온 것이 언제이고, 그로 인해 각 권번에서 명성을 떨친 기생들은 누구인지 프로필까지 다루었다.

여기에 언급된 명기명창들은 물론 그 당시 최고의 소리꾼이었다. 장기로 불렀던 것 역시 기사에 있는 대로 경기잡가와 서도소리였다. 권번의 기생들이 곧 경기명창이었고 서도명창이었던 것이다.

경성에서 활동한 기생들

그렇다면 그때의 기생들로는 어떤 사람들이 있었을까? 이에 대해서는 「매일신보」에 실린 「예단일백인藝壇一百人」을 참고하려고 한다. 연재기사인 이 자료는 1914년 1월 28일에 시작해서 그해 6월 11일까지 실렸는데, 제목에 나타난 대로 당시의 예인 백인을 다루었다.

매회 한 명씩 사진과 함께 대략 500자 정도의 프로필을 실었으며, 대상은 기생, 명창, 연극배우, 해금명인, 가야금명인, 변사로 되어 있다. 그러나 이중 91명이 기생이어서 기획의도가 당시 소리 잘하고, 춤 잘 추고, 악기연주 잘하는 기생 중에서도 특히 뛰어난 기생들을 소개하는 데 있다는 것을 알 수 있다.

먼저 비봉, 산월, 채련, 화중선처럼 기생의 이름을 앞에 놓고 프로필이 시작되는데 본명과 나이, 출신지를 밝힌 뒤 수학 정도와 기생으로 진출한 연유, 장기를 소개했다.

「예단일백인」은 연재순서에 착오가 있었는지 실제 다룬 예인은 모두 99명이다. 그중 남성은 8명으로, 신파극단의 효시인 혁신단

기생의 연주 가야금, 장구, 양금으로 이루어진 연주 모습. 특히 양금은 실내연주용으로 필수라 할 만큼 애용되었다.

단장 임성구, 해금연주에서 신기라는 소리를 들었던 지용구, 가야금명인 심정순, 정악전습소 교사로 있으면서 음악계의 패왕이라는 별명을 들었던 기생들의 음악선생 이병문, 잡가와 재담의 일인자 박춘재, 그리고 변사 김덕경과 서상호, 이한경이다.

「예단일백인」에 소개된 기생들의 특기를 살펴보면, 판소리를 하는 기생은 드물고, 대부분 가사와 시조, 경서도잡가, 민요를 했다는 것을 알 수 있다. 가곡과 선소리, 서도시창이나 서울의 송서가 드문 것도 특징이라 할 수 있다. 가야금과 거문고는 역시 보편적이고, 검무와 승무도 필수라 할 수 있을 정도였다. 무엇보다 양금을 잘 다루는 기생이 많았다.

소리는 장소로 인한 제약과 향유층의 수준을 고려해야 하는데, 이 경우 주로 불린 것이 경서도소리라는 점은 쉽게 이해가 간다. 부르기 쉽고 이해하기 쉬운 노래들이기 때문이다. 한국의 전통음악은 이렇게 스스로 환경을 만들어가면서 때로는 환경에 적응하기도 했지만 한편으로는 고유의 모습을 간직해나갔다.

악기 중에서 양금이 널리 사용된 것은 가장 특징적인 면이라 할 수 있다. 양금은 서양금의 준말로 구라철사금이라고도 한다. 얹혀 있는 줄이 명주실이 아니라 철과 주석의 합금인 금속선이어서 그런 이름이 붙은 것이다. 영조 때 들어와 주로 풍류에 사용되었는데, 조율하는 데 시간이 많이 걸려 널리 쓰이지는 않았다. 그런데 그 양금을 잘 치는 기생이 많았다는 것이다.

양금은 채로 쳐서 소리를 내는데 금속성의 맑은소리가 난다. 이것이 인기를 얻게 된 것은 장소가 놀이방이었기 때문일 것이다. 가볍게 들으면서 즐길 수 있는 음악으로 양금이 적당했기 때문이다.

또 승무나 검무를 하는 기생이 많았던 것은 그것을 할 줄 알 뿐만 아니라 이해하는 층도 있었음을 뜻하는 것이지만, 이때의 춤은 교방에서 배운 것 중 극히 일부분일 것이다. 뿐만 아니라 의상이나 도구에서 불가능한 면이 있었을 것이므로 하기 쉬운 것 또는 편의상 간략하게 꾸며서 하는 것이 대부분이었다.

「예단일백인」에서 가장 중요한 부분은 출신지라고 할 수 있다. 서울에서 활동한 기생들 중 평양출신이 많다는 것은 여기에서 여실히 드러난다. 전체 99명 중 서울출신은 12명에 불과하고, 평양출신이 43명에 이른다. 여기에 해주, 사리원, 의주, 성천 등지의 출신자들까지 합치면 서도기생이 모두 56명이다. 그리고 나머지 31명은 대구, 진주, 창원 등지의 출신자들이다.

단국대 김종욱 교수가 1988년 「향토서울」 제46호에 발췌해서 발표한 1915년의 『경성편람』을 보아도 다동 기생조합의 조합원 중 가장 큰 비중을 차지한 기생들은 평양출신이었다. 전체 109명 중 평양기생이 47명이나 되었다.

「예단일백인」이나『경성편람』에 수록된 다동 기생조합, 광교 기생조합, 신창 기생조합의 조합원명단을 보면 소리의 길목으로서 서울소리의 위상이 어떻다는 것을 알 수 있는데, 그때도 가장 높은 비중을 차지한 것은 단연 서도소리였다.

사설극장 시대가 열리다

3

광무대, 단성사, 연흥사, 장안사는 문을 열면서부터 구극만 공연했다. 한국 극장의 발자취에서 선구적인 역할을 한 이 공연장들은 그것만으로도 획기적이었다는 평을 듣기에 족했다. 국권을 상실한 상태에서 대중을 대상으로 한 공연장으로 등장했고, 전통예인들을 무대에 올림으로써 실의에 빠진 관중과 호흡을 같이했던 것이다.

최초의 사설극장
광무대와·단성사

1906년 손병희가 창간한 국한문혼용 일간지인 「만세보」에는 서울에 사설공연장이 생겼다는 내용의 기사가 실려 있다.

동대문 내 전기회사 공장 창고에 부속한 활동사진소에 연극장을 신설한다는 소식은 전호에 이미 보도하였거니와 연극은 전기회사에서 전적으로 관리하여 광무대라 명칭하고, 전기한 재인 등으로 연예를 개시하였는데 활동사진 수회를 연희한 후에 춘향가 중 수회를 연극하는데 재인 등의 창가와 기예가 실제처럼 자연스럽게 연출되었거니와 12세녀 연화는 향단의 역할을 빼어나게 잘하고, 11세녀 계화는 춘향이가 재생한 듯 슬프고 비탄스런 연기를 실제가 아닌가 할 정도로 잘할 뿐 아니라 창가, 탄금, 승무 역시 비할 데 없이 절묘하였다.

「만세보」, 1907년 5월 30일자

같은 신문에는 또 이런 기사가 실려 있다.

경성에서 내로라하는 실업가 지명근, 박태일, 주수영 제씨가 발기하여 우리나라 연예계를 발전시킬 목적으로 관청에 승인하여 일대 연극장을 현재 파조교 근처에 건축 중인데 그끄저께 일반배우 등을 동문 외 영도사 대원암에 모이도록 하여 연예의 성질, 연혁과 개량발전을 취지로 연설하고, 하나의 회사를 만들어 단성사團成社라 명칭하고, 일반 재인으로 하여금 생업이 되도록 하는 한편 수입한 이익으로는 교육상 장려와 자선적 사업에 쓰기로 결정하였다.

「만세보」, 1907년 6월 7일자

일주일 간격으로 보도된 이 두 기사는 관립공연장인 협률사가 폐지되고 1년 후에 이번에는 다른 공연장, 즉 광무대와 단성사가 생겼다는 것을 알려준다. 협률사는 폐지된 이후 공연장만은 그대로 둘 수 없어 명절 때 특별공연을 하는가 하면 관리들이 회합장소로 쓰기도 하고, 선교사들이나 상인들이 가지고 들어온 활동사진을 보여주기도 했다.

그러나 광무대와 단성사는 그렇지 않았다. 아직 서울에서 가장 인기 있는 연예라고 한다면 단연 광대, 재인, 기생들이 보여주고 들려주는 춤과 노래, 그리고 갖가지 기예였다. 말하자면 협률사 공연장에 출연하던 예인들이 이번엔 사설공연장으로 진출해 활동무대를 넓혀나간 것이다.

「매일신보」에는 그런 시대의 모습이 담긴 기사가 실려 있다.

그때에 한미 전기회사 시대의 미국사람 콜브란의 사업으로 활동사진과 환등 시작이 처음 되어 더욱이 이것을 보고 놀라움을 이기지 못하였으니 그때에 비로소 연극이라는 명사가 유행되었고, 연

단성사 관람석 시곡기생 공연 때(「매일신보」, 1914. 2. 15.)의 모습으로 당시 사람들에게는 이런 공간에서 공연을 본다는 것은 문화적 충격이었다.

극열도 비로소 새롭게 느끼게 되었다.

그 뒤로 광무대가 설립되고 단성사가 차례로 일어난 후 장안사와 연흥사가 있었는데, 그때 신파연극이라고는 비로소 장안사에서 시작하매 처음 보고 듣는 것이므로 첫날은 구경꾼이 많았으나 그 뒤 평판은 모두 재미가 없다 하며 조선 구극의 질탕한 음악과 가무만 즐겨하여 기어코 유지치 못하였으나 차차로 시대를 좇아 변천이 있던지 문수성, 혁신단, 유일단 기타 각종의 신파연극이라는 것이 발생하였더라.

「매일신보」, 1915년 1월 8일자 '연희계 일별'

한미 전기회사라는 것은 처음 전차를 운행할 때 전차의 동력을 관리하고 차량운행을 주관했던 업체를 말한다. 미국인 콜브란이 우

리 정부로부터 허가를 얻어 그런 일을 했기 때문에 한미 전기회사
니 콜브란이니 하는 말이 등장하는 것이다.

　이 회사가 있었던 곳은 지금의 동대문종합상가 자리였다. 회사
에는 전차차고가 있고 수리공장도 있었는데, 콜브란은 그중 한 군
데 가건물에서 환등기를 보여주기도 하고 활동사진도 보여주었다.
이때 비로소 연극이라는 말이 유행했다고 하는 것은 무대를 갖춘
곳에서 관객에게 흥행물을 보여주었던 일을 말한다. 서구문명의 산
물인 그런 일이 한국인들에게는 처음이었고, 매우 놀라운 일이기도
했다.

또 다른 사설극장
연흥사와 장안사

대중을 모아놓고 재미있는 볼거리를 보여주는 그런 일에 자극을 받아 광무대가 생기고, 단성사, 연흥사演興社, 장안사長安社 등 공연장이 잇따라 생겼다. 이때 가장 두드러진 현상은 이른바 신파연극이라는 것이 선보였다는 점이다. 말하자면 한국에도 서양의 연극이 상륙한 것인데, 문수성·혁신단·유일단 등은 그때의 전문극단을 말한다.

관객은 처음에는 호기심을 가지고 신파극을 보았던 모양이다. 그러나 곧 평판이 나빠지면서 '구극의 질탕한 음악과 가무'를 더 좋아했다는 것이다. 구극이란 물론 전통가무를 말한다. 아직 새로운 문화에 적응이 안 되었을 때여서 용어 자체도 정립되지 않았음을 알 수 있다.

서울에 사설공연장이 생기자 일본인들도 공연장을 설립하기 시작했다.

제일 먼저 세워진 것이 남대문역을 중심으로 남성좌南成座와 본정을 중심으로 한 수좌壽座이다. 남성좌는 일본인의 거류지와 약간 떨어져 있어 큰 재미는 보지 못했지만 수좌는 충무로 한복판에 있어 일본에서 오는 극단은 반드시 이곳에서 막을 열었다. 지금의 중부경찰서 동남쪽이요, 일신국민학교 북쪽에 있었으니 6·25까지 그 건물은 남아 있었다.

이서구, 『세시기歲時記』

유민영의 『한국극장사』에 따르면, 이 무렵 세워진 일인 공연장으로는 이 밖에도 어성좌御成座, 가무기좌歌舞伎座, 경성좌京城座 등이 있었다. 영화만을 상영한 고등연예관高等演藝館도 있었는데, 이는 이보다 좀 늦게 세워졌다. 우미관도 일인이 운영한 영화관으로서 1912년에 개관했다.

광무대, 단성사, 연흥사, 장안사는 문을 열면서부터 구극만 공연했다. 한국 극장의 발자취에서 선구적인 역할을 한 이 공연장들은 그것만으로도 획기적이라는 평을 듣기에 족했다. 국권을 상실한 상태에서 대중을 대상으로 한 공연장으로 등장했고, 전통예인들을 무대에 올림으로써 실의에 빠진 관객과 호흡을 같이했던 것이다.

그러나 이후 연흥사는 새성난으로 프랑스인에게 운영권을 넘겨주고 개장 1년 뒤 문을 닫았다가 다시 열었는데, 그때부터는 주로 연극을 무대에 올렸다. 유민영은 연흥사에 대해 이렇게 썼다.

연흥사는 1907년 11월 말경에 송지만, 이준동, 이종진 등 3인이 사동 장윤직의 집을 일부 개조하여 설립하는 데서부터 시작되었다. 그것은 곧 인가되어 박완근이 총무를 맡고, 송종오가 감독을 맡아 연희장으로 화려하게 출범했다. 연흥사도 당시의 극장들처럼

연흥사 「눈물」 공연장면 연흥사의 내부 구조도 단성사와 비슷했다. 배우들은 오른쪽부터 평양집 역의 김영덕, 조필환 역의 전한수, 봉남 역의 조봉성, 김영한 역의 임성구, 서씨 역의 한상렬이다.(「매일신보」. 1914. 1. 31.)

자선공연을 많이 가졌는데 레퍼토리는 무동舞童을 비롯해서 예기창藝妓唱, 평양패平壤牌, 춘향가, 그리고 각종 기예였다. 연흥사는 특히 판소리 분창分唱을 시도한 극장으로서 명창들을 전국에서 뽑아오기도 했다.

대한민국예술원, 『한국예술사총서』 제4권 「연극사편」

장안사는 연흥사가 재정난을 겪고 있을 때 세워졌는데, 처음부터 경서도 명창들을 불러오는가 하면 인기 있는 기생이 있으면 교섭해 무대에 올려 연일 공연하도록 했다. 초창기 공연장들은 연극, 영화가 자리를 잡으면서 차츰 영역을 빼앗겼지만, 1910년대까지만 해도 전통연회로 시종일관하려 했던 의식을 엿볼 수 있다.

평생을 연극계에 몸담아온 박진은 장안사를 다음과 같이 회고했다.

　　서울 낙원동과 익선동 사이 즉 단성사에서 동관 대궐이라던 창
덕궁을 향해 가는 큰길과 낙원동에서 경운동으로 가는 큰길과의
사이 지금은 인가가 꽉 들어찼지만 30년 전후까지도 동관 나무장
이라고 해서 넓은 공지가 있었는데 그 공지가 장안사가 있던 터다.
　　그러니까 인사동의 연흥사, 동관에 단성사, 그 중간에 장안사라
는 가설무대가 있었다. 단성사는 박승필이란 선각자가 본 건축으로
지은 것이지만 이 장안사는 연흥사보다도 규모가 빈약한 글자 그대
로의 가설극장이었다. …… 여기서는 연흥사나 단성사에서 하지
않는 꼭두각시의 홍동지, 박첨지 놀음과 광대 줄타기, 남사당패의
무동지기, 서도잡가, 경기입창 등 순 민속적인 것만을 상연했다.

박진, 『세세년년歲歲年年』

박진의 회고는 당시 한국인들이 주로 드나들었던 공연장의 분위
기를 연상하는 데 큰 도움을 준다. 특히 남성의 성기를 희화한 홍동
지의 경우는 결코 단순하지가 않다. 전국을 떠돌며 공연했던 사당
패의 공연이 실내로 들어왔을 때도 그들은 원초적인 모습을 보여주
었다.

　　당시 신문들이 공연장을 '풍속괴란장'이니 '음부탕자의 회집깅
소'니 하고 맹비난을 퍼부었던 데는 예상을 상회하는 그럴 만한 이
유가 있었던 것이다.

　　「매일신보」에는 초기에 '연예계 정황'이라는 고정란이 있었다.
공연장에서 공연하는 프로그램을 소개하고 때로는 짤막한 평을 싣
기도 하는 난이었다. 당시 기사를 보면, 초기 서울의 공연장 사정은
어떠했으며 전통연회만을 다루었다는 것은 무엇을 말하는지 단적
으로 이해할 수 있다.

연흥사의 「단장록」 공연장면(「매일신보」. 1914. 4. 24.) 「단장록」은 「매일신보」에 연재했던 조일제의 소설이다.

서부 원각사에서 흥행하는 문수성 신연극은 조산부양성소의 경비가 부족함을 애석히 여겨 매달 이익금 중으로 얼마큼이든지 영원히 기부하기로 작정하였다 하고, 사동 연흥사에서 흥행하는 혁신단 신연극은 날이 오랠수록 더욱 연구하여 관람자의 취미를 돕는 고로 밤마다 인산인해를 이루는 중, 박동 보중친목회의 경비 부족함을 듣고 크게 애석히 여겨 경비를 보조하기 위해 장차 연주회를 설행한다 하고, 남부 구리개 고등연예관에서는 근일에 사진 전부를 바꾸어서 활동을 하는데 장절쾌절하여 보는 자의 감상을 일으키므로 관람자가 답지한다 하고, 중부 장대장골 장안사에서는 각종의 예전 연예를 설행하는데 심정순의 가야금병창과 이동백의 판소리로 관람자의 환영을 받는다 하고, 중부 파조교 단성사에서는 예전 연극을 하는데 밤에는 시곡 예기들이 각종 정재를 보는 중 농선의 성진무와 채경의 승무로 인하여 관람자의 손뼉 치는 소리가 처처하며 낮이면 씨름판을 붙여서 관람자의 흥기를 돕는다 하고, 동대문 안 광무대에서도 예전 연극을 하는데 옥엽과 채란 두 기생의 명창 단가로 밤마다 관람자가 답지한다더라.

기자가 신구 연극을 물론하고 연극을 주장하는 자에게 한 말로써 경고하노니 신연극은 만족한 줄로 생각지 말고 어디까지나 연구하고 또 연구하여 신파의 원조가 되기를 바라며, 구연극은 풍속을 괴손하고 질서를 문란케 하는 폐단이 많은즉 아무쪼록 개량하여 사회의 환영을 받는 동시에 가히 쓸 만한 재료는 영원히 유지하여 옛 풍속의 참고거리를 짓게 할지어다.

「매일신보」, 1912년 4월 2일자

돈화문과 단성사 사이는 이를테면 우리나라 연극의 산실이기도 했지만, 그 이전에 민족의 전통연회가 떠돌이공연에서 실내로 들어와 고정적인 흥행물이 되기 위해 시도한 공간이기도 했다. 그리고 그렇게 되기까지는 협률사를 거쳐 광무대의 공연이 자극이 되었다. 기사에서 보다시피 이때 민간인이 세운 사설극장인 광무대와 단성사, 그리고 장안사와 연흥사는 우리의 전통연회만을 다룬 공연장이었다.

공연장에 등장한
새 오락거리 활동사진

　이중에서 가장 먼저 모습을 나타낸 것은 광무대였다. 광무대라는 명칭은 1907년에 처음 생겼지만, 이미 그보다 훨씬 전부터 같은 장소에서 활동사진이니 환등기니 광대패 또는 기생들의 연희를 잡다하게 하고 있었다. 또한 그 시기는 전차를 운행하는 회사에서 운영하는 곳이라 했으니 전차운행 시기인 1898년 전후일 것으로 보인다.

　이에 대해 박황은 『조선창극사』에서 1900년 이전이라 했고, 이서구는 『세시기』에서 원각사보다 먼저 막을 올렸다는 말이 있다고 했다. 신문에 처음 등장하는 것은 1903년이다.

　동대문 내 전기회사 기계창에서 보여주는 활동사진은 일요일과 비 오는 날 이외에는 매일 하오 8시에서 10시까지 하는데 우리나라와 구미각국 도시의 생생한 모습과 각종 절승한 광경이 구비되어 있습니다. 입장료는 동전 십 전.

「황성신문」, 1903년 6월 23일자

비 오는 날에는 하지 않는다는 걸로 보아 공연장은 비가 새는 가설무대였던 것 같다. 일요일에 하지 않는다는 것은 경영자의 종교와 관련된 듯한데, 경영인 콜브란은 일요일에는 회사를 닫았던 것으로 보인다.

입장료로 엽전 10전을 받았는데, 당시 주막집에서 밥 한 상을 시켜먹으려면 6전 정도를 주어야 했다. 당시의 화폐 중 가장 유통력이 컸던 화폐는 단연 엽전이었다. 정부에서는 엽전을 회수하기 위해 태환권을 만들기도 하고, 금화·은화·백동화까지 만들어 화폐개혁을 해보려고 했지만 모두 엽전만큼은 유통력을 지니지 못했다. 엽전은 일제시대에도 유통될 만큼 한국인들에게는 친숙하고 든든한 화폐였다.

콜브란은 담배장수도 겸했기 때문에 나중에는 빈 담뱃갑을 가져오면 입장시키는 상술을 발휘하기도 했다. 한국사람들에게 그런 상술이 먹혀들었던 것은 그가 보여주는 것이 그만큼 흥행성이 있었기 때문이니, 바로 활동사진이었다.

조선에 활동사진이란 것이 처음 오기는 지금으로부터 약 20년 전이었다. 서울 동대문턱 전기회사터 안에 있던 복제집 광무대에서 담뱃갑(빈 것) 열 장만 가지고 가면 입장을 시켰었으니 중국에서 미국인이 처음 활동사진관을 경영할 때에 구경꾼에게 돈 5전씩을 주어가면서 입장을 애걸하였다는 데 비하여 도리어 호황이라 할 것이었다.

전기회사의 임자인 미인米人 콜브란 씨가 서대문 외에서 호텔을 경영하는 마텔 씨의 기계를 빌려서 광무대에서 영사를 시작한 것인데, 지금 그때의 일을 생각하면 참으로 딴 세상 일 같은 느낌이 많다.

호적과 장구소리에 끌려서

"사진이 나와 논다지."

"사진이 나와 논대."

하고 떠드는 틈에 끼어 담뱃갑(권연갑) 열 장을 들고 들어가니 무대에는 미국기와 조선기를 그린 휘장을 쳐놓고, 그 휘장 앞에 굵은 줄을 가로 매어놓고 맨 먼저는 소녀 광대가 나와서 줄을 타고 그다음에 휘장을 걷어치우더니 조선여자가 춤(승무 등)을 몇 가지 추고, 그리고 불이 꺼지는 고로

"이키! 활동사진이 나온다."

하고 기다렸더니 한참이나 캄캄한 대로 있다가 시커먼 외투를 입은 서양사람 한 떼가 우뚝우뚝 서 있는 것이 환하게 비치었다.

"나와 논다더니 어디 노나?"

"밤낮 고대로 섰기만 하네그려."

이렇게 수군수군하는 중에 아는 체하는 한 분

"아니야, 저 허연 것은 눈이 와서 쌓인 것이고, 추워서 얼어죽은 사람들이라오."

하였다.

"옳지! 그러길래 저렇게 꼼짝도 못하고 섰지."

누구든지 이것은 환등이라고 설명해주었으면 좋았을 것을, 설명도 안 하고 환등을 비치니까 나오는 것마다 얼어죽은 사람이라고만 보고 있었다. 몇 번인지 그 얼어죽은 사람이 바뀌어 나오고 나서 아무 인사도 없이, 설명도 없이, 통지도 없이, 광고도 없이 그냥 환등 뒤끝에 활동사진이 나왔다.

자막도 없고, 다짜고짜로 서양부인 하나가 방 속에서 빨래를 하

변사 김덕경·서상호·김한경의 모습(왼쪽부터,1914년경) 당시 가장 인기가 있었던 변사들로, 단성사의 주임변사였던 김덕경은 공무원의 평균월급이 40원일 때 150원의 월급을 받았다. 서상호는 우미관의 주임변사로서 최고의 변사라는 칭호를 들었지만 마약에 빠져 우미관 화장실에서 시체로 발견되었다.

는데 강아지가 들어와서 빨래를 더럽혀놓는 고로 부인이 강아지를 내어쫓으니까 어떤 키 큰 남자 하나가 기다란 사냥총을 들고 들어와서 총을 놓으니까 부인이 이리저리 쫓겨다니느라고 발광을 하다가 호각소리가 우두두 나고 불이 다시 켜지고 그만 그뿐이었나. 그나마 사진기사는 조선사람이었는데 기계를 들고 장난을 하는지 사진이 이 귀퉁이로 달아났다가 저끝으로 쏠려갔다가 야단법석이었다.

다만 그뿐이었다. 설명도 없이, 소개도 없이, 음악도 없이……. 지금 생각하면 어느 희극사진이 못 쓰게 되어 내어버린 것을 한 토막 끊어 가지고 나왔던 것이었다.

「별건곤」, 1926년 12월호 '활동사진 이야기'

영화는 전통가무가 최고의 오락물로 인기를 누리고 있을 때 가장 큰 위협이 되었다. 「별건곤」의 기사에서 보듯이 당시 활동사진이라는 것은 기차가 달려가는 모습이나 외국의 시골풍경 같은 것을 보여주는 것으로 시간은 기껏해야 2~3분에 불과했다. 게다가 화면이 몹시 떨려서 사람이 뛰어다니는 것처럼 보였기 때문에 일명 '팔딱사진'이라고도 했다.

그럼에도 영화는 들어오자마자 금세 대중의 호기심을 사로잡았다. 협률사 공연장에서조차 활동사진을 보여주었다는 것을 보면 당시의 인기도와 흥행성을 짐작할 수 있다.

당시의 활동사진은 무성영화였으므로 상설영화관이 들어서면서부터는 변사를 두어 일일이 대사와 소리를 들려주는 방식이었다. 변사는 혼자 하는 것이었으므로 극영화의 경우는 변사가 노인도 되었다가 여자도 되었다가 총소리도 내야 했다. 그래서 변사가 설명을 얼마나 잘하느냐에 따라 관객수가 달라지기 마련이었다. 당시 변사 중에서 가장 인기가 높았던 사람은 서상호였다.

낮에는 씨름, 밤에는 쇼

한국인이 경영하는 전통연희만 하는 공연장들이 세 군데나 등장해 일대 성시를 이루고 있을 때 가장 위협이 된 것은 상설영화관이었다. 당시 한국인들이 많이 드나들었던 영화관은 경성 중부 동곡의 우미관優美館이었는데, 개관 5개월 만에 영업정지를 당했다.

다년 활동사진관의 변사로 돌아다니며 혹은 신파연극의 배우노릇도 하던 서상호는 이리저리 구르다가 작년 십이월 개관과 동시에 우미관의 수임변사가 된 바 그자는 본래 고등연예관에서 처음으로 변사노릇 할 때부터 행위가 극히 음탕 외설하여 행위 부정한 여자를 다수 결탁하고, 그 비루한 행동이 짝을 구하기 어려운 자로…… 경성 내에서는 우미관을 한 음부탕자의 집회소로 인정함에 이르렀으며 기타 출입구에 있는 내지(일본) 사무원의 악한 행동이 극히 포학하여 사소한 일에 관람자를 무단히 구타하며 후욕하는 등 악행과 기타 만원이 되어도 사람을 무한 들이는 법률에 위반되는 행동과 고용인의 급료도 주지 아니하여 사진기사 정운창이 활

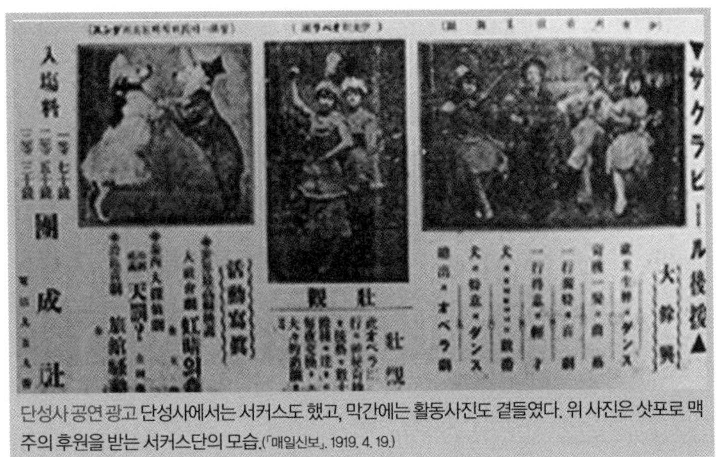

단성사 공연 광고 단성사에서는 서커스도 했고, 막간에는 활동사진도 곁들였다. 위 사진은 삿포로 맥주의 후원을 받는 서커스단의 모습.(「매일신보」, 1919. 4. 19.)

동사진 기계에 가장 중요한 화경(렌즈)을 빼어갔음에도 불구하고 사람을 많이 모아놓고 추한 사진에 흐린 그림으로 관람케 하고자 하다가 마침내 오월 중에 영업허가의 취소 명령까지 받았다더라.

「매일신보」, 1913년 5월 3일자

이 기사는 개관하면서부터 지탄의 대상이 된 영화관의 사정을 말하고 있는데, 이는 알고 보면 최초로 생긴 관립공연장이 문을 열었을 때의 반응과 별반 다르지 않다. 무엇보다 이 기사에서 알 수 있는 것은 공연장과 서양의 새로운 오락물에 대한 대중의 반응이다. 대중은 아직 이런 오락에 익숙하지 못했으며, 신문 역시 문화적 충격을 그대로 드러낸 것에 불과하다.

그런 의미에서 전통연희만을 다룬 공연장이 성시를 이루었다는 것은 토착문화가 공연장이라는 서양문화의 산물과 자연스럽게 만나는 모습을 보여주는 것이라고 할 수 있다. 따라서 그 공연장들에서 보여진 전통연희는 어떤 것이었는지, 그런 공연은 어떻게 보여졌는지, 무엇보다 어떤 예인들이 공연했는지 알아볼 필요가 있다.

이에 대해서는 「매일신보」에 「예단일백인」이 게재되었을 때 같은 기간 동안 실린 공연장의 프로그램 소개란을 참고하기로 한다. 즉, '연극과 활동'이라는 제목으로 서울시내 각 공연장에서 매일 공연하는 프로그램과 제목을 함께 소개했는데, 이중 전통연희만을 다룬 세 개의 극장을 중심으로 중요한 부분만 추려보려는 것이다.

날짜	극장	공연 프로그램
1월 28일	광무대	구연극 옥중화, 천향의 승무, 옥엽의 판소리, 앉은소리, 신개량한 이팔가, 낮부터 동대문 안에서 씨름 개최
	장안사	구연극 영남루, 땅재주, 금홍의 수심가, 낮에는 씨름
	단성사	오늘 밤부터 광교 기생 연주회, 선유락, 줄풍류, 서민안락무, 기타 연예
1월 29일	광무대	박승필 일행은 구연극 장자고분지탄, 산옥·옥엽의 사랑가, 줄타기, 무동, 낮에는 씨름
	장안사	김재종 일행은 구연극 삼난교자, 금홍의 판소리, 홍도의 앉은소리, 낮에는 씨름
2월 1일	광무대	구연극 바타령, 땅재주, 옥엽이 판소리, 낮에는 씨름
	장안사	구연극 춘향가, 가야금, 잡타령, 낮에는 씨름
2월 26일	광무대	구극 장자고분지탄, 옥엽의 판소리, 김인호의 땅재주, 무동, 이봉운의 줄타는 재주, 기타
	장안사	구극 춘향가, 해선의 승무, 심정순 가야금, 잡타령, 기타
3월 3일	광무대	구극 백상사, 산옥·옥엽의 병창, 판소리, 도화의 잡가, 땅재주, 기타
	장안사	구극 배비장가, 새로 나온 금선·해선의 쌍승

날짜	극장	공연 내용
		무, 방아타령
	단성사	구극, 채란의 판소리, 박팔괘 가야금, 춘향가
3월 12일	광무대	구극 장자고분지탄, 산옥·옥엽·연향의 앉은소리, 승무, 줄타기, 기타
	단성사	이동백 판소리, 박팔괘 가야금, 채란의 잡가
4월 2일	광무대	구극 효자소설, 산옥·옥엽의 한량무, 줄타는 재주, 연향의 앉은소리, 땅재주 등
	장안사	구극, 해선의 판소리, 바위타령, 선소리, 승무 등
	단성사	구극, 박팔괘 가야금, 채란의 판소리, 선소리, 수중가 등
4월 25일	광무대	심청가, 산옥·옥엽의 한량무, 사랑가, 판소리, 검선·영월의 쌍승무, 법고, 웃음거리 담배장사, 성주풀이 등
	장안사	춘향가, 검홍의 수심가, 승선의 안락무, 초향의 판소리, 선소리, 해주·연련의 앉은소리 등
	단성사	박타령, 채란의 판소리, 검무, 채희의 새타령, 육자배기, 가야금 등
5월 6일	광무대	심청가, 산옥·옥엽의 판소리, 영월·검선의 쌍승무, 담배장사, 땅재주
	장안사	황공자가, 검홍의 잡가, 초향·해선의 판소리, 이동백 판소리, 무동, 요술, 안락무 등
	단성사	수중가, 박팔괘 가야금, 채란의 판소리, 이화·채희의 새타령, 무동 등
5월 31일	광무대	춘향가, 땅재주, 산옥·옥엽의 판소리, 담배장사, 줄타는 재주
	장안사	광무대에서 개연하던 시곡 기생의 호동학교 연주회는 어젯밤부터 장안사에서
	단성사	수중가, 채란의 판소리, 김창룡 춘향가, 이화의 승검무, 남녀 선소리, 만세가, 가야금, 새타령 등
6월 2일	광무대	춘향가, 넋타령, 평양 수심가, 땅재주, 산옥·옥

		엽의 판소리
	장안사	시곡기생의 호동학교 연주회
	단성사	옥중화, 채란의 판소리, 이화의 승무, 가야금, 앉은소리, 새타령 등
6월 4일	단성사	무부기조합의 연예대회
6월 11일	광무대	춘향가, 새로 온 연옥의 잡가, 수심가, 산옥·옥엽의 판소리, 담배장사, 넋타령 등
	장안사	영남루, 검홍의 수심가, 승무, 꼭두각시, 해선의 새타령
	단성사	무부기조합의 연주회

이것만 보더라도 당시의 공연이 협률사 공연 때에 비해 상당히 세련되어졌다는 것을 알 수 있다. 즉, 공연은 주로 밤에 하면서 낮 동안에는 씨름판을 열어서 저녁의 공연과 연결지었으며, 산옥이나 옥엽 같은 명기명창들을 섭외해 프로그램을 다양화했다는 것도 알 수 있다.

또 검무, 승무 등은 아직 인기가 있었으므로 빼놓지 않았다. 무엇보다 남사당을 출연시켜 흥미를 배가시켰는데, 땅재주와 줄타기, 요술 등은 모두 남사당의 장기였다.

사설극장을 누빈
당대 최고의 스타

연희단체에서는 흥행을 위해 전속예인들을 두고 있었다. 따라서 프로그램 소개란은 당시 특정한 기예의 명인 소리를 들었던 사람들이 누구인지 구체적인 정보를 제공해준다.

즉, 박천희와 김인호의 땅재주, 심정순과 박팔괘의 가야금, 이봉운의 줄타기, 김봉문과 현소운의 창극 등이 바로 그것이다. 거의 매일 등장하다시피 한 산옥, 옥엽, 금홍, 홍도, 해선, 채란 등의 기생들은 당대 최고의 명창이었음이 분명하다.

이들 명인 중에서도 박팔괘는 신기의 예인이었다. 박팔괘는 가야금 하나에만 명인으로 소개되어 있지만, 가야금독주에 대해서는 전혀 몰랐던 서울에 산조와 병창을 처음 소개한 주인공이었다.

박팔괘는 한말년 충청도에서 가야금병창을 창시했다는 분이다. 그가 서울에 오기는 24, 5세 때였고, 어찌나 병창을 잘 불렀던지 장안 명기들은 말할 나위 없고, 당시 고관대작들의 소실들이 다투어 박팔괘를 유혹하는 바람에 급기야 형틀에 오르게 된 것을 아무개가 죄를 풀어주어 향리에서 쓸쓸히 지내다가 해방직후 71세로 세상을 떠났다.

장사훈, 『국악개요』

박팔괘는 가야금으로 유명했지만 이름으로도 또한 유명했다.

그의 이름이 팔괘八卦라 하여 마치 가야금, 거문고의 '여덟 괘'라는 말과 발음이 같기 때문에 그가 여덟 괘로 가야금을 탔다는 전설이 나온 것 같다. 박팔괘가 여덟 괘로 가야금을 타서 팔괘라 이른다는 말은 필자도 수없이 들은 바 있다. 후손들도 그런 전설을 들어 알고 있다고 하였다. 인규(박팔괘 손자)는 그런 팔괘설에 두 가지 근원설이 있다고 하였다. 하나는 '박팔괘가 최고의 경지로 8괘를 터득했다 하여 팔괘라 한다'는 설이고, 다른 하나는 '전국 팔도에서 제일이라는 뜻으로 8괘라 했다'는 설이 있다고 하였다.

박동진은 박팔괘가 고종 앞에서 가야금을 연주할 때 네 줄이 차례로 끊어지는데도 불구하고 흔적 없이 잘 탔기 때문에 고종이 감탄하여 '네 이름을 팔괘라 하라' 하여 박팔괘라 이른다는 전설이 있다고 하였다. 그러나 왕병기 교수는 호적에 팔패로 되어 있는 것으로 봐서 이는 후인들이 꾸며낸 전설에 불과한 것이라 하였다.

이보형, 「박팔괘의 생애와 예술」

그런데 이 박팔괘의 이름이 1914년대 프로그램 소개란에 등장한 것이다. 단성사 외에 다른 공연장에는 이름이 없는 것으로 보아 그는 아마 전속으로 일했던 것으로 보인다.

프로그램을 보면 아직 소리에서 남도소리, 서도소리, 경서도소리 같은 구분은 없었던 것으로 보인다. 그러면서도 주류를 이루는 것은 서울·경기·서도소리라는 것을 알 수 있다. 판소리는 이미 창극화되어 서울의 기생들이 무대에 올리고 있었고, 「수심가」, 「잡가」, 「산타령」 등이 보편적으로 대중의 기호를 충족시켰다는 것을 알 수 있다.

그에 비해 가곡이나 가사, 시조 같은 선비들의 음악은 거의 찾아볼 수 없는데, 그 이유는 당시 공연장과 관객의 관계를 보면 금방 알 수 있다. 전통연희만을 다루면서도 공연장을 유지할 수 있었던 것은 공연장 자체의 의미나 그곳에 모여 향유하려는 사람들의 취향이 자연스럽게 맞아떨어졌기 때문이었다.

어수선한 공연장 풍경

공연장 경영주들은 전통연희를 계속 무대에 올리면서 수입을 올리기 위해 온갖 방편을 생각해냈다. 씨름도 그중 하나이고, 인기 많은 예인들을 무대에 올린다거나 요술이나 재담을 간간이 등장시킨 것도 하나의 방편이라고 할 수 있다.

그러나 광무대의 경우는 특이한 면이 있었는데, 「황성신문」(1908년 5월 28일자)에 이런 광고가 보인다. 즉, 광고가 나간 전날부터 새롭게 꾸민 무대를 보여주고 있다고 선전하고 레퍼토리부터 소개하고 있다.

순서	관기 남무, 가인전목단, 검무, 이화무, 승무, 한량무, 성진무, 시사무, 무고, 전기광무, 지구무, 무동, 항장무, 프랑스 파리에서 새로 구입한 활동사진
시간	하오 7시 반에서 11시까지
입장권	영미 연초주식회사에서 제조한 담배의 빈 담뱃갑을 가지고 오시면 입장할 수 있음. 복표 20갑, 칼표 10갑, 하아로 10갑, 만월 10갑, 히이로 10

앞에서 1903년 활동사진 상영에 대한 광고를 같은 신문에서 살
펴보았는데, 그때에 비하면 활동사진은 뒷전으로 밀리고 전통연회
가 주류를 이루고 있음을 알 수 있다. 그와 함께 입장료도 빈 담뱃
갑으로 받고 있는데, 현금으로 환산하면 대폭 오른 셈이다. 도표는
영국제, 히이로는 일제인데 3전 정도였다.

이 무렵의 공연장은 외래문물이 들어오면서 아직 정립되지 않은
상태였기 때문에 예기치 못한 일이 벌어져 소동을 일으키는가 하면
웃지 못할 일도 자주 벌어졌다.

그끄저께 장안사에서 연회하다가 전기등이 절단되어 실내가 캄
캄해지자 관객들이 입장료를 돌려받는데 풍파가 물결처럼 일어났
다더라.

「대한매일신보」, 1908년 9월 12일자

정전으로 암흑이 된 공연장의 모습을 기사화한 것인데, 당시에
도 입장료를 환불해주었던 모양이다. 또 「황성신문」에 따르면 종교
적인 일로 공연에 지장을 받은 적이 있다는 기사도 보인다.

그저께 하오 11시경에 사동 연홍사에서 창부 등이 기생들과 함
께 연극을 하는데 연홍사 앞에 있는 천일목욕탕 내에서 기독교인

수십 명이 찬미가를 제창하매 관람자들이 잠시 놀랐다고 한다.

「황성신문」, 1909년 6월 3일자

연극공연 도중에 앞집 목욕탕에서 찬송가가 들려와서 공연에 지장을 받았다는 것인데, 이들이 침례교인들인지 아니면 방해하려 한 것인지 확실치는 않다. 다만, 서양전래의 종교가 이미 전통연희와도 부딪치고 있었다는 것만은 확실하다.

서울시내 전통연희 공연장은 단성사에서 강선루降仙樓라는 공연단체를 만들어 무대에 올림으로써 한층 활기를 띠었다. 당시 신문광고를 보면, 공연내용은 기존의 기생공연과 별반 다르지 않지만 강선루라는 단체이름이 나타남으로써 보다 조직적이고 체계적인 면모를 띠기 시작한 것으로 보인다.

이러한 공연에 대해 신문에 예전과 같은 선입견 없이 진지한 태도의 평이 실리기도 했다.

근일 경성에서는 신구 연극을 물론하고 연극열이 굉장하니 그중에도 혹 찬성할 자가 없는 것은 아니로되 대체로 말하면 아직 조선인민 정도에 대하여는 도저히 득만 된다고 할 수는 없도다. 그런고로 당국의 단속과 언론의 경고가 신중함은 일반이 아는 바이거니와 모모 몇 사람이 조선기생을 망라하여 구일의 가무를 개량하고 수일 전부터 장내 각처소의 설비는 선미화려하여 가히 신선이 강림하는 누대라 할 만하겠으니 이것은 일반관람자의 위생에도 얼마큼 유익하다 할지요 연극 면목에도 광채를 도울 만한즉 주장하는 자의 진심함을 가히 알지며 연예의 재료로 말하면 월중선의 거문고와 가패, 채련의 가야금과 화향·점홍·명옥의 양금으로 음악합

주와 금강산 환등은 가히 관람자의 정신을 화열케 하고 채련·화
향·화봉의 전기춤과 점홍의 호접무는 가히 관람자의 흥기를 용동
케 하여 만장이 박수갈채할 뿐더러 이것은 조선에 유래하던 가무
음악이니 어디까지 발달하도록 찬성하는 바이로다.

그러하나 악공의 춤장단이 너무 느려서 관람자의 지리한 생각을
발케 한즉 아무리 전일의 습관일지라도 시대와 인정을 인하여 좀
빠르게 개량하는 것이 좋을 듯하며 제일 결점만 될 뿐이 아니라 제
반 음담패설이 곧 풍속을 괴란한 것은 소위 문영갑 등의 날탕패와
박춘재의 성주풀이이니 제석타령이니 하는 것은 제 집 안방에서
혼자라도 못할 것이거늘 하물며 수백 명의 남녀노유가 모인 연극
장인가. 이것은 옛날 불학무식한 음부탕자배의 환영은 받을지라도
정당적 순수관람자의 논박에 답지할 뿐더러 당직순사의 엄중한 단
속도 있었거니와 우리 신문에서도 용서치 못할 바이니 만일 사회
의 환영을 받고 자기의 영업을 위할진대 어디까지 주의하여 강선
루의 명예를 온전히 할지어다.

「매일신보」, 1912년 4월 26일자

이 기사에 보이는 문영갑은 유명갑 아니면 문영수일지도 모른
다. 만약 문영수라면 박춘재와 짝을 이루어 각종 잡가에 특출한 재
능을 보여준 평양의 가객일 것이다.

문영수는 협률사 시절부터 서울로 와 박춘재와 짝을 이룬 것으
로 보인다. 고급스러운 음악보다는 서민들의 생활에 공감이 가는
노래를 더 잘 불렀던 그가 서울 최고의 명창 박춘재와 단짝이 된 것
은 주고받는 소리가 잘 맞을 뿐만 아니라 장구에도 일가견이 있었
기 때문이다.

특히 무당소리는 박수처럼 하여 가는 곳마다 갈채를 받았다. 이는 당시 대중의 염원을 말해주는 것으로 굿판에서 들려오던 소리를 청승맞게, 구슬프게, 그리고 신명나게 잘하던 박춘재와 문영수는 그대로 기원을 대신해주는 소리꾼이었다.

신문에서 그들을 무식하고 무학한 자로 본 것은 그들이 「성주풀이」나 「제석타령」을 잘했기 때문이다. 무당들이나 하는 소리를 잘하는 걸로 봐서 그렇다는 뜻이다. 이는 총독부관리의 말이라고 해도 과언이 아니다.

박춘재, 문영수의 무당소리는 이후에도 대중들의 열렬한 환영을 받은 걸로 보아 시대가 시대이니만큼 그것을 민족혼과 결부시켰던 것으로 보인다.

흥행사 박승필,
"여러분이시여, 기쁜 소식이 왔습니다!"

박승필 한국 연예사에서 흥행사로서 그의 이름은 우뚝하다.

사설공연장이 등장하고 전통연희를 주요 프로그램으로 보여주며 공연장이 각광을 받는 단계에서 연예계에 단연 두각을 나타낸 인물이 있었다. 바로 박승필朴承弼이라는 흥행사였다.

협률사 이후 광무대·단성사·연흥사·장안사가 등장하고, 초기에는 모두 전통연희만 했다가 차츰 연흥사·장안사가 사라지고 광무대·단성사만 남았지만, 처음의 기획을 계속 유지할 수 있었던 것은 전적으로 박승필의 영향력이었다고 해도 과언이 아니다.

박승필은 1908년 9월 광무대를 인수하더니, 이어 1914년경에는 단성사를 인수하여 전통연희를 계속 주 흥행물로 삼았다. 그는 어떻게든 전래의 예술을 바탕으로 하여 새로운 무대를 선보이는 공연기획을 멈추지 않았다. 광무대에 명기명창들을 불러오고 활동사진을 곁들이는 기획을 한 것도 그랬고, 서울에 올라와 있는 명창들을 불러모아 창극을 꾸며낸 것도 바로 그랬다.

1913년 5월, 그는 동대문 전차회사 창고건물이었던 광무대를 회사측의 요구로 황금정으로 옮겼다. 당시 신문기사에 따르면 광무대는 와사전기회사 소유였는데, 회사에서 사용하겠다고 하여 이전하게 되었다고 한다.

「매일신보」(1913년 6월 4일자)에는 이전 후의 첫 번째 공연광고가 실려 있는데, 박승필 이름으로 되어 있는 광고에 따르면 이전장소는 '경성 서부 황금정黃金町 황금유원연기관내黃金遊園演技館內'이다.

이곳은 이서구가 『세시기』에서 쓴 바와 같이 을지로 3가 국도극장 인근지역으로 보인다. 이것으로 볼 때 제2의 광무대는 황금유원연기관 일부를 빌려서 사용한 듯한데, 이곳은 그해 1월 1일 개관한 신설공연장이었다.

아! 여러분이시여, 기쁜 소식이 왔습니다. 무슨 기쁜 소식. 조선의 구연극이 몇 해를 두고 내려오며 고래의 뇨론으로 흥행하여왔으나 다만 실제의 다소 개량이 없이 매양 보는 것이 조금도 다름이 없이 마찬가지이므로 시세를 좇아 급급히 개량할 필요를 깨닫고 이번의 단성사 구연극과 광무대 구극과 합동하여 규모적 설비로 한곳을 만들고, 오늘 밤부터 광무대에서 굉장히 흥행하옵는 바 조선의 구연극이라고는 광무대가 아니면 여러분 구경하실 것과 하룻밤 유쾌히 청유하실 곳이 없을 듯하외다. 신파도 있고, 개량한 구파도 있는 곳은 오직 광무대뿐. 오늘날 여러분 구경하시기 썩 좋은

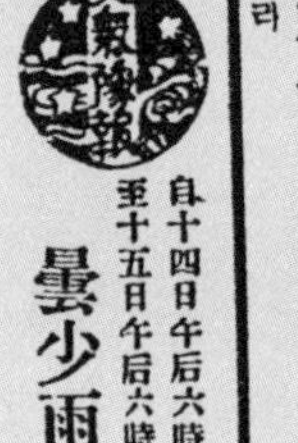

광무대 9주년을 알리는 기사 누구나 한번쯤 가보고 싶어했던 공연장인 광무대는 경성 최고의 명소였다.

기회, 본 광무대의 대특색이올시다. 아! 여러분.

「매일신보」, 1914년 10월 9일자, 광무대와 단성사의 합동공연 광고

　　박승필은 나중에 단성사를 인수하여 우미관처럼 영화상설관으로 바꾸는데, 그런 사실을 두고 볼 때 이 광고는 전통연희 공연에 새바람을 일으키기 위해 안간힘을 쓰는 단계에 있음을 느끼게 한다.

　　이 무렵 장안사는 문을 닫고, 연흥사는 신파연극으로 바꾸었으며, 우미관과 제2대정관 같은 영화상설관이 일대 선풍을 일으키고 있었다. 전통연희는 진작부터 위협을 받고 있었지만, 외국에서 들어오는 극영화가 점차 늘어나면서 전문공연장은 광무대와 단성사로 줄어들었다.

광무대와 단성사의 합동공연은 이런 시대의 변화를 잘 말해준다. 광고내용으로 보아도 전적으로 전통연희만 하는 것이 아니라 활동사진이나 웃음거리를 섞어서 하고 있다는 것을 알 수 있다.

사설공연장이 생긴 이래 문제점은 이제 드러날 만큼 드러난 셈이었다. 시대는 급속히 변하고 있었고, 광대와 기생이 인기를 독점하고 있었지만 그것도 주춤하면서 전문공연장이 두 개로 줄어든 것이다.

당시 「매일신문」(1915년 1월 9일자) 기사에는, 공연장은 자꾸 늘어나고 관객은 날로 새로운 활동사진에 정신을 빼앗기는데 조선의 전통연희는 그다지 변함이 없어 안타깝다는 내용이 실려 있다. 여기에서 늘어나는 공연장은 일본인들이 세운 것으로, 서울의 관객을 노리고 활동사진을 들여오는가 하면 유명한 변사를 고용하여 선전하기도 했다.

단성사 화재사건

단성사 앞에는 작은 다리가 있어 이름을 파조교罷朝橋라 했다. 원래는 대나무로 엮은 발을 뜻하는 파자把子로 만든 다리라 해서 파자교把子橋였는데, 창덕궁에서 관리들이 조회를 마치고 집에 돌아갈 때 이 다리를 지나간다고 해서 일명 파조교가 된 것이 훗날 더 잘 알려졌다고 한다.

「매일신보」는 총독부 기관지이면서도 일본인이 경영한 공연장보다 '파조교 단성사'라고 하면서 이곳의 공연을 자주 기사화했다. 무엇보다 한국인들이 가장 많이 찾는 곳이 이곳이었으며, 그 이유는 이곳에서 주로 공연하는 내용이 전통소리와 춤이었기 때문이다.

구한말에 등장하여 한국 연예사의 굴곡을 그대로 지켜본 단성사는 처음에는 목조 이층건물이었다. 박진은 단성사 내부를 이렇게 회고했다.

극장 입구, 이것을 기도〔木戶〕라고 한다. 지금도 관객이 표를 사 들고 들어가는 입구를 기도라고 한다. 이 기도가 지금과 같이 서향으로 되었었으나 내부로 들어가서는 무대가 남향으로 지금의 소방서를 등지고 있어 객석은 이에 따라 북향으로 아래위층인데 2층에는 U자로 난간이 둘러 있었다. 여기서 김도산 일행도, 김소랑 일행도, 연쇄극도 자라났다.

한 가지 참고로 과자 파는 아이들의 발음이 재미있었다. 지금도 어느 소극장이건 대극장에서 객석을 누비면서 여아들이 아이스크림이니 사탕 조박지를 들고 다니면서 파는 것은 고금동서가 매한가지지만, 요새 아이들은 조용하고 얌전한데 그때는 맨 사내아이 놈들이 아래위층으로 갈려서 과자 삽쇼, 라무네 삽쇼! 라무네가 뭐냐고? 사이다와 같은 것인데 병이 독특하여 주둥이 양쪽이 오무라지고 그 속에 개눈깔사탕 같은 유리알이 들어서 그놈이 주둥이를 꽉 막고 있다가 마개 빼는 것이 아닌 누르는 기계(?)로 꽈누르면 탕 하면서 거품이 치이 하고 올라오는 것이었다. 아이들이 목반에 너저분한 과자 등속을 담아 가지고 한 손으로 받쳐들고 객석을 누비고 다녔다.

그런데 그 외치고 다니는 소리가 시끄러웠다. 놈들이 경쟁하듯 목청을 돋우어서 '과자 삽쇼' 하고 소리를 지르는데, 과자 '삽쇼'가 아니라 과자아압쇼, 라부네아압쇼' 하고 '삽쇼' 아닌 '아압쇼'라던 것이었다. 마치 요즈음 버스나 합승의 여차장 아이들의 코 먹은 소리를 잘못 알아듣듯이 극장에 처음 가본 이는 무슨 소린지 못 알아듣는다.

박진, 『세세년년』

단성사는 1914년에 이르러 이층 목조건물을 이른바 신식건물로 새로 지어 경성의 명물로 등장했다.

경성 중부 동구 안에 있는 연극장 단성사를 헐고 새로 짓는다 함은 이전에 여러 번 게재한 바 작년 칠월에 역사를 시작하여 이미 집 건축은 다 마치고, 구력 안에 내부수정까지 전혀 마칠 터이라는데 간수가 일백육십팔 간에 무대가 삼십여 간이요, 관람자의 정원이 일천 명이요, 전기등이 합 일백오십 개요, 안은 일본 제도, 바깥 정면은 서양 제도인데 일이등석은 전부 다다미를 깔았고, 하등석도 장교의(긴 의자)에 앉아 보게 되었으며, 기타 여러 가지 구조와 장식이 조선의 연극장으로는 전도에 제일이 되겠으며 구력 정월 초하룻날부터 기생의 연주회로 첫 번 무대를 연다더라. 총건축비 일만 일천 원.

「매일신보」, 1914년 1월 17일자

기사와 함께 게재된 사진을 보면 단성사가 서양식으로 지어졌다는 것이 무엇을 의미하는지 금방 알 수 있다. 건물은 역시 이층 구조로 되어 있으며 옥상에는 첨탑이 세워져 있다. 관람석은 상등석과 하등석으로 구분되는데, 상등석에는 다다미가 깔려 있어 하등석보다 편안히 앉아 볼 수 있었던 모양이다.

그런데 이 건물은 1년 후 뜻하지 않은 화재를 당해 또 한 번 세상을 놀라게 했다.

작 십팔일 새벽 세 시쯤 되어 음담한 일기에 바람은 잔잔히 불똥말똥하고 만뢰는 구적하여 각처에 닭의 소리만 요란히 들리고 그렇게 초저녁부터 칠팔백 명의 관객이 터지게 들어앉고 뚱땅거리고 여러 가무재예를 흥행하던 동구 안 단성사 연희장은 적막하기 한량없을 때라.

신축한 지 1년 만에 불에 탄 단성사(「매일신보」, 1915. 2. 19.) 새벽에 일어난 불은 경성 시내를 발칵 뒤집어 놓았다.

이때에 단잠도 이루지 못하고 높은 망대 위에 앉아 사방으로 눈을 두르며 혹시 불 염려는 없나 하고 마음이 항상 편안치 못하고 있는 창덕궁소방대 소방수는 폭폭 졸리운 잠을 차마 자지 못하고 경성시 내외를 부감하며 살피던 중 별안간 동구 안 파조교 근처로부터 화광이 조금씩 비치기 시작하므로 삼싹 졸라 삭서 소방내도 전화를 걸고 방향을 찾으나 모두 한결같이 정치 못하고 갈팡질팡하는데 대저 깊은 밤 불이라는 것은 매양 가깝고도 멀리 보이는 법이라.

그때 그 연회장 안에서 누워 자고 있던 배우 이창호가 발견하고 대경하여 다른 배우들을 깨워 가지고 유리창을 깨고 뛰어나옴에 이러므로 창덕궁소방대에서는 급히 출동하여 수관차水管車를 끌고, 나팔을 불며 경종소리를 따라 파조교 근처에 당도하매 그때 비로

소 뜻도 아니한 단성사 연희장으로부터 검은 연기는 하늘을 찌르는 듯 무럭무럭 일어나고 불길은 점점 맹렬하여짐을 본 파출소에서도 즉시 북부 경찰서에 보고하여 다수 서원이 급히 출장하였고, 황금정소방대와 동대문소방대 기타 남대문소방대, 각처가 모여들어 그 근처 소화전을 열고 일제히 무자위를 들이대며 진화하는데 그 불은 벌써부터 그 안에서부터 마음대로 타오다가 모조리 태우고는 필경에 가득한 연기와 굉장한 불길은 통할 길이 바이 없다가 바깥까지 범하여 쉴 새 없이 연소하므로 일이 이미 늦은 것을 한탄, 용맹한 소방수들은 일변 그 위험을 무릅쓰고 안으로 뛰어들어가서 그 안 무대까지 범코자 하는 것을 극력 소방한 결과로 다행히 전소는 안 되었으나 그 모양을 보면 전소나 다를 것이 없이 네 벽의 뼈만 섰고, 얼마 동안 그 근처에는 강을 이루어 대소동이 되는 동시 더구나 연희장 집 지은 후로는 이번이 처음 불이므로 한참 동안 일장 대혼잡은 이루 다 말할 수 없었다 하며, 손해는 목하 조사 중이라는데 대개 불난 까닭은 그 안 상등 옆방에서 차 파는 자가 연극이 파하고 돌아갈 때에 화로의 불을 즉시 끄지 않고 무심히 문을 잠그고 간 까닭으로 그 불은 은연히 화로를 다 태워 가지고 필경에 그 바닥 다다미에까지 연소하여 거침없이 사방 주위와 천장까지 모조리 탄 후는 나중에 불길이 바깥으로 뛰어나온 일이라는데, 이 단성사 연희장은 경성에 다만 한 곳 있는 새 연극장으로 그전 단성사를 헐어버린 후 새로 건축하기에 반년 이상의 세월을 허비하고 일만 원 이상의 건축비를 들여 작년 일월에 비로소 공사를 마치고 작년 음력 정월 초이튿날 비로소 무대를 열었으나, 그 후 전황한 까닭으로 집이 많이 비어 당초에 남의 빚으로 집을 지었다가 비상한 곤란을 당하여 문서를 이리저리 옮겨잡힌다 어찌한다 여러 번 풍파를 겪다가 음력 작년 첫 달에야 지금 흥행하는 구연회 일행에게 빌려준 지 며칠이 못 되어 이런 불의의 재앙을 당하였다 하며, 거기서 흥행하던 김재종 일행은 일간 동구 안 장안사에서 계속하여 흥행한다더라.

「매일신보」, 1915년 2월 19일자

원각사가 타더니, 이번에는 단성사가 탔다. 무대와 관객석은 다행히 다 타지는 않았다. 기사를 살펴보면 당시 불이 났을 때 어떻게 했는지, 소방시설로는 어떤 것이 있었는지 알 수 있는 부분도 나온다. 그리고 작은 불이 아니어서 경성시내가 요란했다는 것도 알 수 있다.

이후 공판과정을 보도한 기사에 따르면, 불은 단성사주 부친이 경영하던 매점에서 화롯불을 끄지 않고 퇴근한 게 원인이 되어 발생했다. 다다미에 옮겨붙은 불이 화마가 된 것이다.

이후 단성사는 박승필이 인수하여 개축한 뒤 활동사진 상설관으로 재개관했다. 이로써 단성사는 시대의 흐름을 어쩌지 못하고 주로 전통연희를 올리던 무대를 영화에 내주고 말았다.

「매일신문」에는 신축한 단성사 건물과 박승필의 모습이 담긴 사진과 함께 재개관 광고가 큼지막하게 실렸다. 이로써 박승필은 전통연희만을 하는 광무대와 활동사진만을 하는 단성사의 주인이 되었다. 다음은 광고문이다.

동구 안 단성사를 여러 천 원의 거액으로 사들인 후 본디 목적한 바와 같이 세상에 모범적 활동사진을 영사하여 써 일반관람에 제공하기로 작정하였던 결과, 그 뒤 모든 범백과 계획이 준비되어 수

만의 거액과 수삭의 공정으로 오늘날 단성사를 신축하였도다.

이는 전혀 영리를 위하여 급거히 준비한 것이 아니요, 다만 활동사진의 영사한다는 소문이 퍼지자 이를 따라 경향의 애활가 제씨의 갈망이 절정에 다을 뿐 외라 겸하여 옛것을 사양하고 새것을 요구하는 것이 현대사조이므로 본 관주가 미리 이를 깨닫고 급성 공사로 이에 준공을 마치었습니다.

본 관은 본대 주지가 타관에 비하여 현저히 다른 점이 있는 바는, 즉 많은 돈으로써 참신 기발한 좋은 사진을 가져다가 아무쪼록 일반의 호평 중에서 영업도 발전코자 하는 주지이므로 내지 유명한 활동사진 주식회사 몇 곳과 이미 특약을 하고 수만 원의 보증금을 부치었으니 이를 보더라도 가히 본 관의 노심초사함을 아실 일이라.

또 그뿐 아니라 활동사진에 대하여 본 관주는 항상 유감히 생각하는 바는 값 많고 내용 좋은 사진을 영사할 때에 변사의 설명이 불만족하여 일반 관람하시는 데 불만족과 불평의 성이 남을 때라 역시 사진의 가치도 없어지는 일이 있어서 본 관주의 재삼숙고로 활동계의 호평 있고 갈채받는, 아니 구변으로는 제일류되는 서상호 군을 특히 초빙하여 변사주임으로 정하고 천연한 표정과 그럴 듯한 익살 잘 부리는 변사와 희로애락을 기묘하게 자아내는 변사 합 오륙 인이 있어 매일 밤 무대 위에서 일거일동에 대한 설명은 참으로 본 관주의 자랑뿐 아니요, 장차 보아 가시는 대로 평판이 있사오리다.

겨울밤은 점점 길고 눈이나 와서 땅에 가득히 쌓인 때 실상 적막하기 짝이 없을 때 별별 겨울에 대한 감상이 만단으로 일어날 때 본 관에 오시고 보면 난로는 몸을 따뜻하게 하여주고 백설 같은 하얀 포장에는 참 처음 보는 기기괴괴한 사진이 다 비치일 적마다 여기가 정말 낙천지인가 보다, 하는 감상이 유연히 발하실 터이요, 야반에 소견거리는 이 위에 더 없을 줄로 생각합니다.

「매일신보」, 1918년 12월 21일자

전통연희를 고집한 광무대,
끝내 문을 닫다

활동사진이 새로운 연예로 등장하는 과정에서 그동안 인기의 대상이었던 예인들은 개인적으로 활동하기보다는 단체를 만들어 활동하려는 움직임을 보였다. 그것은 자연스러운 자구책으로 그들 역시 신파극과 활동사진의 보급에 따른 연예활동의 위축을 염려하고 있었다.

이에 등장한 것이 경성구파배우조합京城舊派俳優組合이다. 명칭에서부터 뭔가 새로운 것을 추구하려는 의지를 엿볼 수 있다.

경성부 훈정동에 설립한 경성구파배우조합은 그동안 당국에 청원 승인된 후 지나간 이십육일 경성 광무대와 연흥사 두 곳에 있는 남녀배우 일동과 기타 배우 등이 많이 모여 장래에 이행해야 할 사무분장을 행하였다는데 김창환·이동백은 선생으로, 조합장은 장재욱, 부조합장은 김인호·김봉이로 정하였고, 기타 총무는 조양운·한문필 등으로, 사찰은 곽천희로 모두 분장한 후 장래에 아무쪼록 정신을 차려 남의 치욕을 면하고, 잘 수신하여감이 조합발전

의 기초라고 장재욱의 설명이 있었다는데, 그 조합 일체 사무의 정
리는 이전에 경험 많은 윤병두가 분담하여 본다더라.

「매일신보」, 1915년 4월 1일자

예인들은 이때부터 조합의 이름을 걸고 공연을 했다. 공연은 판
소리 명인들을 중심으로 이루어졌으며, 상당히 탄탄한 기반을 가지
고 출발했다.

한편 광무대는 단성사가 개축 후 재개관하기 석 달 전에 개관 10
주년을 맞았다. 「매일신보」 기사에는 10주년을 맞이한 광무대와 박
승필의 상반신 사진이 함께 실려 있는데, 소제목에는 '기념일이 9
월 6일'이라고 밝혀져 있다.

경성 황금유원 안에서 조선 구연극으로써 다년 흥행하여오는 광
무대 박승필 씨는 허다한 곤란과 심력을 다 들여 오늘날까지 조선
연극에 구파라는 것을 지탱하여온 결과로 명 육일이 즉 일반이 아
는 바와 같이 십 년 되는 기념일을 당하였더라.

그런데 박씨의 십 년 동안 신산한 곤란으로 경영하여온 것은 누
구를 물론하고 모두 경탄하며 그의 전노에 내아니 빌기를 마지않
음은 이미 정평이 있는 바이라. 오늘날 박승필 씨가 성력은 적고
오직 자본이 많았던들 지금의 십 주년 기념의 장쾌한 일을 보지 못
하였겠지마는 실상 돌아보아 살피건대 일단 놀라울 만한 정성과
힘, 또 온갖 수단으로써 활용이 교묘하여 만천하 모든 사람의 동정
과 원조를 감사히 받아가며 유지하여온 역사적 장한 일이라. 그런
즉 이를 깊이 헤아릴진대 이 영광스러운 동정은 박씨를 위하여 너
무 과중하다 하여도 실로 과언이 아니더라.

그러나 시대의 풍조를 따라 연극의 종류가 점차로 변하고 늘어가는 중에 더욱 활동사진에 대한 관념이 긴하여짐을 깨달은 까닭으로 오늘날 박씨는 그 본의 종가 되는 광무대 구파는 더욱 확장하여 발전을 도모하는 동시에, 한편으로 이미 세상사람이 아는 바와 같이 연전 사들인 단성사를 새로이 개축을 하고 구미문명제국의 유명한 활동배우의 경천동지하는 기술, 예술적 활동사진을 수입하여다가 일반에 보이고자 계획하기를 장근 일 년이 넘어왔다가 마침내 뜻을 세우고 결국 일을 성사시킴으로써 모든 준비가 완성되어 일전부터 단성사를 우선 내외부를 훼철하고 일신히 개축 또는 증축을 하여서 매야에 관객 이천 명을 넉넉히 수용하는 여지를 얻게 되고, 또는 이번의 건축비만 하더라도 이만 오천 원의 거대한 돈으로써 증축한다 하며 활동사진은 근본 목적한 바와 같이 태서(서양)에서 유명한 봉절사진封切寫眞(개봉필름)으로써 제공한다 한즉 기필코 대성황, 대만원은 정한 일인 듯하거니와 이를 따라 광무대 구파연극도 더욱 확장할 방침이라 한즉 오늘날 박씨의 한몸으로 겸무의 어려움은 더 말할 수 없는 일이더라.

「매일신보」, 1918년 9월 5일자

장안사와 연흥사는 1915년을 전후로 신문에서 모습을 감추었다. 이로 보아 전통연희를 시작으로 문을 열었던 두 공연장은 설립 10년도 못 되어 문을 닫은 듯하다. 거기에 단성사까지 영화상설관으로 바뀌자 서울에서 한국적인 소리와 춤, 극을 볼 수 있는 곳은 광무대 하나만 남게 되었다.

「매일신보」는 광무대가 10주년을 맞이했을 때 그때까지 구파를 지켜온 것은 박승필 혼자의 노력이라고 칭찬하는 기사를 싣더니,

이듬해 11주년 때는 또다시 '진실로 처음 보는 희한한 일'이라는 소제목을 붙여 기사를 실었다.

지금 경성 황금유원 안에서 조선 구파연극으로 열한 해 동안을 한결같이 경영하여오는 사람은 경향에 소문이 자자한 박승필 씨 그 사람 하나이라. 오늘날 연극계에 헌신적 다대한 공로를 끼친 사람은 박씨를 내어놓고는 다시 구할 수 없는 터이다.

열한 해의 장구한 세월을 지리타 아니하고 시종이 여일토록 분투에 분투를 하여 오늘의 넉넉한 재산을 앞에 두고 대성공으로 전진하여가는 것도 희한한 일이 아니면 또한 기막힐 일이다. 열한 해 동안 오늘을 당하여 창립기념의 축하식을 보게 되니 실로 박씨를 위하고 감사치 않을 수 없다.

더구나 구극도 구극이려니와 현시의 활동사진에 대한 지식이 향상함을 주도한 관찰력으로 간파하고, 한편으로 단성사에 활동사진 상설관을 베풀고 세계적 양화만 수집하였는데 활동계 최고권위를 가진 천연색 활동사진 주식회사와 오천 원의 특약을 하고, 우선 아홉 달 동안을 경영하여오매 좌우의 버는 돈은 매야에 수백 원씩 되어 땅까지 장만하였다는 말이 있었다.

하여간에 드문 일이다. 이제부터는 원훈자로 공성신퇴功成身退를 하여도 족하다 하니 그 뒤를 이을 자가 없는 것이 오직 유감이다. 지금도 천연색 활동 회사와 교섭하여 일수 대리점을 내려고 운동 중인즉 만약 그럴 것 같으면 좋은 사진은 단성사 안에 항상 쌓이고 말 것이다.

그러나 광무대는 그 뒤 다시 10년을 온전히 견디지 못했다. 신문에 간간이 구파 배우들이 가무연주를 한다는 기사가 실리더니, 1925년에는 극단 토월회에 임대해주었다는 기사가 실렸다. 그것도 광무대를 다룬 기사에 실려 있지 않고 토월회를 다룬 기사에 실려 있다.

그 뒤 광무대는 간혹 예인들의 공연무대를 마련하면서 명맥을 유지했다. 그때의 상황을 비교적 규모가 있었던 1927년의 공연으로 살펴볼 수 있다.

1918년 광무대 창립 10주년 때의 기사와 비교해보면 광무대의 성격이 변질되었음을 알 수 있다. 전통연희는 어느새 임명옥 양의 형제 댄스와 통쾌 활발한 철봉, 그리고 남녀배우의 신파 희극과 섞였던 것이다.

그런데 「매일신보」(1928년 8월 15일자)에는 광무대 공연의 종막을 고

하는 듯한 기사가 보인다. 광무대 일행이 나와 종로 4가에 있는 권상장勸商場이라는 공연장을 장기임대하여 공연한다는 내용이다. 무엇 때문에 예인들이 주무대인 광무대를 떠났는지는 알 수 없으나 공연이 불가능해서 옮긴 것만은 분명하다. 이후에도 광무대는 신파극이나 영화를 하다가 1931년에 문을 닫고 말았다.

연희에서 연예의 시대로

광무대의 마지막이 자세히 알려지지 않은 것은 공연장의 의미가 3·1운동 이후 희박해졌기 때문이다. 언론기관이 등장하고 여러 사회단체들이 생기면서 전통연희를 중심으로 한 연주회와 발표회가 우후죽순처럼 생겨났을 뿐만 아니라, 유성기가 보급되기 시작해 명창명인들의 육성을 공연장에 가지 않아도 되풀이해서 들을 수 있었기 때문이다.

시대는 변하고 있었다. 서울지역의 전통소리, 서도와 남도의 음률을 계속해서 무대에 올려 나라 잃은 한국인의 감성에 지대한 영향을 끼쳤던 광무대는 숱한 명인명창을 배출하고 시대의 뒤안길로 사라졌다.

그 역사의 시말은 그대로 격변기 한국 연희의 마지막 자취라고 해도 과언이 아니었다. 새로운 볼거리로 등장한 연예가 낯선 모습을 내민 현장이기도 했다. 그러므로 광무대의 역사는 연희가 연예로 변하는 과정을 고스란히 보여주는 거울이었다.

광무대가 그렇게 사라진 이듬해 창립자인 박승필도 세상을 떠났다. 1875년생이라고 하니 당시 그의 나이 57세였다.

그런데 광무대에서 나온 예인들이 장기임대로 공연했다는 권상장은 이를테면 광무대 역할을 대신한 곳이라고 할 수 있다. 권상장이 어떤 곳인지는 잘 알려져 있지 않은데, 박진의 『세세년년』에 '한말의 일류 쇼맨 박춘재, 송만갑, 이동백 등 명창도 인기'라는 소제목으로 잠깐 다루어져 있다. 이를 통해 전통예인들이 서구의 연예물과 충돌했을 때 그들만의 공간을 가진다는 것이 얼마나 고달픈 일이었는지 짐작해볼 수 있다.

그가 또 무용가인 이유는 무대에 장막을 쳐놓고 그 뒤에 누워서 두 발만 내놓고 발가락에 의상을 입혀서 가지각색의 춤을 추는데 희한하고, 기막히고, 요절복통에 눈물이 나도록 묘기를 연演하던 까닭이다. 과연 당대의 재인이었다.

이런 것을 하는 권상장 안팎에는 사람이 매일 밤 구름같이 모여들었다. 이 서울이라는 수도가 지금은 3백5십만이 들끓고 자동차 때문에 사람이 못 가고 사람 때문에 자동차가 못 가는 대도시가 되었지만, 전차가 처음 나왔다고 이것을 구경하기 위하여 철물교에 원두막을 세우고 우리 어머니가 장옷이라는 것을 뒤집어쓰고 눈만 내놓고 나갔을 때나, 청년회관(지금의 YMCA자리의 전신) 벽돌집이 무너질까 보아 그 앞을 못 지나던 때나, 자동차를 한 번 타려면 한양 차부車部(지금의 종로 1가 중앙장의사 자리)에 부탁해서 한 시간에 5원을 주어야 할 때나, 전차에 도비노리〔飛乘〕나 도비오리〔飛降〕를 할 때는 배우개거리는 길에서 낮잠을 잘 때였는데 이 권상장이 생긴 후로는 제법 번화한 거리가 되었다.

연희는 공연장을 통해서 모두가 향유할 수 있는 것임을 확인시켜주었다. 예인들에게는 계획된 모습으로 기량을 보여줌으로써 자부심을 가지게 했고, 관객들에게는 생활 속에서 느끼지 못했던 색다른 감동을 느끼게 했다.

그러면서 다른 흥행물과 비교가 되었으며, 무엇이 유치하고 무엇이 고상하다는 비평의 소리도 들을 수 있었다. 특히 누가 무엇을 잘하고 못하는지 가늠해볼 수도 있었으며, 개성이 무엇인지 구별하는 일도 가능해졌다.

무엇보다 본바닥의 소리를 뚜렷이 알 수 있어서 좋았다. 판소리를 하는 사람들은 서울의 잡가를 듣고 격이 낮다고 평했는가 하면, 평양의 명창들은 남도소리를 알아주지 않았다. 서울에 온 기생들 중에는 동료기생이 판소리를 하면 얼른 자리를 피해버리는 기생도 있었다.

그러나 서울의 명창들은 한결 여유가 있었다. 서울사람은 역시 서울소리를 알아준다 했다. 그리고 실제로 그랬는데, 그것은 당시만 해도 인구이동이 그리 심하지 않았기 때문이다.

신파와 무성영화가 들어오고 유성기가 등장하면서도 이런 본바닥 정서는 쉽게 사라지지 않았다. 아니, 그것이 정서인 이상 사라질 수 없었다. 그 사라질 수 없는 공간으로 새로운 연예는 쉴 새 없이 밀려오고, 연희는 차츰 그것을 연희라고 불러주는 사람도 만나지 못했다.

인기 있는 유행가 가사집, 소리책

4

가사집歌詞集은 1910년대와 1920년대에 걸쳐 많은 종류가 발간되었으며, 대부분 중판을 거듭한 베스트셀러였다. 만약 당시에 악보까지 쉽게 출판할 수 있는 기능이 있었다면 잡가집에는 당연히 악보도 첨부되었을 것이다. 그러나 한결같이 가사만 싣고 있으며, 또한 가사에 어려운 한문구가 많이 등장하는 노래도 모두 한글로만 되어 있는 것이 특징이다. 이는 대중이 쉽게 읽고 외울 수 있게 하기 위한 배려였던 것으로 보인다.

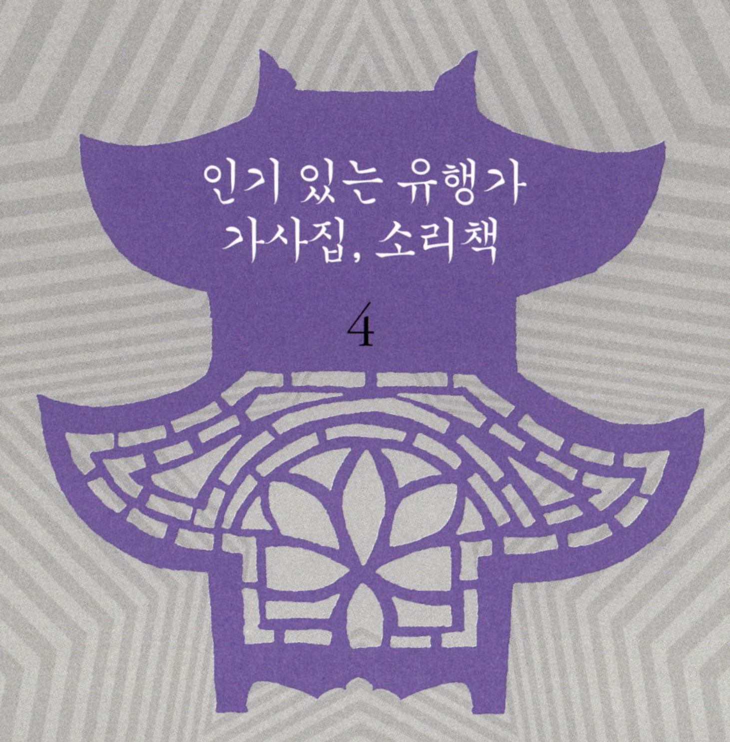

서민과 함께한 잡가

한국 연예사에서 잡가라는 이름으로 뭉뚱그려 전해지고 있는 노래들을 다룬다는 것은 좀 이상하다. 언뜻 그 노래들은 전통의 소리 그 이상도 이하도 아닌 것처럼 보이기 때문이다. 그러나 이는 그 소리들이 대중에게 얼마나 큰 호응을 받았으며 가깝고 친근했는지를 알게 되면 고개를 끄덕이지 않을 수 없다.

잡가가 대중문화 그 자체가 되었던 시기는 조선왕조 봉건체제가 무너지고 사람들의 생각에도 차츰 새로운 가치관이 형성되기 시작할 때였다. 잡가의 가사를 수록한 책자는 베스트셀러가 되었다. 이른바 소리책이라는 것이 바로 그것이다.

대중에게 소통수단으로 내세울 만한 것으로 신문도 있고 잡지도 있고 유성기판도 있을 때였다. 그러나 이런 것들은 중요한 의미로 평가할 수 있는 것이기는 해도 전체적으로 볼 때는 아직 미미한 정도였다. 소리책은 거기에 불쑥 등장한 신생아 같은 존재였다. 무엇보다 그것은 대중에게 사랑받던 노래의 가사만을 모아놓은 것이어서 특별하게 보일 수밖에 없었다.

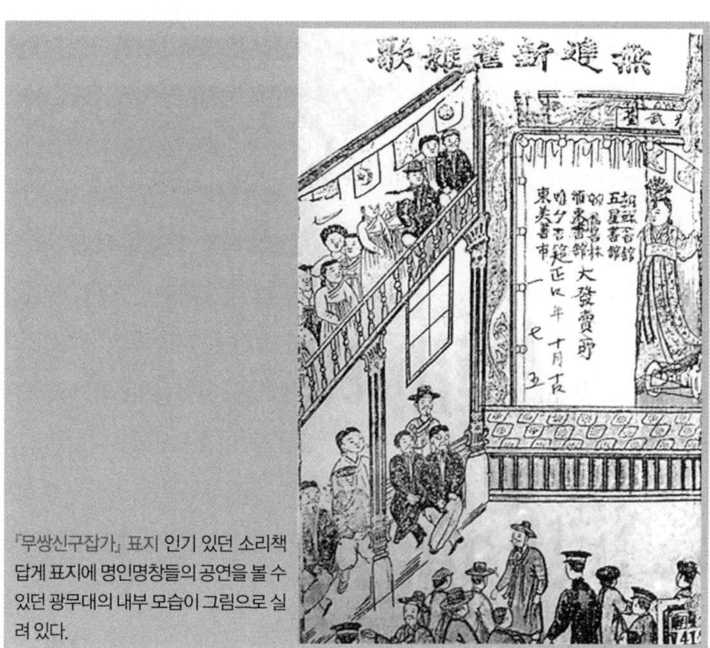

『무쌍신구잡가』 표지 인기 있던 소리책
답게 표지에 명인명창들의 공연을 볼 수
있던 광무대의 내부 모습이 그림으로 실
려 있다.

문맹률이 높은 때였다. 그러나 노래는 글보다 더 쉬웠다. 쓸 줄
은 몰라도 읽을 줄 아는 사람은 많았다. 그런 이유로 소리책이라는
것이 등장했는지는 정확하게 파악할 수 없지만, 그것이 대중에게
유행하다시피 했다는 사실은 결코 예삿일이 아니었다.

소리책은 당시로서는 물론 신식으로 만들어진 책을 말하는 것이
다. 활자도 신식이었고, 장정도 편집도 전통방법이 아니었다. 더구
나 내용은 다름 아닌 오락을 위한 것이었다. 문제는 바로 그런 점들
에 있었다. 그런 책들이 전국에 걸쳐 잘 팔려나가다니, 아무도 예상
할 수 없었던 일들이 벌어진 것이다.

당시의 잡가라고 하면 서울에서 불리던 것으로 보통 「유산가」,
「제비가」, 「소춘향가」, 「선유가」 등 열두 종류로 되어 있는 12잡가

와 「생매잡어」, 「비단타령」, 「곰보타령」, 「바위타령」 같은 휘몰이잡가를 말한다. 바로 안비취, 묵계월, 이은주에 의해 무형문화재 제59호로 지정, 전승되고 있는 경기민요이다.

1967년 홍현식, 박헌봉에 의해 조사, 작성된 무형문화재 조사보고서 「좌창 경기긴잡가(12잡가)」는 이를 문화재로 지정해야 하는 이유를 이렇게 밝히고 있다.

1. 좌창 경기잡가는 서울을 중심으로 그 일원에서 발생하여 다른 지방에서 볼 수 없는 경기 특유의 경기 풍토미가 흐르는 좌창으로서 민속악의 가치가 있다.
2. 민요와 시조류 창이나 다른 창에서 볼 수 없는 경기 좌창 잡가만의 독특한 창조唱調가 있다.
3. 전날에 이 좌창 잡가는 직업적인 입창인立唱人에 비견하여 평민들 사이에서 순탄치 못한 위치에서 줄기를 이어왔는데 만근輓近 고악古樂을 소외하는 시류로 인하여 이것이 인멸될 우려가 있다.

보고서에는 서울지역만의 개성을 지닌 전통소리라는 점이 무엇보다 강조되어 있다. 그런데 경기잡가가 불린 연대나 창작자, 하필이면 열두 곡으로 정착된 이유를 비롯한 자세하고 정확한 기록은 전해지지 않는다. 선비들의 음악이었던 가곡이나 가사, 시조도 세세하지 않은데 밑바닥 서민층의 애창곡이었던 잡가를 기록으로 남겨놓지 않았다 해서 이상할 것은 없다.

그러나 이 방면 명창들의 증언이나 전해오는 말, 그리고 신빙성 있는 문헌기록을 종합해보면 서울의 12잡가는 19세기 중엽부터 서민들 사이에서 불린 것으로 추정된다. 최남선은 『조선상식문답속

『편』에 잡가에 대해서 이렇게 써놓았다.

> 가사와 잡가의 사이에는 명확한 계한界限이 없으며 다만 관례적으로 잡가의 일부가 가사로 뽑혀 쓰인다고 할 것이었습니다. …… 여하간에 잡가라는 것은 무엇들이냐 할 것 같으면 근세의 유행인 「유산가」, 「제비가」, 「적벽가」, 「달거리」, 「산타령」, 「난봉가」 이하로 「흥타령」, 「군밤타령」, 「아리랑타령」, 「영변가」, 「담바귀타령」 등 유행성 민요가 다 그것이요, 지방성의 「육자배기」, 「수심가」, 「산유화」, 「미나리」 등이 또한 이 부류에 들 것입니다. 요하건대 잡가란 것은 긴 노래 가운데 기생도 부르는 얼마를 뺀 온갖 것을 휘뚜루 일컫는 이름입니다.

『조선상식문답속편』은 1947년에 간행되었지만 씌어지기는 해방 전에 씌어졌다. '근세의 유행'이라는 표현으로 보아 잡가는 일제시대 때 이미 대중 사이에서 널리 불렸다는 것을 알 수 있다. 그리고 나열한 곡명으로 볼 때 열두 가지로 구분해놓은 것도 이때 이미 정해진 것으로 보인다.

실제도 현재까지 남아 있는 이른바 잡가의 가사집에는 흔게 12잡가와 휘몰이잡가라고 하는 잡가들이 모두 실려 있다. 그러나 원래부터 그런 구분이 있었던 것은 아닌 듯하다.

잡가의 연원에 대해 성경린은 다음과 같이 밝혔다.

> 서울의 잡가라고 이르는 한 묶음은 순연한 민요의 계통도 아니요, 가곡·가사·시조 등 정가正歌는 더욱 아니요, 역시 민간의 소리로 크게 유행한 속가俗歌로서 독특한 것이다.

「유산가」를 비롯해서 「적벽가」, 「제비가」, 「소춘향가」, 「선유가」, 「집장가」, 「형장가」, 「평양가」 이 여덟 가지를 서울 팔잡가라고 불렀다. 이 밖에 「달거리」, 「십장가」, 「출인가」, 「방물가」 등은 또 여기서도 한 등 깎아 잡잡가雜雜歌라고 불렀다.

이상의 잡가가 언제부터 있었던지 모르니까 더구나 지은이가 누구이던가를 알 도리는 막연하다. 그저 서울소리로 입창立唱이라는 선소리와도 다르고, 더벅머리 삼패의 소릿조라는 것만 아는 것이다. 기생의 일패·이패는 퇴기며 그런 종류요, 삼패란 기생조합에 아니 나가고 이런 잡가만 숭상하던 유녀의 별명이었다.

나라 진연에 참례하고 하던 기생은 잡가 따위는 애초에 옮기지도 않고 천히 알던 소리로 이것을 누가 불렀나 하면 여류로는 곧 삼패 아가씨며 남자는 사계四契축의 소리꾼들이었다. 사계축이란 한 특수한 지역을 의미하던 것으로 지금의 서울역 앞에서 뒤로 만리재 저 위를 멀리 돌아서 다시 남쪽으로 내려 청파동인 청패까지를 둥그린 일대를 그렇게 가리키던 것이다.

소리꾼은 우대도 있고, 아래대도 있고, 문안도 있고, 문밖도 있었지만 장사처럼 불려다니며 소리로 벌던 이들은 모두 이 사계축의 소리꾼들이었다. 사계축의 소리가 다른 것 아닌 이 잡가였다.

정조正調 아닌 잡가의 대가로 추秋, 조曺, 박朴으로 이르는 세 분이 있었다. 나이는 그중 아래면서 재주는 제일 뛰어났던 추교신秋敎信, 애오개서 갓의 대우를 만들던 가성歌聲 좋고 기골이 장대한 조기준曺基俊, 그리고 이도 본업은 밭쟁이 농업이면서 잡가 제일로 날리던 박춘경朴春景이 그들이었다.

이중에 박춘경이 그 사계축이었다. 무슨 버젓한 사랑방을 쓰던 것도 아니요, 그저 한겨울 파를 기르는 파움이 저들 소릿방이었다.

겉으로 보기에는 하잘것없는 움막이지만 그러나 내부의 장식은 어지간히 호사스레 차려놓은 것이다. 천장엔 반자를 하고 주위는 병풍을 두르고, 바닥은 보료를 깔고 멋 아는 친구들의 소리 즐기는 처소로서 그다지 손색이 없었다.

성경린, 「서울의 속가」

12종류가 8종류와 4종류로 구분될 수 있는 것은 가사와 같다. 이것은 잡가가 가사의 연원과 맥을 같이하는 게 아닌가 하는 추측을 가능케 하는 부분이다.

이창배는 『한국가창대계』에서 그 부분에 대해 언급하고, 전래된 것에 의한 잡가의 연원을 기록했다.

이 12잡가는 서울을 중심으로 한 순수한 서민층의 노래로서 긴 잡가라고 하는데 열두 마당이므로 12잡가라고 한다. 이 12잡가의 연원은 상세치 않으나 대개 선인들의 말로 미루어 짐작이 된다. 고학강 최경식의 스승이 조기준이고, 박춘재는 박춘경의 제자이므로 1840년대쯤부터 성창했다고 본다.

이 12잡가 중「춘향전」의 영향을 받은 가사가 많이 나와 남도의 판소리와 연원이 비슷하다고도 생각되나「유산가」외에「적벽가」, 「제비가」, 「선유가」, 「평양가」등은 훨씬 먼저 생겼다고 볼 수 있다.

앞서 성경린의 글에 나온 사계축에서 계契는 행정구역 단위로 지금의 동에 해당한다. 이는 조선조 후기 서울의 행정체계인 부部-방坊-계契-동洞-통統 중 하나로 이중 계와 동이 지금의 동에 해당한다고 볼 수 있다. 축은 동아리나 무리를 뜻하는 명사로 보인다.

손태도의 「경기명창 박춘재론」에 보면, 필자가 성경린에게 사계축이 무슨 뜻이냐고 물었더니 일제시대의 지역명칭에서 나온 것 같다고 했다는 내용이 나온다. 사계축은 잡가의 발상지로 전해오는 지역이기 때문에 이에 대한 해명은 진작 이루어졌어야 했다.

한편 이능우의 「이야기책에서 다뤄진 우리나라 지소들」에 보면 '청파靑坡' 부분이 있다. 여기에서 다루어진 지역을 잘 살펴보면 사계축이 무엇을 말하는지 해명하는 데 도움이 되리라 본다. 즉, 옛 지리서와 고지도에 따르면 청파는 숭례문 밖 3리까지를 말하며, 그 안에 일계에서 오계까지 있었다는 것이다.

이를 성경린이 말한 '만리재 저 위를 멀리 돌아서 다시 남쪽으로 내려 청파동인 청패까지를 둥그린 일대'라고 한 것과 비교해보면 그리 차이가 나지 않는다는 것을 알 수 있다. 청파동은 오계까지 있었으며, 그중 사계지역에 사는 사람들이 잡가를 불러 유행시킨 것이다.

이창배는 그때를 1800년대 중엽쯤으로 추정했는데, 홍현식과 박헌봉도 「무형문화재 조사보고서」에서 그와 비슷한 견해를 밝혔다.

삼패가 부르고 또 장이들이 불렀다는 시기가 어느 때인가. 문헌상의 고증은 할 수 없어도 이조 말엽을 넘지 못할 것이다.

잡가 창을 한 분으로서 탁순홍·이경준·주수봉은 지금으로부터 백 세에서 백오십 세 이내(백삼십 세가 최상)의 인물이요, 최경식·박춘경·박춘재는 백 세를 넘지 못한다. 이들은 근세인이며 생존한 그의 제자들 입(구전)을 통하여 확인할 수 있는 것이다. 그 이상의 연대는 알 수 없으나 아마도 가사로 보아 판소리 단가의 영향을 받은 이후 이를 경기가요조로 부르기 시작한 것 같으니 아무리 소급해서 올라간다 하더라도 이조 중엽쯤으로 추상할 수 있는데, 그것이

성창하게 된 것은 이조 말엽부터일 것이다.

　판소리는 자하紫霞 신위申緯 관극시觀劇詩와 윤달선尹達善 광한루 악부廣寒樓樂府 등을 보아 문헌상으로 단편적인 윤곽을 알 수 있는데 비하여 긴잡가는 이에 볼 수 없음은 이것은 극히 희미한 소이일지 모른다. 그리고 세습적인 후계를 이어온 판소리의 계보에 비하여 긴잡가는 세습도 없고 사승師承도 약한 것이 대조적이라 할 것이다. 그리고 이들은 광대, 재인이라 칭하지도 안 하였던 것이다. …… 가무별감에 안춘민·정성만·최상욱·박춘재 등을 들 수 있는데, 이들은 가곡·가사·시조를 주로 하였고, 박춘재 한 사람만이 잡가를 겸했던 것이다. 이를 보면 궁 바깥의 평민 사이에서 성행되었음을 알 수 있고, 이것이 직업화되기는 최근세에 이루어진 것이라 생각된다.

그런데 명창 이창배는 잡가를 주로 삼패기생들이 불렀다는 지적에 대해 이의를 제기하기도 했다.

　평민들이 잡가를 좋아하였기 때문에 그에 따라 유녀들이 잡가를 불렀다고 하여 '삼패 바닥의 노래'라고 한다면, 예부터 기생들이 가곡·가사·시조로 행세하였으니 이 가곡·가사·시조도 '기생 바닥의 노래'라고 해야만 할 것인가? 창악인이면 창악인, 민요인이면 민요인으로 부르고 쓰면 될 텐데 굳이 삼패니, 광대니, 재인이니 야비하게 꼬집어내는 것은 무슨 저의에서인지 이해하기 어렵다.

이창배, 「민요 70년의 발자취」

잡가의 유래를 기록으로 전해준 분들은 모두 일제시대와 해방,

전쟁을 겪은 분들로 이 방면의 명창이자 명인으로서 시대의 단절된 부분을 가능한 한 잇도록 해준 증인들이다. 이분들의 의견을 종합해보면, 서울의 전통적인 소리로 전해오는 잡가는 팔잡가와 잡잡가로 이루어진 12잡가로 사계축의 추조박과 그 제자들에 의해 주로 불리면서 정착되었으며, 그 시기는 1850년 전후에서 1900년 무렵이라는 것을 알 수 있다.

잡가 가사집이 베스트셀러가 되다

이 시기는 우리나라에도 처음으로 신문, 잡지 등 매스컴이 등장할 때여서 잡가는 간간이 기삿거리로 등장했다. 그러나 이 당시 매스컴이 기준으로 삼은 계몽적 성향은 전통의 소리, 특히 가락이나 가사에서 다분히 직설적인 잡가를 부도덕하게 볼 수밖에 없었다. 잡가는 한마디로 경무청에서 엄히 금지시켜서라도 없애야 할 천박한 노래였다.

이는 곧 이미 널리 불리고 있는 노래가 바로 잡가였다는 뜻이기도 하다. 전파속도가 빠르고, 누구나 부르며, 어디서나 들을 수 있는 노래이기도 했다. 또 다른 말로 표현하자면 잡가는 곧 유행가였다.

그러나 「만세보」에 실린 기사를 보면, 잡가는 사회 안녕질서를 문란케 하는 못된 노래로 표현되어 있다.

전립동戰笠洞은 예전부터 일정한 직업이 없이 무위도식하는 잡배들이 많이 살기로 유명한 곳인데 근래에도 소위 건달배 8, 9명이 무리를 지어 주야를 불문하고 화투 아니면 골패로 나날을 보내

는가 하면 어떤 때는 술병을 차고 잡가를 부르면서 골목과 거리를
점령하여 서로 욕하고, 서로 싸우거니와 행인들에게도 함부로 시
비를 거는 고로 인근 주민들이 입을 모아 말하기를 다른 동네는 청
년자제가 신학문에 열심하는데 이 동네 청년은 신학문은 고사하고
술 아니면 잡기, 싸움질 등 온갖 못된 짓에만 졸업이 되었으니 매
일 용돈은 어디에서 나는지 모르겠거니와 이들 잡배가 이사나 하
였으면 죽어도 한이 없겠다고 한다더라.

「만세보」, 1906년 9월 2일자

잡가를 부르는 축들이 이사만 한다면 죽어도 한이 없을 정도라
고 했다니, 어지간히 소란스러웠던 모양이다. 전립동은 서울 역사
박물관 뒤쪽 지역으로 풍류랑, 소리꾼들이 많이 드나들었던 곳이
다. 당시 신문의 시각이 신학문과 관련시키되 인식의 폭을 달리했
다면 이 기사에는 어쩌면 잡가 명창의 이름이 여럿 나와 있을지도
모른다.

실제로 잡가는 이때 서울 일원에서 크게 유행하고 있었다. 대중
들이 잡가를 좋아하자 소리꾼들은 다른 볼거리와 함께 연희순서를
만들어 일정한 장소에서 보여주는 일을 업으로 삼았다. 아현동이나
용산 등 시내와 가까운 외곽지대 공터에 자리를 잡고 일정금액을
받기로 한 것이다.

정부에서는 이미 협률사라는 기관을 두고 공연장을 만들어 광
대, 기생들을 동원하는가 하면 활동사진을 보여준 적도 있었다. 그
바람에 서울시내에는 사설공연장이 여기저기 생겨나기 시작해 갖
가지 볼거리를 무대에 올렸는데, 그중에서도 가장 인기가 있었던
것은 단연 잡가였다.

잡가 소리책 『증보신구시행잡가』 표지
소리책은 곧 유행가 가사집이었다. 기록
으로 전해진 것을 수록한 가사집이 아니
고 구전심수로 알고 있던 명창들의 입을
통해 채록된 것이었다.

잡가가 얼마나 대중의 사랑을 받았는지는 잡가의 가사만을 모아
책으로 엮어낸 출판물들을 살펴보면 금방 알 수 있다. 『증보신구잡
가增補新舊雜歌』, 『무쌍신구잡가無雙新舊雜歌』 하는 식으로 대부분 잡가
라는 이름이 제목에 들어가 있는 책늘이다.

가사집은 1910년대와 1920년대에 걸쳐 많은 종류가 발간되었으
며, 대부분 중판을 거듭한 베스트셀러였다. 만약 당시에 악보까지
쉽게 출판할 수 있는 기능이 있었다면 잡가집에는 당연히 악보도
첨부되었을 것이다. 그러나 한결같이 가사만 싣고 있으며, 또한 가
사에 어려운 한문구가 많이 등장하는 노래도 모두 한글로만 되어
있는 것이 특징이다. 이는 대중이 쉽게 읽고 외울 수 있게 하기 위
한 배려였던 것으로 보인다.

이런 면은 당시 잡가에 대한 대중의 선호도를 알 수 있게 해주며, 잡가가 그 어떤 창이나 음률보다 유행한 노래라는 것을 알기에 충분하다. 어떤 노래도 가사만 인쇄한 책들이 나와 널리 팔려나간 적은 없었다. 가사만 수록되었는데도 여러 종류가 나와 중판에 중판을 거듭한 것은 잡가의 가장 두드러진 점이라 할 수 있다.

『한국잡가집』을 펴낸 정재호는 「잡가고雜歌攷」를 통해 잡가집 15종을 선정하고 편저자와 서명, 출판사 등을 수록했다. 당시 잡가집 중 중요한 점을 살피기 위해서는 먼저 이 목록을 살펴보는 것이 좋을 것이다. 목록은 제목, 편저자, 출판사, 발행시기, 면수, 수록편수 순으로 정리되어 있다.

제목	편저자	출판사	발행시기	면수	수록편수
정정증보신구잡가 訂正增補新舊雜歌	한인석	광문책사	1914년	172면	54편
증보신구시행잡가 增補新舊時行雜歌	지송욱	신구서림	1916년	77면	49편
무쌍신구잡가 無雙新舊雜歌	박승엽	신구서림	1915년	128면	120편
신구유행잡가 新舊流行雜歌	강희영	신명서림	1915년	76면	52편
고금잡가 古今雜歌	박영균	신구서림	1915년	212면	79편
증보신구잡가 增補新舊雜歌	노익형	한성서관	1915년	172면	74편
신선고금잡가 新選古今雜歌	현공염	대창서원	1916년	110면	59편
특별대증보신구잡가 特別大增補新舊雜歌	남궁설	유일서관	1916년	120면	82편
일선잡가전 日鮮雜歌全	박승엽	오성서관	1916년	69면	42편

제목	편저자	출판사	발행시기	면수	수록편수
시행증보해동잡가 時行增補海東雜歌	박건회	신명서림	1917년	84면	70편
신구현행잡가 新舊現行雜歌	유근익	신명서림	1918년	70면	49편
신구현행잡가 新舊現行雜歌	유근익	동아서관	1918년	69면	54편
조선속가 朝鮮俗歌	이상준	박문서관	1921년	89면	52편
신정증보신구잡가 新訂增補新舊雜歌	복전정치랑 福田正治郎	경성서관	1922년	138면	54편
가곡보감 歌曲寶鑑	김구희	기성권번	1928년	108면	65편

위의 잡가집은 모두 판형이 사륙판으로 되어 있으며, 목록에서 볼 수 있듯이 100면 내외의 작은 책이다. 표지는 남녀가 어울려 노래하고 춤추며 악기를 연주한다거나 장구, 북, 피리 등 악기들을 그려넣은 그림이 조잡한 필치와 색깔로 그려져 원색으로 인쇄되어 있다. 목차는 책장을 넘기면 바로 나온다. 그리고 노랫말인 본문은 목차에 맞춰 세로조판으로 실려 있다.

목록을 보면 제목에 붙은 잡가라는 어휘가 무색해진다. 12잡가와 휘몰이잡가를 염두에 두고 이 가사집을 대하면 혼란스럽기까지 하다. 한마디로 위의 잡가집에는 가곡, 가사, 시조의 사설은 물론 민요조, 잡가조의 가사들이 혼합되어 있다. '잡스럽다'는 의미의 잡가집에 더 가깝다 할 것이다.

하지만 전체적으로 유심히 살펴보면 이는 당시의 잡가를 총망라한 것으로 잡가가 무엇인지 확연히 알 수 있게 된다. 먼저 구분이 될 수 있는 것은 1900년대 초기 때만 해도 지금 12잡가로 일컫는 서울의 잡가는 주로 8잡가를 위주로 불려진 듯하다. 1950년대에 이

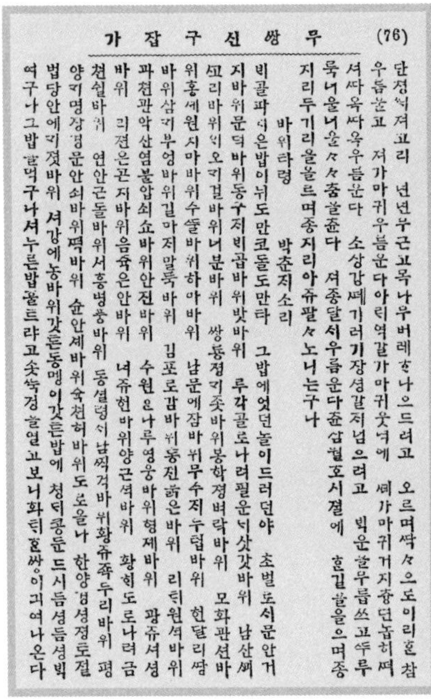

『무쌍신구잡가』 소리책 박춘재소리 부분
이 소리책이 특히 인기 있었던 것은 구술자가 박춘재였기 때문이다. 소리책도 구술자도 글자 그대로 '무쌍'이었다.

창배가 정리한 잡가의 가사목록과 비교해보면 이를 알 수 있다.

이창배가 프린트본으로 발행한 『가요집성』이 그것인데, 목록을 보면 12가사와 동일하다. 그러나 위의 잡가집에 나타나 있는 것은 순서가 일목요연하지 않은 가운데 주로 8잡가에 해당하는 곡들이 한 부류를 이루며 실려 있다.

또 한 가지 눈여겨봐야 할 것은 가사들이 여러 잡가집에 중복되어 있는 데다 내용이 약간씩 다르다는 점이다. 이는 잡가집이 당시 남녀명창들의 노래나 구술을 토대로 작성되었다는 것을 뜻한다.

실제로 잡가집에는 구술자의 이름이나 누구누구의 무슨 노래라고 토를 달아놓은 부분이 있다. 예를 들면 『증보신구시행잡가』와 동아서관 발행 『신구현행잡가』에는 '박춘재 구술'이라는 부기가 붙어

있고, 신명서림 발행 『신구현행잡가』에는 '박춘재 소리'라는 부기
가 있으며,『무쌍신구잡가』에는 '광무대 소리'라고 첨부되어 있다.
　『신구유행잡가』에 '절대명창 홍도·강진 구술'이라고 부기되어
있는 것도 그것이 두 여류명창의 구술로 작성되었다는 것을 뜻한
다. 그런가 하면 본문의 노래제목에는 '광무대 옥엽이 소리'라든지
'별조 일등명창 이형순이 소리'라든지 '박춘재가', 또는 '박춘재 소
리'라는 별도의 단서가 붙어 있기도 하다.
　구술은 기억에 의존하는 것으로 오래전부터 외워서 부르던 것을
불러주는 것이다. 그러다 보니 같은 곡이라 해도 명창에 따라 약간
씩 다를 수가 있다. 때로는 제목까지 다른데 내용은 같은 데서 그런
면을 찾을 수 있다.
　뿐만 아니라 어떤 잡가집에는 새로 지어진 것이라는 인상을 주
는 노래들이 있다.「신난봉가」,「신방아타령」,「신제청춘가」 같은
것들이다. 이처럼 구술단계에서 창작된 부분도 있을 것으로 보이
며, 잡가집의 명칭에 신구라고 표기되어 있는 것은 바로 그런 점 때
문인 듯하다.
　그러나 무엇보다 중요한 것은 잡가집에 수록된 노래들이다. 잡
가라 해놓고 그 내용을 수록했으니, 이는 곧 잡가의 정의를 말하는
것이 되기 때문이다.
　그런 노래들에 잡가라는 명칭을 붙여 책으로 간행한 데 대해 정
재호는 『한국잡가전집』 해제에서 "잡가집들은 조선시대의 노래 가
운데 그들의 구미에 맞는 것을 계승하면서 새로운 노래를 그 형태
에 맞게 창작하였다고 할 수 있다"고 적었다. 그리고 간행이유에
대한 견해를 다음과 같이 밝혔다.

첫째, 나라를 빼앗겼으니 그 울분을 노래로나 달래보자는 심정
이 크게 작용하였으리라 생각된다. 따라서 경향에서 노래로 시름
을 달래려는 풍조가 성행되었다고 할 수 있다.

둘째, 이것을 충동한 것이 일제식민정책자들이 아닌가 한다. 그
들은 한국인이 민족의식을 가지고 저항하기보다는 기녀를 데리고
노래와 춤이나 추는 것이 오히려 편안하였을 것이다. 그리고 이렇
게 노는 동안 가산이 탕진되면 그것을 일제 고리대금업자들이 인
수하여 경제적 침략을 수월하게 수행할 수 있다는 이점이 있기 때
문이다.

이러한 예로는 일선잡가 등이 나와 우리 노래를 일본말로 그대
로 옮겨놓아 일인들에게도 부르게 하였지마는 일본인들의 잡가도
함께 간행하여 잡가의 붐을 일으키게 한 것이 그것이다.

셋째, 이렇게 잡가를 부르는 우리 민족에게는 그것이 하나의 놀
이도 되겠으나 한편으로는 우리의 옛 가락을 부름으로써 향수를
달래고 민족적인 감흥에 젖을 수도 있기 때문이라고 생각된다. 그
리하여 새로운 창가나 유행가가 일반에게 널리 보급되기 전까지
이들 잡가는 민족의 노래로 우리 민족의 심금을 울리는 귀중한 문
화유산으로 이해되었으리라 생각된다.

잡가집이 대량으로 발간된 시기는 1910년에서 1920년 사이로
일제에 의해 민족진영 신문들이 모두 폐간되고 오로지 조선총독부
기관지인 「매일신보」만 남아 있던 시대였다.

이 무렵 서울에는 광무대·장안사·연흥사·단성사가 있어 전통
연희를 활발하게 무대에 올렸는데, 그때 관객에게 들려진 소리가
모두 잡가집에 수록되어 있었던 셈이다. 말하자면 이때의 잡가는

좌창 12잡가 긴잡가였던 그 잡가를 포함해서 대중이 열렬히 좋아한 명창들의 소리를 노랫말만 기록한 것이었다.

따라서 그 노랫말과 함께 불려진 노래는 당시 서울의 대중에게 아주 익숙했던 것으로, 그것은 곧 전래되었던 바로 그 노래였다. 자유분방하게 불린 그 노래들은 이미 틀이 잡혀서 원래의 모습에서 약간 벗어나 있는 것이 많았다. 하규일은 가사를 가르칠 때 12곡이 있는데도 4곡은 격이 낮다 하여 가사로 가르치지 않았다. 이는 바로 그런 변형된 상태와 관련이 있다.

원래 소리에서도 신분을 찾고 격식을 찾은 사람들이 서울의 소리꾼이었다. 그러나 서민대중의 애호를 받으면서 그런 제한은 절대적인 것이 아니었으며, 그런 과정에서 곡조도 가사도 구미에 맞게 바뀐 것이다.

사람들은 그런 소리를 통칭해서 잡가라고 불렀으며, 뒷날 12잡가로 정착되었을 때도 그렇게 불렀다. 실은 하나하나 곡조나 가사로 분류해낼 수 있는 것들이었지만 잡다하게 불리고 있었기 때문에 편의상 잡가라 한 것이다.

기생을 가르친 잡가의 명인들

이창배는 「민요 70년의 발자취」라는 글에 추조박 이후의 서울소리 전수 계보를 실었다. 이 기사에는 '추교신 직계를 중심으로'라는 단서를 붙여놓았는데, 이는 추조박이 사제지간으로 연결되어 있고 그중 가장 윗대의 스승이 바로 추교신이기 때문인 것으로 보인다.

그런데 1992년 이창배의 제자 황용주는 『경서도창악대계』를 발간하고, 역시 서울소리의 명인명창들을 연대별로 정리해 실었다. 서도출신 명인으로 서울에 와서 활동한 명창들이 몇몇 섞여 있긴 하지만 그것을 인용해보기로 한다.

1800년 전후

추교신   조기준   박춘경

1850년 전후

장계춘   최상욱   안춘민   한인호   이현익

신순근   이정교   김병규   탁순홍   이경준

이희창   맹호준   봉성학   조원식   김경호
김창연   성수근   오성열   이만홍   김종수
김두식   문영수   이정화   오봉식   이현재
강홍식   강홍태   홍병호   홍원명

1900년 전후
최경식   박춘재   정성만   박인섭   최정식
주수봉   원경태   원범산   이명길   이명산
김태운   탁복만   탁연근   엄태영   김태봉
유태환   유개동   이문원   김운태   이광식

1945년 전후
이창배   정득만   김순태   이은관   윤종필
조백운   원명길   김두성   오용현   이주천
최계환   윤태봉   조운봉   이일용

　서울소리의 발생 과정이 명확히 전해지지 않은 것과 마찬가지로 명창들의 생애에 대해서도 소상히게 알려진 것은 없다. 그런 상황에서 이창배의 계보와 황용주의 정리는 이 방면의 훌륭한 징검다리 역할을 하고 있다.

　추조박 중 추교신은 가장 선배이고 기량도 뛰어났던 것으로 알려져 있다. 성경린의 「서울의 속가」에는 추교신의 나이가 가장 어린 것으로 되어 있으나, 박춘경이 조기준의 제자이고, 조기준은 추교신의 제자라고 전해진 것으로 보아 가장 연장자는 추교신인 듯하다.

　이보형, 한만영은 추조박의 생몰년을 추정하기를 추교신은 1814

년~1874년, 조기준은 1835년~1900년, 박춘경은 1850년~1920년
이라고 했다.(문예진흥원, 『문예총감』 중 「잡가·입창·민요」)

추교신은 사계축 출신으로 잡가에 능하면서도 가곡과 가사, 시
조에서도 빼어난 기량을 지녔다. 그는 창법이 속되지 않고 노랫말
이 정확하여 다른 소리꾼의 모범이 되었다고 한다.

조기준과 박춘경은 제자를 많이 두었지만 추교신은 수제자로 조
기준이 알려져 있을 뿐이다. 뒷날 사람들이 조기준의 제자 박춘경
과 함께 추조박이라 했듯이, 그들은 사제지간으로서 한 계통을 이
루어 당대에 이미 경기·서울지역에서 가장 추앙받는 소리꾼이었다.

조기준은 박춘경 외에도 장계춘·한인호·이경준을 가르치기도
했는데, 그중 박춘경은 특히 잡가를 잘 불러 명성을 떨쳤다. 조기준
은 지금 아현동인 애오개에서 살았는데, 갓의 대우갈이를 해주는
일로 생업을 삼았다. 대우는 갓모자를 말하는 것으로 그것이 낡으
면 고치거나 새것으로 바꾸어 썼기 때문에 대우갈이는 서민층의 생
업 중 하나로 오래 이어져온 직업이었다.

조기준은 어려서부터 목소리가 좋고 성량이 풍부했다고 한다.
장성해서는 기골이 장대한 데다가 목소리까지 씩씩하고 시원스러
워 주변을 압도할 정도였다. 특히 가사와 지름시조, 사설지름시조
를 잘했다.

농부 박춘경은 조기준에게 배워 명창이 되었다. 그는 시조와 휘
몰이잡가를 잘했는데, 그중에서도 잡가를 뛰어나게 잘했다. 그의
솜씨는 다른 소리꾼에게 잡가의 참맛을 알게 해주었고, 그것은 잡
가가 널리 불리게 되는 동기가 되기도 했다.

잡가 하면 박춘경을 말할 정도로 그의 잡가 솜씨는 정평이 나 있
었다. 서울의 잡가는 바로 박춘경에게서 발전되었다고 해도 과언이

아니며, 그런 의미에서 그는 잡가의 중시조 격이라 할 수 있다.

박춘경은 직계제자로 박춘재와 주수봉을 배출했다. 그리고 장계춘은 최경식, 한인호는 원범산을 제자로 두어 명창으로 배출했다. 또한 이경준은 이소향을 제자로 두었다.

추조박의 제자들은 협률사, 원각사 시절부터 무대에 올라 근대적인 의미의 연예를 몸에 익힌 1세대 명창이 되었다. 이후 그들은 서울시내에 사설공연장으로 등장한 광무대와 단성사, 장안사와 연흥사에 본격적으로 출연해 서울의 전통소리가 흥행물로 자리잡는 데 기여했다.

당시의 공연기사를 보면 추조박 중 박춘경도 무대에 모습을 나타낸 기록이 있다. 당시 「대한매일신보」(1908년 6월 30일자)에는 박춘경이 기생들과 함께 단성사에서 공연했다는 짧막한 기사가 실려 있다. 이때 그의 나이는 60세에 가까웠던 것으로 보이며, 이후 연예계를 화려하게 장식한 사람들은 모두 그의 제자들이었다.

추조박 이후의 제자들은 자신의 스승이 있어도 다른 스승에게 가서 그 스승의 장기를 배우기도 했다. 즉, 최경식이 박춘경에게 잡가를 사사하는가 하면 최경식의 제자 이창배가 원범산에게 가사, 시조를 배운 것이 그것이다. 또한 묵계월은 주수봉, 최경식 두 스승에게서 배웠다.

추조박 이후 명창들은 제자들을 가르치는 한편 권번에 나가 기생들에게 소리를 가르침으로써 서울의 전통소리들이 뒷날까지 전승되는 기틀을 만들기도 했다.

권번에서 소리를 가르치는 선생을 유예담당자遊藝擔當者라 했는데, 월간 「삼천리」(1936년 6월호)에는 당시의 대표적인 권번 세 곳의 유예담당자 명단이 실려 있다.

	조선권번	한성권번	종로권번
경기잡가	주영화	주영화	오영근
서도잡가	양서진	유개동	김일순
가곡	하규일	장계춘	황종순
조선무용	하규일	·	황종순
사교댄스	윤은석	김용봉	기 룡
현금	하규일	조의수	박성재
양금	김상순	김영배	박성재

이는 어느 한 기간을 예로 든 것으로 황종순, 박성재처럼 정통아악을 전공한 사람이 있는가 하면 장계춘, 유개동, 오영근처럼 추조박의 제자들도 있었을 뿐만 아니라 기생들에게 사교댄스를 가르치기도 했다. 이것은 서울소리의 대중성을 단적으로 보여준다.

이렇게 추조박의 제자들은 실내공연장이 생겨나고 기생들이 시중으로 나오던 시기에 활동하면서 스승에게 배운 기량을 전문화·직업화시키는 단계에 접어들 수 있었다. 소리는 이제 뜻 맞는 사람들이 여흥 삼아 즐기는 놀이 또는 권력층과 부유층의 유흥대상에서 차츰 서민대중들을 대상으로 한 흥행물로 바뀌고 있었다.

이에 따라 소리꾼들은 자신의 재능이 명예뿐만 아니라 돈이 될 수도 있다는 것을 깨닫게 되었다. 특히 기생들이 영업허가를 받아야 하는 때부터는 그들을 가르치는 일만으로도 한 분야가 되었디. 기생들은 기량을 갖추지 못하면 제대로 대접받지 못했기 때문에 전문소리꾼을 찾거나 초빙해 배워야만 했던 것이다.

그래서 소리꾼치고 기생들을 가르치지 않은 사람은 없었다. 정도의 차이는 있었지만 권번에 들어가 가르치기도 하고 개인교수식으로 가르치기도 해서 제자를 배출했던 것이다.

또한 직접 노래를 만든 소리꾼도 있었다. 야동소리꾼으로 유명한 이현익이 그 주인공인데, 문학적 소양이 없었다면 그런 일은 불가능했을 것이다. 「병정타령」을 비롯해서 5, 6편의 휘몰이잡가가 그의 작품으로 전해오고 있다.

이현익의 일은 그 자신이 잡가를 잘 불렀을 뿐 아니라 당시 서울지역에서 잡가가 유행했다는 것을 뜻하는 것이기도 하다. 잡가를 유행시킨 주역은 박춘경을 비롯한 한인호, 이경준, 탁순흥, 장계춘, 주수봉, 최경식, 박춘재 등이었다. 그들은 가곡이나 시조에도 능했지만 잡가를 잘 불러 일대 선풍을 일으켰다.

권번 선생으로 유명했던 장계춘은 특히 가사와 시조에 뛰어났으며 여창가곡을 잘 불러 최정희가 그의 문하에서 나왔다. 당시 장계춘과 함께 활동한 명창으로는 최상욱과 임기준이 있다.

추조박의 제자들 중 박춘재와 최경식은 공연과 전수에서 두드러진 면모를 보인 명창들이다. 두 사람 모두 문하생을 두었고 공연도 했다. 그중 박춘재는 특히 공연에서 두각을 나타냈고, 최경식은 문하생을 많이 두어 이 무렵 서울소리 명창의 한 특징을 보여주었다.

최경식은 훗날 서울소리를 전수시킨 공로자라는 평가를 들었는데, 그것은 당대에 제자들을 많이 배출했기 때문이다. 유개동, 정득만, 이창배, 김순태, 엄태영, 김태운, 최정식, 탁복만, 박인섭, 이명길, 원경태 등 경기·서울소리의 대가들이 모두 그의 문하에서 나왔다.

최경식은 지금의 마포구 공덕동 출신으로 어릴 때부터 소리를 좋아했고, 일가를 이루었을 때는 가곡·가사·시조는 물론 잡가에서도 창법이 원숙할 뿐만 아니라 정확히 부른다는 평을 들었다. 이는 물론 스승 조기준과 박춘경에게 제대로 배운 결과였다. 그는 조기준에게 가사와 사설지름시조를 익혔고, 박춘경에게 잡가를 배웠다.

소리꾼들이 가르치는 것만으로도 한몫을 하고 있을 때, 최경식은 남녀 누구를 불문하고 서울에서 소리선생으로 활동하는 사람치고 최경식의 제자가 아닌 사람이 없다는 말을 들을 만큼 많은 제자를 두었다.

이 무렵 서울에 진출해 있던 남도창 명창들은 '조선성악연구회'를 조직하여 활발하게 공연활동을 벌였다. 송만갑, 이동백, 정정렬, 김창룡, 박녹주 등이 주축이 되어 공평동에서 발족한 조선성악연구회는 이후 인근의 관훈동, 익선동 등지로 사무실을 옮기면서 세를 확장했다.

「뿌리깊은나무」(1977년 3월호)에는 기생명창 김초향의 인터뷰 기사가 실렸는데, 여기에는 그녀가 31세 때에 익선동 집을 '조선성악회'에 내주어 창악하는 사람들의 터전으로 삼게 했다는 회고가 나온다. 그 성악회라는 곳과 조선성악연구회는 같은 조직으로 보인다.

명창들이 조직체를 가지게 된 것은 당연한 일이었다. 당시 영화와 연극을 보여주는 극장들이 여기저기 생겼고, 일본과 중국에서 건너온 곡마단들이 전국을 누비고 다녔으며, 유성기의 보급도 큰 위협이 되었기 때문이다.

1929년에는 이광수, 주요한, 김소월, 이은상, 양주동, 안석주 등이 주축이 되어 '조선가요협회'라는 단체를 만들었다. 조선가요협회는 전통음악을 윤리적 차원에서 다듬어보겠다는 슬로건을 내걸고 등장한 단체였다. '퇴폐적 악종가요를 배격하자'는 취지로 명창들이 설 자리를 압박했던 것이다.

이에 판소리 명창들은 '조선성악연구회'를 조직하여 자체점검은 물론 연구활동에 의욕을 보였고, 경서도 명창들 역시 '조선가무연구회'를 조직하여 활동영역을 다져나갔다. 조선가무연구회의 회장은 최경식이 맡았고, 이에 가입한 회원들은 대부분 서울출신이었다.

조직원들은 모두 당대 내로라하는 서울소리의 명창들이었다. 그 면면은 자세히 알려져 있지 않으나 예능 면에서 서울의 연예를 대표할 만한 예인들이었다. 그러나 이 조직의 활동은 그리 활발하지 못했던 것으로 보인다.

조선성악연구회의 활동은 신문지상을 통해 상세하게 보도되었지만, 조선가무연구회의 활동은 거의 보이지 않는다. 이창배의 증언에는 제각기 제자들을 가르치면서 오후에는 함께 모여 서로 연구하고 연마하면서 질적 향상을 위해 노력했다고 한다. 또 지금의 서울시의회 자리인 부민관에서 발표회를 가지기도 하고 다른 여러 공연장에서도 흥행을 했는데, 이익을 올리기도 했지만 때로는 적자를 보았다고 한다.

이로 볼 때 최경식은 공연보다는 전수에 더 뜻을 둔 듯하다. 즉, 조직원들을 규합하고 유대관계를 유지하는 데 의미를 두었던 것으로 보인다. 당대의 명창들이니 응당 공연을 기획해 실력발휘를 할 만도 한데 그런 흔적이 보이지 않는 것은 조직체 이상의 기능은 발휘하지 못했다는 뜻일 것이다.

조선가무연구회는 자체결속을 다지면서 암울한 식민지시대를 잘 견뎌냈지만 해방 이후에는 명맥이 이어지지 못했다. 그리고 처음부터 단체를 이끌어온 최경식은 한국전쟁이 일어나기 전 세상을 떠났는데, 이때 그의 나이는 50대 중반이었던 것으로 보인다.

최경식은 일제시대에 서울소리의 명인들을 규합하고 기량을 다지게 함으로써 전통예술의 명맥을 유지하는 데 크게 공헌한 인물이었지만, 이처럼 생몰년조차 제대로 전해지지 않고 있다.

대중 스타의 탄생 명창 재담꾼 박춘재

5

박춘재와 고종은 농담을 주고받을 만큼 친숙했다고 한다. 어느 날 한 화가가 임금 앞에서 대나무를 그리고 있었는데, 마침 옆에 있던 박춘재가 "저쪽 가지는 장구채로 좋겠다"는 말을 했다는 것이다. 이것은 고종과 박춘재가 바로 소리로 맺어진 관계였다는 점이 강조된 이야기라 할 것이다.

고종이 아낀 소리꾼

추조박의 제자들 중 박춘재는 최경식에 비하면 공연에 더 치중한 명창으로 특유의 재능으로 무대, 레코드, 방송을 통해 소리와 재담의 진미를 유감없이 보여준 연예인이었다.

서울에 전통소리 문화는 엄연히 존재했지만 판소리 명창들이 대거 진출한 1900년 전후부터는 여러모로 비교가 되었던 것이 사실이다. 남도소리가 진출할 수 있었다는 사실 자체만으로도 당시의 판도를 읽을 수 있다.

그러나 서울의 전통소리는 서울의 정서가 아니면 들려줄 수 없는 소리로 꾸준히 제 역할을 다했다. 쟁쟁한 판소리 명창들의 활동에도 불구하고 경기·서울지역의 전통소리는 여전히 소리판의 주역으로 이어져 민족예술로 남게 된 것이다. 이것은 숱한 제자들을 길러낸 최경식이나 끊임없는 공연으로 정력적인 활동을 펼친 박춘재 같은 명창의 공로라 해도 과언이 아닐 것이다.

박춘재 역시 그동안 언제 태어나 언제 사망했는지조차 정확히 알려지지 않은 채 이름과 행적이 여기저기 흩어져 있었다. 태어난 연

도도 어느 자료에는 1881
년으로, 어느 자료에는
1877년으로 되어 있다. 사
망한 해 역시 어느 자료에
는 1947년으로, 어느 자
료에는 1948년으로 되어
있다. 이름도 박춘재朴春載
가 아닌 박춘재朴春才라 적
혀 있는 자료도 있다. 또
신찬균의 「민속의 고향」
에 의하면 그에겐 박팔봉
朴八封이라는 예명이 있었
던 것으로 되어 있다.

박춘재 대부분 박춘재의 구술로 구성된 소리책 「무쌍
신구잡가」에 실려 있는 모습.

1997년, 서울대 국문
과 박사과정에 있던 손태도가 한국고음반연구회에서 발행하는 「한
국음반학」 제7호에 「경기명창 박춘재론」을 발표해 박춘재 명창의
행적을 알고 싶어하는 사람들의 관심을 끌었다. 이 논문은 서울소
리 최고의 명창이있음에도 불구하고 길 알려지지 않았던 박춘재에
대해 좀 더 자세하고 체계적으로 알아보는 계기가 되었다.

「경기명창 박춘재론」 첫머리에는 박춘재의 세보를 인용한 생애
가 기술되어 있다.

박춘재는 밀양 박씨 청재공파 19세손으로 1883년 4월 29일 서
부 반송방 이판동(현재 서대문구 냉천동, 천연동, 옥천동 일대) 61통 6호에서
박창배(족보상의 이름은 현구)와 심성녀의 외아들로 태어났다. 그리고

그의 사망연도는 문헌에 따라 1947년, 1948년 등으로 일치하지 않는데 6·25전쟁 기간인 호적에 있는 1950년 8월 21일이 정확한 것임이 확인되었다. 그의 사망연도에 대한 손부 박순자의 증언과 이창배에게 이야기 들었다는 고설봉의 증언이 '6·25때'로 모두 일치하고 있기 때문이다.

박춘재는 최경식보다 약 열 살 정도 아래였던 것으로 보인다. 호적으로 확인된 이 나이는 1914년 「매일신보」에서 「예단일백인」을 연재할 때 수록한 박춘재의 프로필과도 일치한다. 그의 행적을 구체적으로 기록한 유일한 자료인 이 기사의 전문은 이렇다.

의금부 뒷동네에서 성장하여 어린 시절부터 서대문 밖 풍류랑을 쫓아다니며 노래와 음률을 어깨 너머로 배운 것이 일취월장하여 그 형세를 말로써 표현하지 못할 정도로다.

십오세가 되던 해에 전 한국정부 시대에 가무별감 중에 일등으로 한참 호강을 하였을 뿐 아니라 임금의 총애가 지극하였으며 위인이 또한 염결하고 정직하여 음란함과 사치함과 탐욕하는 마음이 없고, 다만 자기의 장기 하나를 일심으로 연구하는 결과로 지금에 이르러는 조선에서 제일가는 명창의 이름을 듣고, 또는 경향에 모르는 사람이 없으니 그럼으로 인하여 유성기에 조선 악보를 누가 넣었는가. 모두 명창 박춘재의 목청으로 나온 소리이니 조선가곡의 대표자라 하여도 가하리로다.

조선 내에 가곡이라 하는 것은 못하는 것이 없는 고로 이곳에 열거하기에는 지면이 좁아 못하겠으나 위인이 절등하고 행동이 단정함이 일찍이 화류계에서 보지 못한 바라 하겠으며, 지금은 삼십이 세 춘광에 명창기생 연옥이와 오궁동에서 즐거이 지낸다 하니 명창 남녀가 함께 모여 가위 겯고 틀고 재미가 그 속에 있으리라 하노라.

이 기사를 쓸 당시 박춘재의 나이가 32세라고 했으니 호적에 있는 생년 1883년과 일치한다. 또 가무별감이 된 것이 10대 때여서 의아스러웠는데, 이미 15세 때 그런 호칭을 들었다는 것도 알 수 있다.

나이가 워낙 어렸기 때문에 가무별감이 되었다는 기록은 사실로 인정되지 않을 수도 있다. 하지만 박춘재의 경우 얼마든지 특별한 입장에서 생각할 수 있기 때문에 상식적·논리적으로만 대하는 것은 금물일 것이다.

이런 입장을 대변하기라도 하듯이 이서구는 『세시기』에 박춘재가 어린 나이에 궁에 들어간 배경을 적어놓았다. 즉, 고종은 명성황후와 함께 유명한 예인이 있다 하면 불러다 춤과 노래를 감상하길 즐겼다고 한다. 그런데 고종은 1897년 일본인들에게 황후가 시해되자 러시아공사관에 피해 있다가 돌아와 몹시 불안해했다는 것이다. 『세시기』는 당시의 일을 이렇게 기록하고 있다.

다시 덕수궁으로 돌아오면서부터 밤만 되면 불안하여 잠을 이루지 못하니 언제나 야연夜宴으로 밤을 새우고 가무로써 마음을 달래게 되었다.

그래서 밤마다 명기, 명창이며 땅재주, 줄타기, 재담까지 밤을 새워 어전연회를 궐하는 날이 없게 되었다. 그래서 우선 불려온 것이 서울에서 유명한 예능인들이었다. 그래서 고종황제는 서울소리꾼 박춘재를 대전별감으로 특채하여 색차지色次知(연예주임)로 임명했다. 박 별감은 목청이 곱고 신수가 깨끗하고 말재주가 멋들어져 그 거드럭거리는 맵시는 천하명물이었다. 8·15 전까지만 해도 연예계의 장로로 후배들의 존경을 받은 분이다. ……

이래서 면목을 세운 명창에게는 크게 상사賞賜가 있었으니, 전곡은 그만두고라도 벼슬까지 내리게 되니 유사 이래에 광대가 금관자, 은관자를 단다는 것은 처음 있는 일이었다. 그래서 이동백 씨는 통정대부가 되니 영감자리요, 박기홍 씨는 의관議官이요, 송만용 씨는 감찰이다. 그 기세는 자못 대단했다. 이것을 계기로 그네들은 서울에 정착하고 극장진출의 길을 찾게 되었다.

평양의 유명한 소리꾼 허득선도 이와 같은 예라 할 수 있을 것이다. 그는 서도지방의 가무에 탁월한 재능이 있었는데, 고종의 부름을 받고 올라와 연기를 해서 지금의 경찰공무원인 총순總巡이라는 벼슬을 받았던 것이다.

그런 식으로 벼슬을 받는다는 것은 이를테면 신분상승을 뜻하는 것으로 국가에서 신분을 보장한다는 상징적인 의미도 있었다. 가무별감의 경우 궁중에서 필요로 하는 가무와 관련된 기생과 악공들을 관리하는 일을 맡았지만 실제로 업무에는 관여하지 않은 듯하다. 가무별감을 받은 시기가 20세 전이었으므로 그가 주로 한 것은 노래요, 재담이요, 장구요, 춤이었던 것으로 보인다.

「예단일백인」에는 주로 기생명창이 실려 있고 남성명창으로는 박춘재가 유일하다. 그렇게 편집한 이유는 분명히 알 수 없으나 기사의 문맥으로 볼 때 기량으로나 성품으로나 인기로나 당시 가장 돋보이는 예인이었기 때문인 듯하다.

기사가 게재된 시기는 서울시내에 광무대, 단성사, 연흥사, 장안사 등 사설공연장이 생겨 전통소리가 일대 선풍을 일으키고 있을 때였다. 이때 기생들은 미모와 맵시뿐 아니라 소리실력을 마음껏 발휘할 수 있었다. 그리고 광대요, 재인이요, 사당패, 날탕패라는 소리를 들어가면서도 천부의 재능을 버릴 수 없었던 소리꾼들 또한 대거 서울로 몰려들어 한풀이라도 하듯 그동안 닦아온 재능을 마음 껏 발휘했다.

그런 가운데 단연 두각을 나타낸 예인이 바로 서울소리의 달인 박춘재였다. 1914년, 그는 공연장에서, 레코드에서 인기절정을 향해 달려가던 신진명창이었다.

국립극장의 새로운 스타

박춘재는 자료 속에서의 명성만으로도 가히 최고의 연예인이라 할 수 있다. 또한 그에 걸맞게 구전으로 전해오는 것들이 마치 전설처럼 남아 기록의 빈칸을 채운다.

유성기가 처음 궁중에 들어와 고종 앞에서 조작해볼 때 박춘재가 있었다는 이야기는 그중에서도 가장 널리 알려진 이야기이다. 즉, 유성기를 가져온 서양인이 즉석에서 소리를 재생시킬 수 있다고 하자 사실 여부를 확인해보기 위해 박춘재를 불렀다는 것이다.

이는 유성기가 아직 실험적인 단계여서 원통에 금속막을 씌우고 그곳에 소리의 진동을 새겨넣어 즉석에서 녹음한 소리를 재생해내는 방식을 썼을 때의 이야기이다.

소리를 집어넣어야 한다고 하자, 고종은 서울소리를 잘하던 박춘재를 불러 노래를 시켰다. 박춘재가 이에 따르자 서양인은 다시 조작을 해서 소리를 재생시켰다. 그러자 고종이 깜짝 놀라면서 "춘재야, 네 명이 십 년은 감해졌겠구나" 하고 말했다는 것이다.

이것은 물론 신빙성 있는 이야기는 아니다. 그런데 이야기 속에

등장하는 유성기의 모습으
로 볼 때 시기상 1900년 이
전으로 보이며, 그렇다면 당
시 박춘재의 나이 20세 전이
다. 이는 「매일신보」의 「예
단일백인」에 소개된 이력과
맞아떨어지는 것이니 근거
없이 전해진 이야기는 아닐
가능성이 높다.

한편 수명이 십 년은 줄었
을 거라고 한 고종의 말은
당시 민간에서의 낭설과도
일치한다. 오랜 잠에서 막

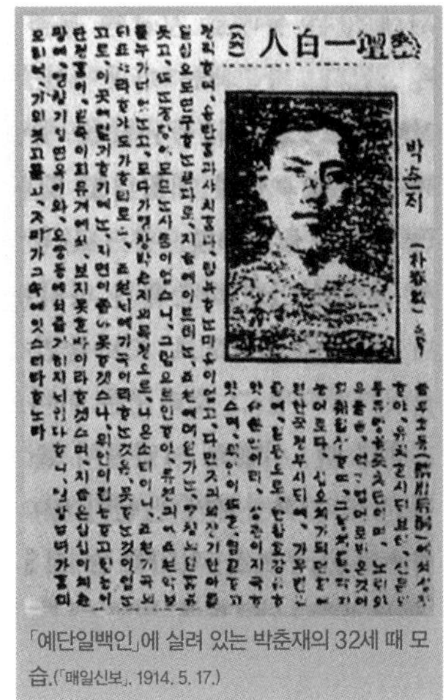

「예단일백인」에 실려 있는 박춘재의 32세 때 모
습.(「매일신보」, 1914. 5. 17.)

깨어난 조선에 상륙한 서구문물은 도처에서 충격이고 놀라움이었
다. 조선인들은 사진기에 자기 얼굴이 똑같이 찍혀나오는 것을 보
고 수명이 단축될지도 모른다고 생각했다. 그런데 목소리까지 사진
처럼 똑같이 나오자 그 역시 수명단축과 연관시켜 말한 것이다.

이 이야기에서 무엇보나 중요한 것은 그 자리에 바로 소리꾼 박
춘재가 있었다는 사실이다. 고종이 소리를 좋아했으니 이것은 얼마
든지 가능성이 있는 이야기이고, 궁중출입이 잦았다는 말과도 일치
하는 대목이다.

다른 명창들도 많았는데 하필 박춘재였던 것은 나이가 어리기
때문이기도 했지만 임금의 총애 때문이었을 것이다. 말하자면 이
이야기는 박춘재가 궁중에 알려져 크게 인정받을 무렵의 상황을 전
해주는 것이라고 할 수 있다.

가정박람회 때의 명창 공연 박춘재는 이 무렵 최고 인기를 누리던 서울의 가객이자 재담꾼이었다.(「매일신보」, 1915. 10. 4.) 그는 입장료를 받고 공연을 했던 최초의 연예인이기도 했다.

또 한 가지 전해지는 이야기는 만담가 장소팔이 알고 있는 것으로, 박춘재와 고종이 농담을 주고받을 만큼 친숙했다는 이야기이다. 어느 날 한 화가가 임금 앞에서 대나무를 그리고 있었는데, 마침 옆에 있던 박춘재가 "저쪽 가지는 장구채로 좋겠다"는 말을 했다는 것이다. 이것은 고종과 박춘재가 바로 소리로 맺어진 관계였다는 점이 강조된 이야기라 할 것이다.

또 다른 하나는 영친왕 이은과 관련된 이야기이다. 박춘재보다 열네 살이 어린 이은은 어렸을 때 잘 울었던 모양이다. 그런데 다른 누구보다 박춘재가 달래면 울음을 뚝 그치곤 해서 그 다음부터는 울기만 하면 박춘재를 찾으러 보냈다는 것이다. 이는 이은이 유난히 박춘재를 잘 따랐음을 뜻하는 것이기도 하다.

박춘재는 1928년에 음반을 취입하러 일본에 간 일이 있는데, 이때 정략적으로 일본 육군중장이 되어 있던 이은을 만났다는 말도 전해지고 있다. 모두 두 사람의 친분을 짐작케 하는 이야기이다.

이 이야기들은 모두 박춘재가 일찍이 궁중에 알려져 자주 드나들면서 솜씨를 발휘했던 서울의 명창이었음을 확인해준다. 그러다 보니 1902년 처음으로 국립 실내극장인 협률사 공연장을 세우고 소리꾼들을 모아 출연시킬 때 활약했던 것은 당연하다 할 것이다. 이창배는 「민요 70년의 발자취」에 이와 관련된 내용을 기록했다.

> 1904년 원각사 시절에 박춘재는 평양출신의 문영수文永秀(1867년~1930년), 이정화李正和(1865년~1920년)와 더불어 서도입창은 물론이고 각종 재담과 '발탈' 같은 곡예로 온 도성에서 인기가 비등하였으나 수년 후에 일제로 말미암아 원각사가 폐쇄되고 1912년 광무대를 본거로 하여 박춘재, 최경식, 홍도紅桃(1877년~1950년, 서울태생), 보패寶貝(1860년~1945년, 서울태생) 등은 남도 창악인과 한데 어울려서…….

협률사 공연장은 운영권이 개인에게 넘어가면서 원각사로 명칭이 바뀌게 되는데, 훗날 원각사가 더 유명해지자 초기의 협률사 공연장도 흔히 원각사로 불린 경우를 자주 볼 수 있다. 이창배의 이 기록에 나오는 원각사도 실은 국립공연장인 협률사 공연장을 말하는 것이다.

이때 박춘재의 나이는 불과 스무 살 안팎이었다. 그가 협률사가 문을 열면서부터 공연을 했다는 것은 서울소리의 신진명창으로서 당연한 일이었을 것이다.

이창배의 기록에는 박춘재와 짝을 이루어 소리를 주고받았던 문영수는 물론 박춘재가 창안한 것으로 알려진 '발탈'에 대해서도 짧

게나마 언급되어 있어 눈길을 끈다. 박춘재의 음반에는 문영수라는 이름이 자주 나오기 때문에 그에 대한 언급은 그 자체로 의미가 있다.

발탈도 마찬가지이다. 서울소리와 재담, 꼭두각시놀이를 혼합한 형태로 극화시킨 발탈은 판소리를 창극화시킨 것처럼 진일보한 기획으로 여겨지고 있다. 그런데 이창배의 기록은 그것이 거의 같은 시기에 공연되었다는 점을 보여주고 있다.

명창들에 대한 기록이 제대로 이루어지지 않았던 시기에 동시대를 살았던 제자가 듣고 보아 남긴 기록은 일단 귀중한 참고자료가 될 수밖에 없다. 스승에 대한 이창배의 기록들은 뒷날 박춘재의 행적이 하나씩 밝혀지면서 그 근거로서 뒷받침되고 있다.

흥행사의 표적이 된 잡가의 달인

박춘재가 잘했던 것이 무엇이고 그 체취는 어떠했는지 알려면 우선 신문기사를 찾아보아야 할 것이다. 그런데 「황성신문」이나 「대한매일신보」 등에는 그의 공연기록이 거의 보이지 않는다. 이는 이 신문들의 계몽적인 성격 때문일 것인데, 이 땅의 토착민들이 즐겼던 노래나 재담을 잘한 박춘재의 공연은 오히려 질책의 대상이 되었다.

「매일신보」도 초기에는 박춘재의 공연이 실내에서 벌어지는 것을 보고 당혹스러워했다. 광연루라는 흥행단의 일원으로 단성사에서 공연했을 때 불학무식하고 음부탕자배의 환영을 받을 만하다는 혹평을 받았음은 이미 소개한 바 있다. 광대라 일컫던 예인들이 실내공연장에서 입장료를 받고 소리하고 재담한다는 것 자체가 충격으로 받아들여지던 때였다.

단성사보다 먼저 등장한 광무대도 당연히 박춘재의 무대였다.

신구파의 연극을 흥행하는 바 숯대쟁이의 죽방울 기타 쌍줄과

이십여 척 솟대 위에서 각종 재주 이외 명창 박춘재 일행의 익살스
러운 가무요, 신파 예제는 비극 오호천명 전 팔막으로 흥행한다 하
며…….

당시에는 아직 연극이라는 용어가 정립되지 않았기 때문에 무대
위에서 하면 모두 연극이라 했다. 그중 대본에 따라 배우가 하는 것
은 신파였다. 광무대에서는 신파연극과 함께 떠돌이 예인들을 불러
무대에 올렸으며, 한창 인기를 끌던 박춘재의 특기를 보여주기도
했다.

3·1운동 이후 민간신문이 창간되었을 때, 40세에 가까운 나이
의 박춘재는 장안에서 모르는 이가 없을 만큼 유명한 소리꾼이었
다. 이때에는 그의 소리가 지식인들 사이에서 더 인정을 받았던 것
같다.

금 오일 하오 팔 시부터 경성악대에서 미국 흑인의 성악회를 연
다 함은 이미 본보에 기재하였거니와 다시 내용을 풍부케 하기 위
하여 성악전습소의 조선구악과 임배세 양의 독창곡 및 오랜 동안
병상에서 신음하던 명창 박춘재 군의 「성주풀이」도 순서 속에 가
입하였다 하며…….

이 기사는 이 무렵 박춘재의 건강이 좋지 않았다는 것을 알려주
는가 하면, 「매일신보」가 음부탕자에게서나 환영을 받을 것이라 평
했던 「성주풀이」가 서양의 음악, 조선의 정악과 함께 나란히 순서

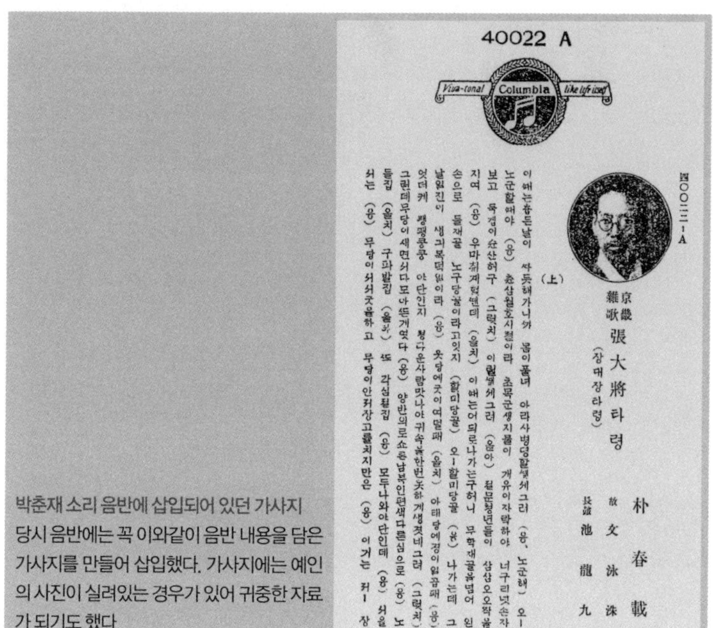

박춘재 소리 음반에 삽입되어 있던 가사지
당시 음반에는 꼭 이와같이 음반 내용을 담은
가사지를 만들어 삽입했다. 가사지에는 예인
의 사진이 실려있는 경우가 있어 귀중한 자료
가 되기도 했다.

에 있다는 사실이 관심을 불러일으킨다. 박춘재가 이때 이미 잘 알려진 명창이 아니라 서울소리를 대변하는 예인으로 인정받고 있었다는 사실을 이 기사는 말해주고 있다.

그런 의미에서 일본의 유성기 판매업자들이 맨 먼저 그에게 손을 내민 것은 당연했다. 그런데 일본의 흥행사들만이 아니었던 듯하다.

잡가로 유명한 시내 인의동에 사는 박춘재와 노래 잘하고 춤 잘 추는 기생 두 명과 그 외 광대 다섯 명의 일단은 요사이 미국에 있는 모 활동사진회사와 이개 년 동안 계약하고 미국 각 도시를 위시하여 영국 런던 등 구주 각 도회로 돌아다니며 조선의 고유한 음악무도를 넓혀 서양 각국에 선전할 터이라더라.

「동아일보」, 1922년 10월 5일자

이 계약이 실제로 이루어졌는지는 알 수 없다. 만약 계약이 성사되었다면 그는 처음으로 구미 순회공연을 한 예인이 되었을 것이다.

당시 서양의 흥행사들은 중국이나 일본에서 사업적인 성과를 거두고 있었다. 서양의 문물은 특히 지방에 가면 아직도 호기심의 대상이었고, 이를 노리고 떠돌이 흥행사들이 자국 외교관들의 보호를 받으며 대거 몰려왔다.

그들이 조선에 눈길을 돌린 것은 자연스러운 일이었다. 그리고 굳이 시장조사를 하지 않아도 박춘재는 그들의 욕구를 누구보다 확실히 충족시켜줄 첫째 연예인으로 손꼽혔다.

박춘재는 여흥에 초대되는 대표적인 서울소리 예인이었다. 「조선일보」에는 그네뛰기대회에 초대된 박춘재에 대한 기사가 실리기도 했다. 그네뛰기대회가 서울에서 있었던 행사라는 점에서 당시 그의 소리가 어떤 위치에 있었는지 알 수 있다. 이 기사는 청량리에서 열릴 예정인 행사의 내용을 상세히 소개하면서 말미에 이렇게 덧붙이고 있다.

휴식시간과 폐회 뒤에는 조선 구극으로 유명한 박춘재 일행의 여흥이 있을 터이며 사오 양일은 예선이 있고, 육일에는 상품을 수여하기로 작정되었다더라.

「조선일보」, 1925년 7월 4일자

신문기사를 참고하여 단적으로 알 수 있는 것은 그의 연기가 매우 대중적이며, 주종을 이루는 것은 잡가와 재담이라는 점이다. 이 점은 그의 연기를 말할 때 특징적인 것으로, 그는 잡가를 하되 일반 서민이라면 누구든 쉽게 공감하면서 웃을 수 있는 것을 주요 레퍼토리로 삼았다.

박춘재가 즐겨 부른 소리 중 무당, 맹인과 관련된 것이 많은 것은 모두 그 때문이다. 이는 그가 활동하던 시기에 서울의 서민들 사이에 무속이 성행했고, 점을 봐주러 다니는 맹인들이 많았다는 것을 의미한다. 무당과 맹인은 사회저변층이었다. 그들은 거칠 것 없는 말투와 자조적인 언사로 길흉을 점치기도 하고 내일을 예언하기도 했는데, 그것은 그 자체로 사회상을 반영하는 내용이었다.

박춘재는 이처럼 서울 서민의 애환이 담긴 소재를 특유의 목소리로 표현해냈고, 거기에 재담으로 처리하는 솜씨로 타의 추종을 불허하는 예인이 된 것이다. 따라서 그의 소리에는 음담패설도 있고, 불륜도 있으며, 장난기와 성대모사도 있다. 그것이 재담으로 엮인 것이 많아서 가벼운 듯하면서도 감칠맛이 있다.

1927년에 일본인 무용평론가 영전용웅永田龍雄이 박춘재의 공연을 보고 쓴 다음의 소감은 박춘재의 예술을 이해하는 데 도움을 준다.

> 나는 박춘재의 가무를 보았다. 그리고 들었다. 그의 성음은 고아하면서도 어딘가에 윤기가 있었다. 까치가 지저귀는 소리와도 같은 목은 특히 인상적으로 들리었다. 그의 재예는 어딘가 거친 듯하면서도 명인다운 관유함이 엿보였다. 박춘재는 치기와 조야粗野의 무대였다.

> 서울시사편찬위원회, 『서울육백년사』 제4권

전통재담을 별도의
레퍼토리로 정착시키다

나이 40을 넘기면서 박춘재에게는 경기명창, 잡가의 달인, 서울소리 명인 등의 명칭과 함께 재담가라는 또 하나의 명칭이 붙었다. 신문에는 '박춘재 일행'이니 '박춘재놀음'이라는 용어가 마치 그를 대변하듯 나오는데, 그것은 곧 자신의 이름을 내세운 흥행단을 가지고 있었다는 것을 뜻한다. 이와 함께 박춘재의 소리를 담은 음반이 계속 나왔는데, 그중에는 아예 '재담가 박춘재' 또는 '재담인 박춘재'라는 명칭이 들어 있는 유성기판도 있었다.

재담은 우리 민족의 근성을 말해주는 중요한 문화적 요소이다. 재담은 무속에도, 판소리에도, 꼭두각시놀이에도, 그리고 전국적으로 퍼져 있는 탈놀이에도 없어서는 안 되는 요소이다. 전설이나 속담, 민담에서도 재담은 큰 뼈대를 이루고 있으며, 연원을 거슬러 올라가보면 민족의 역사와 함께 한다는 것을 알 수 있다.

흔히 한숨과 눈물로 점철된 것이 우리 민족의 역사여서 국민의 기질이 거기에 영향을 받을 수밖에 없다고 하지만, 실은 그보다 더 깊은 역사를 지닌 것은 웃음의 자취라 할 수 있다. 아직까지 남아 있는 설화나 무속, 판소리, 탈놀이 등이 바로 그 점을 보여준다.

그런 나라에서 재담가로 평가받을 수 있었다는 것은 민족의 감정을 대변한 예술가라는 의미와 다르지 않다. 그런 의미에서 박춘재는 전통재담을 마지막까지 지킨 예인이라고 할 수 있다.

재담가로서의 활동은 1938년 「조선일보」에서 개최한 '조선향토 연예대회'에서 마치 총정리를 하듯 드러났다. 「조선일보」에서는 이 해 4월 25일부터 5월 4일까지 열흘 동안 본사 강당에서 '조선특산품전람회'를 갖기로 했다. 그리고 이를 기념해 행사기간 동안 '조선향토 연예대회'를 열기로 하고 특별히 박춘재를 초대한 것이다. 이때 그의 나이는 55세였다.

신문에서는 행사개최 나흘 전부터 사회면 머리기사에 '연예 조선의 만화경 호화종목 총등장!'이라는 제목을 붙여 대대적으로 홍보를 했다. 이런 형식은 그동안 전통연희 관련기사가 늘 하단 구석에서만 발견되던 데 비하면 매우 이례적인 일이었다.

행사는 두 군데에서 치러졌다. 한 군데는 지금의 서울시의회 자리로 당시 서울시립극장이었던 부민관이었고, 다른 한 군데는 노천극장으로 조선일보사 좌측 공터의 예전에 궁중미술품을 제작하던 자리에 3,000명을 수용할 수 있는 규모로 지은 가설무대였다. 주최측은 편의상 부민관을 제1연예장, 노천극장을 제2연예장으로 불렀다.

주최측은 조선의 전통연희를 보여줄 수 있는 예인들을 물색해 연습까지 시켜가면서 이 행사를 준비했다. 그리고 공연 전 신문에 레퍼토리와 출연예정자를 소개했는데, 모두 일곱 분야로 전라도 걸궁패·산대도감·봉산탈춤·꼭두각시·짠지패·맹인재담, 그리고 박춘재 재담이었다.

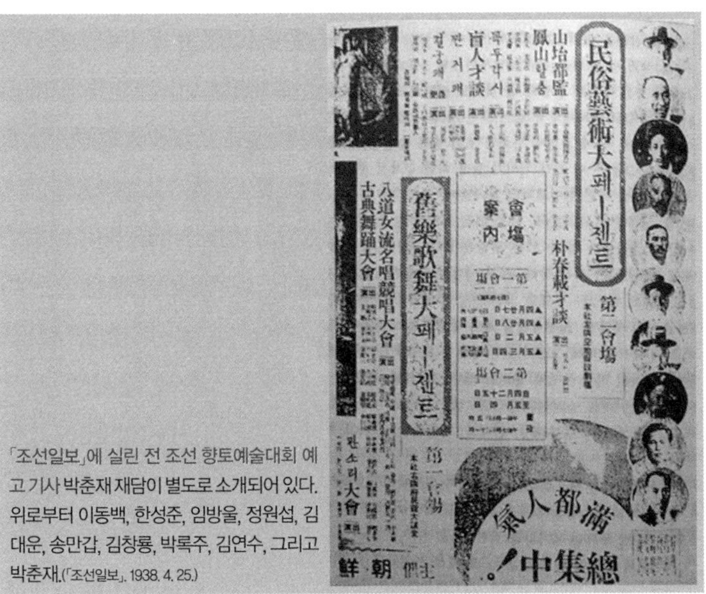

「조선일보」에 실린 전 조선 향토예술대회 예고기사 박춘재 재담이 별도로 소개되어 있다. 위로부터 이동백, 한성준, 임방울, 정원섭, 김대운, 송만갑, 김창룡, 박록주, 김연수, 그리고 박춘재.(「조선일보」, 1938. 4. 25.)

이중 요즘 사람들에게 생소한 것은 걸궁패와 짠지패일 것이다. 걸궁패는 곧 풍물패·농악단을 말하는 것이고, 짠지패는 경기선소리를 전문으로 하는 소리패를 말한다.

신문은 각 연예단을 소개하면서 걸궁패는 농번기인데도 전라도 농민 20명이 한 달 가깝게 맹연습을 하여 하루에 두 차례씩 출연하는데, 특별히 볼만한 것으로는 무동 타는 것과 열두 발 상모를 돌리는 것이라고 했다.

또 짠지패는 경기도의 농민음악으로 독특한 선소리인데 야단스럽고, 선선하고, 기운찬 맛이 있는 것으로 내로라하는 명창들이 장구를 치며 노래를 부른다고 알렸다.

이 연예대회는 장안의 비상한 관심을 불러일으켰다. 첫날 공연이 열린 뒤 나온 신문기사는 당시의 상황을 여실히 보여준다.

　　팔도의 방방곡곡에서 오랜 동안 발전되지 못하고 묻혀 있던 우리의 민속예술은 이날 4월 25일 태평동 가설극장에서 재생의 첫 막이 열리었다. 낮에는 오후 1시부터 5시까지에 관중으로 하여금 황홀하게 하고, 밤이 되자 7시부터 개막되었다.

　　사람! 사람! 사람의 홍수다. 도시개발에 지친 장안 사람들은 여기에서 오랜 동안 대하지 못하던 제 고장의 향토예술을 보겠다고 밀려들어서 고촉 전등의 휘황한 회장 안일 망정 한동안 회퇴불을 둘러싸고 별 아래 즐기던 시골정취에 깜빡 잠기고 말았다.

　　꼽새춤과 박춘재의 재담에 이르러 관중은 더한층 도취되었다. 최후로 걸궁패의 열두 발 상모는 관중들의 입에 격찬을 받았다. 그리하여 네 과장의 민속예술의 향연은 깊어가는 춘소를 아끼면서 10시경에야 폐회하였는데, 이 밤의 입장자는 무려 2천 명에 달하였으며 제2일부터는 줄다리기 명인 이정업 씨의 출연이 있겠으므로 금상첨화라 하지 않을 수 없다.

「조선일보」, 1938년 4월 26일자

맹인재담과 박춘재 재담이 별도 순서로 들어가 있는 것을 보면 그동안 재담이 서민층에게 어떤 비중으로 자리를 잡았는지 알 수 있다. 재담이 판소리나 탈놀이에 섞여 있는 웃기는 대목이 아니라 그 자체로 별개의 연예물로 취급되고 있음을 말해주는 것이다.

맹인재담은 맹인을 골려준다거나 맹인이 신세타령하는 것을 재담으로 엮은 것인데, 원래는 박춘재의 장기였다. 그런데 여기서는 박춘복이라는 신인이 나와 맹인재담을 할 것이라 보도하고 있다. 박춘복은 박춘재의 제자인데, 이보형과 한만영이 1976년에 쓴 『문예총감』의 「잡가·입창·민요」에는 박춘재의 아들로 되어 있다.

또한 박춘재 재담에 대해서는 그의 상반신 사진과 함께 이렇게 소개되어 있다.

재담계의 원로인 박춘재 씨가 칠십 고령이 되어감에도 불구하고, 마지막으로 이번 대회에 나와서 생전 최후의 재담을 하겠다는 비장한 결심을 가지고 나오게 되었다. 옛날 박춘재 씨 재담을 듣던 분이나 아직 들어보지 못한 분에게도 다같이 감격적인 이야기가 아닐 수 없다.

그런데 기사 중 칠십 고령은 착오일 것이다. 당시 그의 나이는 아직 50대였다.

개회 사흘 전인 4월 22일 신문에는 출연자들의 명단이 공개되었다. 이 명단은 박춘재의 행적뿐만 아니라 서울소리 전수자들과도 연관이 있다. 해방과 전쟁을 겪은 후에도 이름이 남아 있는 예인들의 풍모를 이 명단에서 알 수 있기 때문이다.

이창배와 그의 제자 황용주가 작성한 경기·서울소리 명창들의 명단을 염두에 두고 이것을 살펴본다면 이 방면의 전통이라는 것을 실감할 수 있다.

산대도감	이춘식(지휘자), 김성태, 김학선, 정한규, 김귀득, 석원순, 김덕근, 이윤서, 김광채
봉산탈출	이동벽(인솔자), 김경석, 엄명화, 김진옥, 김진숙, 한상건, 김금선, 김수정, 김류색, 이윤화, 김학원, 나운선, 김성진, 양석현, 방영환, 이국권, 연학붕, 김명근, 한주홍
꼭두각시	이원명 지휘로 8인. 성명미상

맹인재담	박춘복, 김광석
짠지패	김태운, 탁복만, 이명산, 이명길, 백낙당
걸궁패	김재선, 박운선, 방천녀, 이상 경북. 오필선, 김오성, 한일성, 송창봉, 이상 전남. 김재홍, 최만영, 조희범, 이상 경기. 김영빈 외 수인, 각지의 정수를 뽑아서 일단을 구성
박춘재 재담	박춘재, 김흥열, 김태운

공연은 하루 두 차례 했는데, 낮에는 오후 한 시부터 다섯 시까지, 밤에는 오후 일곱 시부터 열한 시까지 네 시간씩 했다. 입장료는 30전이었는데, 독자에게는 20전으로 할인해주었다. 당시 「조선일보」의 한 달 구독료는 1원 20전이었고 한 부 가격은 6전이었다. 이에 비하면 입장료 30전은 싼 편이었다.

공연은 첫날 첫 회부터 인산인해를 이루었는데, 이것은 결코 입장료가 쌌기 때문만은 아니었다. 여류 명창대회가 열리던 첫날의 제1연예장 안팎 분위기를 전해주는 당시의 기사는 그런 사정을 단적으로 보여주고 있다.

오월 삼일 밤은 정각 전 회장 아래 군중의 장사열이 뻗지다 못해 멀리 전차 길목까지 계속하여 다시 그 열은 겹으로 지워져서 교통순사도 어이할 줄 모르는 형편이었다. 정각 전 이십 분. 마침내 수천의 군중을 뒤에 남기고 만원의 게시와 함께 문이 닫혀졌다. 어떻게 하면 이 회장 안에 들어갈 수 있을까, 하고 군중은 들끓듯 부민관 전후좌우를 포위하고 틈을 엿보았으나 굳게 닫힌 문은 이 관중의 입장을 종시 허하지 못했음은 유감천만이었다.

정각이 되자 간단한 출연자의 소개가 있은 다음 경성의 안학선,

문명선 외 다섯 명의 출연으로 「정방별곡」이란 춤이 벌어지고, 다음으로 긴잡가가 끝난 다음 대구의 정명득의 단가가 시작되자 관중은 발을 궁굴러가면서 감탄 절찬의 소리가 장내에 넘쳤다.

진주의 이소희, 경성 오비취의 편시조와 단가에 노련한 명창의 여유 있는 태도는 홍분되었던 청중의 머리를 가라앉혀주었다. 그러고 나서 동래 배설향의 「평생아자무」라는 노래가 시작되어서 구비구비 꺾어넘기는 대목마다 청중은 박수! 박수!

노래가 끝나자 재청의 박수가 장내를 흔들었으나 시간관계로 재청은 절대사절이란 마이크의 변명이 들려도 청중은 들은 체 만 체 단연 강경한 재청을 요구하고, 다음의 진행을 용인치 않아 무슨 변이나 날 듯한 것을 억지로 막을 열어 하얀 승의 장삼에 붉은 띠를 맨 봉산의 엄명화가 시치미를 떼고 「무정세월 산염불」을 부르니 그 옷과 춤과 노래의 삼박자가 청중의 홍분을 그대로 독차지하여 어느덧 재청의 박수도 가라앉고 모두 여기에 도취되고 말았다.

기사의 대부분을 인용한 이유는 일제 암흑기 한가운데 우리의 수도 서울 한복판에서 일어났던 일을 알 수 있는 내용이 행간에 담겨 있기 때문이다. 그것은 정치집회도 아니었고 종교집회도 아니었다. 한국인들이 목말라했던 것은 우리의 노래와 춤, 우스갯소리였다. 그리고 대중은 하나가 되어 충족감을 맛본 것이다.

재담은 제2연예장에서 했다. 신문은 '박춘제 재담에 폭소 또 요절'이라는 제목으로 박춘재의 재담공연을 따로 다루었다.

제이 연예장의 민속예술 경연대회 제구일 밤은 개회 이후 기록적인 만원이었다. 부민관에 밀렸던 군중과 이 대회가 앞으로 하루

밖에 없으므로 기회를 놓쳐버리는 유감이 없게 하려는 관중은 첫 여름밤 반짝이는 별빛 아래 인파만경의 파도를 이루었다.

이날 밤에는 재담의 박춘재 씨가 격에 맞지 않는 푸른 옷을 입고 나와서 청중의 허리를 꺾어주었고, 꼭두각시도 훨씬 신이 나게 놀아서 앞으로 하루밖에 남지 않은 이 대회의 흥을 더욱 돋우며 금 사일의 최후의 하루가 얼마나 더 흥에 겨운 것이 있을까를 상상키에 족한 바가 있었다.

이 기사를 통해 박춘재가 당대의 명재담가로 활동했다는 것을 알 수 있다. 요즘으로 보면 코미디언이고, 개그맨이고, 희극배우였다. 그는 때로는 무당흉내를 내고 때로는 장님흉내를 내면서, 또는 판소리 속의 재담을 섞어가면서 청중을 웃기고 또 웃겼다. 그런가 하면 성대모사에도 능해서 그가 남긴 그 방면의 재담은 당시의 소리 바로 그것이라는 의미에서 특별한 인상을 남긴다.

박춘재의 재담과 관련하여 또 한 가지 빠뜨릴 수 없는 것은 그의 특기인 발탈공연이다. 「조선일보」가 조선향토 연예대회를 처음으로 소개한 기사에는 그 부분이 이렇게 수록되어 있다.

재담에는 이미 발표한 맹인재담 외에 은퇴 중인 사계의 대가 박춘재 씨가 특히 본사의 계획에 찬성하여 최후의 봉사로 특별출연을 하고, 그의 장기인 '발장난'도 아울러 공개할 터로 출연과목으로 보나 출연인물로 보나 이 조선향토 연예대회야말로……

「조선일보」, 1938년 4월 21일자

기사에서 소개한 '발장난'은 바로 '발탈'을 말한다. 발에 탈을 씌

중요무형문화재 제79호 발탈 공연 모습 어릿광대는 박해일, 탈은 박정임, 여자는 조영숙이다.

우고 하는 놀이라 해서 '발탈' 또는 '족탈'이라 했고, 바가지로 만든 탈도 있다 해서 '박탈'이라고도 했다. 그런데 이를 「조선일보」는 '발장난'으로 표기하고 있다.

박춘재의 재담은 바로 이 발탈에서 완성되는 것으로 느껴질 만큼 발탈에는 갖가지 재담이 섞여 있다. 민요, 판소리, 무가, 잡가 등 그가 재담을 할 때마다 즐겨 사용한 소재들이 총망라되어 있는 것이다. 발탈은 박춘재가 아니면 안 된다는 말이 나올 만큼 그의 발탈공연은 대단한 인기를 누렸다.

발탈의 전수자인 현역 재담가 박해일은 박춘재의 발탈공연이 이루어진 당시의 일을 이렇게 말한다.

"신불출이나 윤백단 같은 초기 만담가들이 일본의 만담인 만자이를 흉내내면서 만담을 정착시킨 것으로 알려지고 있으나 그렇지 않습니다. 그들이 우선 텍스트로 삼았던 것은 다름 아닌 우리의 전

통재담이었습니다. 특히 창의적인 연기로 가는 곳마다 관중을 사
로잡았던 박춘재를 따르고 존경했죠."

「배뱅이굿」의 명인 이은관도 자신이 직접 목격한 발탈에 대해 이
렇게 말했다.

"박춘재 선생의 발탈은 기존의 재담과 다른 뭔가 독특한 면이
있었습니다. 내가 듣기로 발에 탈을 씌우고 재담과 소리로 관중을
웃기는 발탈은 처음 평양의 박풍이라는 사람이 창작한 걸 가지고
서울에 와서 공연하자, 박춘재 선생이 보고 배워 새로운 면모로
꾸몄다고 합니다. 그런데 그걸 흉내내려는 사람이 많았죠. 그건 대
중적으로 인기가 대단했다는 것을 뜻하는 게 아니겠어요?"

이를테면 박춘재는 당대의 재담가로서 제일인자답게 전통재담
을 좀 더 세련된 위치로 한 단계 끌어올린 예인이라고 할 수 있다.
이렇게 단정할 수 있는 이유는 두 가지 측면에서 찾아볼 수 있다.
하나는 전통재담을 다루는 그의 독창성에 있다. 다른 하나는 재담
을 한갓 흔기한 놀이의 일종에 머무르게 하지 않고 대중을 상대로
한 연예흥행물로서 무대에 끌어올리는 데 성공했다는 점에 있다.
　말하자면 박춘재는 아무 데서나 들을 수 있었던 재담을 입장료
를 내고 들어가야 볼 수 있고 들을 수 있는 경지로 만들어놓은 최초
의 연예인이었다.

전통연희가 연예로 변해가는 과정에서 별로 눈에 띄지 않으면서도 다른 어떤 계층, 이를테면 기생집단이나 광대패들보다 더 절실하게 시대의 변화에 적응해나가려 한 계층이 바로 사당패이다. 흔히 사당패 하면 남사당을 연상하지만, 여기에서 말하는 사당은 여자들로 구성된 떠돌이 놀이패를 말한다. 그들은 소리나 춤을 주무기로 해서 이 마을 저 장터를 떠돌아다니며 의식주를 해결했다. 전통사회에서 밑바닥 유흥에 종사하는 여성들이 흔히 그랬듯이 그들의 행적 중에는 매춘도 있었다.

여자들로 구성된 떠돌이 놀이패

연희가 연예로 변해가는 과정에서 별로 눈에 띄지 않으면서도 다른 어떤 계층, 이를테면 기생집단이나 광대패들보다 더 절실하게 시대의 변화에 적응해나가려 한 계층이 바로 사당패이다. 흔히 사당패 하면 남사당을 연상하지만, 여기에서 말하는 사당은 여자들로 구성된 떠돌이 놀이패를 말한다. 사당패는 이를테면 떠돌이 연예인 집단이었다.

이들의 연원을 따져 올라가보면 연조가 의외로 깊다. 조선초기에도 그들의 흔적이 보이는 것이다. 무엇보다 조선조의 숭유억불정책과 연관이 있어 사회적 측면의 문제와 함께 대하지 않으면 그들의 모습을 제대로 볼 수 없다.

그들은 소리나 춤을 주무기로 해서 이 마을 저 장터를 떠돌아다니며 의식주를 해결했다. 전통사회에서 밑바닥 유흥에 종사하는 여성들이 흔히 그랬듯이 그들의 행적 중에는 매춘도 있었다.

연희가 공연장을 만나고, 활동사진을 만나고, 유성기판을 만나게 되었을 때 맨 먼저 민감하게 반응한 계층은 바로 사당패였다. 새로운 유흥거리가 그들에게는 곧 밥이고 옷이었기 때문이다.

사당패의 장기는 원래 선소리 산타령이었다. 지금은 무형문화재로 지정되어 주로 남성들이 부르고 있지만 원래는 떠돌이 사당패가 주 레퍼토리로 삼았던 노래이다.

기생들의 장기를 열거한 목록이나 유성기판 광고에 흔히 '입창'이라고 나오는 것이 바로 선소리 산타령이다. 입창은 긴잡가를 좌창, 즉 앉은 자세로 부르는 데 대해 서서 부르기 때문에 붙은 명칭이다. 산타령이라고 하는 것은 선소리의 사설에 대부분 산이 들어가기 때문이다.

선소리 산타령은 주로 일단의 소리패가 부르는데 그 우두머리를 모갑이라고 한다. 모갑이가 장구를 비스듬히 메고 장단을 멋지게 치면서 선창을 하면, 다른 소리꾼들이 소고를 두드리며 앞으로 나갔다 뒤로 물러났다 하면서 소리를 받는다. 여럿이 어울린 모습도 소리도 장쾌하고 힘차다.

성경린의 『서울의 속가』에는 이런 설명이 붙어 있다.

앉아 부른다고 반드시 방 안이랄 법은 없는 것이지만 잡가의 그 아늑하고 아름다운 소리에 대면 성긴 듯 씩씩하니 넝기 있는 소리가 곧 입창이겠다. 그래 좌창은 서툴러도 애교 있는 아가씨의 목이 얼맞고, 입창은 보다 단단한 사나이의 목이라야 된다.

생리적으로도 좌창을 여인이 간직하는 건 아름답고, 입창을 사내끼리 옮겨왔담은 가위 믿음직스런 일이라고 말할 수가 있겠다. 그러나 별로 선소리의 종류가 많지 못한 것은 섭섭하다. 「놀령」, 「앞산타령」, 「뒷산타령」, 「도라지타령」, 「자진방아타령」, 「개고리타령」 등 겨우 6, 7편을 세는 정도이다.

사당패의 무동(1910년대) 이 사진을 찍은 사람들은 외국인들이었다. 그들의 눈에 떠돌이 예인집단인 사당패의 모습은 진기한 볼거리였을 것이다.

잡가를 삼패들이 불렀던 모양으로 선소리는 또 선소리패가 따로 있어서 그들이 무리져서 한데 익히고 놀음에도 같이 불리고 하였다. 그러면 으레 돈 두 냥씩을 쾌를 지어 걸어주었던 걸로 이런 관습에서 선소리꾼의 별명을 두냥머리로 불렀던 것은 여기서 온 것이다.

전통적인 공연형태는 무대 자체가 다르다 보니 여러 가지 제약을 받으면서 오늘에 이르렀으나 고유형태의 맥은 이어지고 있다.

선소리 산타령을 연주할 때 옛날에는 모갑이가 장구를 옆으로 비스듬하게 세워 메고, 한 손으로 북편만 치면서 가운데 서고, 그 밖의 창자들은 각자 소고를 들고 모갑이를 위주로 둥글게 원형으로 서서 앞으로 나갔다 뒤로 물러섰다(모였다 헤어졌다) 하며 발림춤도 추고 때로는 소고를 공중으로 치뜨렸다 도로 받으며 뛰노는 재능이 특이하며 여러 사람들이 부르는 소리가 한 사람이 부르는 것처럼 일치되며 장단에 맞추어 둥글게 돌아가는 맵시는 그 자체로 아름다웠다 한다.

황용주 편저, 『한국경서도창악대계』

위에서 인용한 책에는 이 노래가 조선초기에 불교음악에서 파생된 노래라고 하고, 조선중기 이후부터 민간인 음악으로 전래되어왔으며, 조선말엽부터는 서울의 5강五江을 중심으로 소리꾼들에게 전해진 것이라고 설명되어 있다.

이때 이 소리를 전문적으로 부른 사람들은 남성 소리꾼이었으며, 서울지역의 특유한 노래로 정착된 것도 이때부터였다. 무릇 어떤 예능이든 전문인들이 구애를 받지 않고 활동할 때 발전되기 마련이다. 선소리 산타령 역시 이 방면 명창들이 나타나기 시작하면서 예술성을 띠고 대중화되기 시작했다.

1820년을 전후로 서울을 중심으로 한 인근지역에 수십여 개의 선문소리꾼 집단이 생겨 대중화의 기반을 확실히 마련했다. 그 뒤 일제시대로 접어들면서 서구문화의 유입과 이민족의 지배 등으로 인해 향토성 짙은 이 노래는 외면을 당했다. 그러나 그런 가운데서도 끝까지 고집을 버리지 않고 노래를 불러온 몇몇 명창이 있어 간신히 명맥을 유지하면서 오늘날까지 전해지게 된 것이다.

선소리 산타령이 불교음악에서 파생된 노래라고 하는 것은 사설이나 공연형태에서 비롯된 것이다. 사설 자체에 불교용어가 들어가 있고, 그런 형태로 노래를 부르고 다닌 사람들이 바로 절과 연관이 있는 사당패였기 때문이다.

　제목도 가장 널리 불리는 것을 「판염불」이라고 했다. 이 노래가 바로 선소리 산타령 가운데 맨 처음에 부르는 노래인 「놀량」이다. 지금은 '놀량'이라고 하지만 예전에는 '판염불'이라고 했다는 사실을 1910년대 베스트셀러였던 여러 잡가집에서 확인할 수 있다. 즉, 지금 「놀량」의 가사에 붙은 제목이 당시에는 「판염불」로 나와 있다.

　이는 당시만 해도 불교와 관련된 부분을 피부로 느낄 수 있었다는 뜻이다. 실제로 당시에는 사당패가 있어서 선소리 산타령을 신명나게 불렀다고 한다. 이는 선소리 산타령을 처음에는 여성들이 불렀다는 뜻이다. 사당패는 여성들의 집단이기 때문이다.

소리와 매춘은 사당패의 생계수단

최영년이 지은 『해동죽지海東竹枝』(1925년)에는 우리나라 전래의 유희와 음악을 가지고 떠돌아다니면서 생활한 전문 유랑예인들이 많이 등장한다. 즉, 꼭두각시패, 무동패, 솟대쟁이패, 굿중패, 풍각패 등 당시 전국을 떠돌아다니던 직업적인 소리패, 놀이패들이 나온다. 그중 사당패에 대해서는 이렇게 기술되어 있다.

소위 '거사'라는 사람들이 노래 부르는 여자 십여 명을 거느리고 각저에 흩어져서 노외 시상에서 노래하고 춤추어 그것으로 생활을 했다. 그 근거를 송화의 구월산과 안성의 청룡사로 하여 스스로 한 마을을 이루었다. 이를 가리켜 사당놀이라 하였다.

여기에서 이 기록의 연대가 1920년대라는 사실에 주의해야 한다. 왜냐하면 이 무렵 사당패는 상당히 위축되어 있었고, 반면 남사당패는 전문 예인들이 아직 흩어지지 않은 채 명맥을 유지하고 있었기 때문이다. 그러다가 1930년대 후반에는 사당패가 거의 없어졌는데, 그중에는 남사당패에 흡수된 패도 있었다.

그때는 선소리 산타령이 이미 전문 소리꾼들에게서 불리고 있을 때였다. 비록 서양음악에 밀려 홀대를 받기는 했어도 아직 공연장에 가면 선소리를 부르는 기생이 있었고, 5강에는 일정한 장소에서 이따금 모여 선소리 산타령을 부르는 명창의 제자들이 있었다.

한편 이창배의 『한국가창대계』에도 남사당과 판염불에 대한 내용이 나온다.

서울의 산타령이 남사당에서 불리어졌다고 하는 학자가 있다. 이것은 전혀 틀린 말이다. 남사당이 부르는 「판염불」은 산타령과는 아무런 관계도 없을 뿐더러 그 사람들은 산타령을 알지도 못한다. 남사당의 예능보유자인 남운룡에게 필자가 물었더니 '우리 남사당은 전혀 모른다' 하며 자기네들은 「판염불」만 부른다고 분명히 말하였다.

이창배는 또한 이 책에서 "선소리 산타령은 정월 상원일上元日에 고래로 내려오는 답교놀이의 중심된 노래이다"라고 썼다. 그러나 정확한 것은 아직 밝혀지지 않은 가운데 사당패와 관련된 부분만이 가장 오래된 기록으로 전해지고 있다.

이능화의 『조선해어화사』에도 사당에 관한 기록이 있다. 50여 년 전 어린 시절에 괴산군에서 사당패를 보았다 했는데 대개 8, 9명 되는 남자들과 1, 2명의 여자들로 구성되어 있다고 했다.

말하자면 이능화가 본 사당은 여사당만을 말하는 것이 아니었다. 그러나 그들의 공연형태는 전래되어왔다는 형태와 별반 다르지 않았다. 노래와 춤, 기예를 파는가 하면 집단으로 소고를 들고 모갑이의 선창에 따라 나갔다가 물러섰다가 하면서 노래를 부르는데, 청중이 갈채를 보내다가 돈을 주면 입으로 받는가 하면, 이런 일을 빌미로 밤에는 따로 화대를 받는 게 사당패의 생활이라는 것이었다.

이로 보아 노래 부르는 형태는 선소리 산타령이라는 것을 금방 알 수 있다. 그리고 그들이 목적으로 하는 것을 살펴보면 결코 건전하다고 볼 수 없다. 말하자면 그들은 떠돌아다니면서 노래와 춤을 보여주고 그 대가를 받는데, 매춘행위도 서슴치 않았다는 것을 알 수 있다.

불교와 관련된 사람들이라는데 이렇듯 불건전한 것은 조선왕조의 불교 탄압 정책과 무관하지 않은 것으로 보인다. 현재까지 밝혀진 문헌의 기록에서 조선시대를 올라가지 않은 것으로 보아 그런 추정은 얼마든지 가능하다. 조선시대 이전에는 불교가 국가의 보호를 받을 정도였기 때문이다.

그러나 유교를 통치이념으로 한 조선에서는 머리를 깎고 부모형제와 처자를 떠나 살아가는 승려와 비구니들을 반인륜으로 단정지었다. 그러다 보니 절간에서는 당장 공양드릴 음식을 만들기조차 힘들어 승려들이 부적을 만들어 파는가 하면 절을 떠나 걸인처럼 떠돌기도 했다. 사당이 발생한 것은 이즈음으로 보인다.

조선초기만 해도 불교가 크게 위축되지 않았지만, 유학자들의 위협이 점점 커지자 절을 버리고 떠나는 무리가 생겨나기 시작했다. 이들은 공동의 피해자였기 때문에 집단화할 수밖에 없었고, 자신들이 알고 있는 노래를 연희대상으로 삼아 생계를 이어갔다. 「판염불」은 그렇게 해서 나온 것이고, 뒷날 전문소리꾼들이 이것을 그들의 장기로 삼으면서 「놀량」이라는 곡명으로 굳어진 것으로 보인다.

그러므로 선소리 산타령은 고난 속에서 나왔고, 운명을 개척해보려는 의지에 의해 발생했다고 볼 수 있다. 신분제도로 인해 힘없는 다수의 대중이 밑바닥에서 헤어나오기가 매우 힘들었던 것이 조선시대의 큰 병폐였다면, 선소리 산타령은 지배층에게 밀려나면서도 생명력을 잃지 않으려 했던 소외계층, 하층민들의 노래라 할 수 있다.

기산 풍속화에 생생하게
묘사된 사당패

조선시대 유학자들은 사당을 결코 긍정적으로 볼 수 없었다. 사당은 마땅히 타파해야 할 대상이었으며, 그것을 잘 처리해야 유교적 이념에 충실한 관리가 될 수 있었다. 그래서 지방관들은 사당을 처리하는 일에 대해 중앙에 보고하기를 꺼리지 않았다.

전라도 관찰사 권홍이 보고하기를 남자는 거사라 하고, 여자는 회사回寺라 하면서 농사를 짓지 않고 마구 음란한 짓을 하는 자들이 있어 풍기가 문란해지고 있으니 마땅히 법으로써 다스려야 한다고 했다.

『중종실록』, 중종 8년 10월 3일(정유)

사당은 평생을 노예처럼 살아야 했던 하층민들에게는 생의 진로를 바꾸게 하는 역할도 했다. 그들과 함께 생활하는 것 자체가 질곡에서의 탈출을 뜻하는 것이어서 호미와 낫을 버리고 사당을 따라나서는 농민들이 생겨났던 것이다.

기산 김준근의 풍속화에 표현된 사당 제목은 「사당 판놀음하는 모양」. 기산 김준근은 조선의 마지막 풍속화가로 그가 남긴 천여 점의 작품은 대부분 일반 서민을 대상으로 한 것이다.

그런데 앞의 기록에서 사당이 회사로 표기되어 있는 것이 특이하다. 사당은 사당寺堂, 사당寺黨, 사당社堂으로 표기되기도 했지만 회사回寺로도 표기되었다는 것을 알 수 있다.

이긍익의 『연려실기술』에는 사당이 사당搽堂으로 표기되어 있다. 이긍익은 조선후기의 인물로 그가 『연려실기술』에 언급해놓은 사당 관련기록은 조선시대 전반에 걸쳐 활동한 사당의 끈질긴 면을 보여준다.

비구승, 비구니, 우바새, 우바이는 사중이란 것인데 우리나라에서는 우바새를 거사, 우바이를 사당이라고 한다. …… 거사, 사당은 그 수가 매우 많으며 국내에 꽉 차서 동냥으로 직업을 삼고, 좋은 옷에 배불리 먹고 지내니 민간에 폐해를 끼침이 말할 수 없으

며, 병역을 도피하고 관청 부역에 나오지 않고 종신토록 한 올의
실도 관청에 바치지 않으니 일의 절통한 것이 이보다 더 심함이 없
다. 그런데도 그동안 사백 년간에 한 번도 고칠 것을 의논한 일이
없으니 놀랍고 통탄스러운 점을 어찌 다 말할 것인가.

『연려실기술』 별집 제13권 「정교전고」

『연려실기술』은 어쩔 수 없이 조선 유학자 이긍익의 안목으로 사
당의 당시 위치를 말해주고 있다. 그런데 이보다 더 구체적으로 생
생하게 사당의 모습을 말해주는 내용이 있으니, 바로 판소리 사설
이다. 대표적인 것이 「흥부가」와 「변강쇠타령」으로 그 내용 중에
등장하는 떠돌이 소리패를 모두 거사, 사당이라 표기하고 있다. 뿐
만 아니라 그들이 부르는 노래의 사설도 실려 있는데, 이것은 바로
선소리 산타령의 사설이어서 사당패의 주요 레퍼토리가 오랜 연원
을 지니고 있음을 증명해준다.

무엇보다 흥미로운 것은 훗날 경기지역과 서도지역으로 나뉜 산
타령의 사설이 판소리 사설에 등장하는 사당패의 사설에서는 분리
되지 않고 포함되어 있다는 점이다. 이는 산타령의 사설이 분리되
기 전의 모습을 말해주는 셋일 뿐만 아니라 사당패의 대중성을 말해
주는 것이라 할 수 있다. 그것이 공연장에서 불리고 음반에 취입되
어 연예의 한 구성요소가 된 것은 당연하고도 자연스러운 일이었다.

사당은 「무숙이타령」에도 나온다. 일명 「왈자타령」이라고 하는
이 판소리에서 사당은 무숙이가 뱃놀이를 할 때 초대해오는 소리꾼
들이다. '정읍 동막, 창평, 하동 목골, 함열 성불, 일등 거사, 명창
사당, 골라 빼어 이삼십 명 급주急走 놓아' 불러오게 한 것이다. 여기
에서도 사당은 일정지역에 본거지를 두었다는 것을 알 수 있다.

그러다가 1930년대로 들어서면서 사당은 차츰 자취를 감추고 남성들이 부르는 선소리 산타령만 남게 되었다. 조선일보사에서 발간한 종합잡지 월간 「조광」에는 '없어진 민속'이라는 제목의 고정란이 있었다. 상투 같은 것이 대표적인 대상이었는데, 그중에 사당패가 포함되어 있어 이채롭다.

1936년 8월호의 기사는 이능화처럼 사당패를 보았을 가능성이 있는 시기에 씌어진 것으로, 이중 사당의 애환을 느낄 수 있는 부분이 있어 인용해본다.

대저 사당은 찬란한 의복을 입고, 맛있는 음식을 얻어먹으며, 밤이나 낮이나 춤추고 노래하니 그 팔자가 복 많은 팔자라 볼 수 있을 것이다. 그러나 실상 그 속을 들여다보는 때에는 그들은 그와 같이 된 고통이 또한 심하였다. 그것은 여사당의 「자탄가自歎歌」라는 신세타령 한 노래를 들어도 용이히 짐작할 수 있는 것이다. 이제 그 노래의 한 구절을 소개하면 그 사연은 이러하다.

한산 세모시로
잔주름 곱게 곱게 잡아 입고,
안성 청룡사로 사당질 가세.
이 내 손은 문고린가.
이놈도 잡고, 저놈도 잡네.
이 내 입은 술잔인가.
이놈도 빨고, 저놈도 빠네.
이 내 배는 나룻밴가.
이놈도 타고, 저놈도 타네.

기산의 풍속화「사당, 거사가 한량의 돈 따고」라는 화제가 붙어 있다.

이상의 노래를 하나의 사례로 보더라도 여사당이 된 그 여성이 사당노릇 하기에 얼마나 괴로움이 많았던 것을 그 노래가 잘 설명한 것이라 할 수 있다.

조선의 풍속화가 중에 기산箕山 김준근金俊根이 있다. 흔히 조선의 마지막 풍속화가로 불리는 기산은 1900년을 전후로 해서 천여 점이나 되는 풍속화를 남긴 작가로 유명하다. 기산의 그림은 대부분 외국에 있는데, 개항으로 외국인의 출입이 잦아지면서 우리의 풍속을 그려달라고 부탁한 외국인 호사가들의 청을 들어준 것이 그 원인으로 보인다.

그런데 최근에 발견된 기산의 그림들을 보면 여성의 풍속을 다룬 것이 의외로 많고, 그중에서도 사당패의 모습을 그려놓은 것이 여러 점 나와 현실감을 준다. 그 그림들을 보면 자료에서 살핀 내용이 그대로 드러나며, 무엇보다 그림 속의 상황이 무대로 옮겨지고 공연으로 보여진 과정도 짐작해볼 수 있다.

기산의 풍속화에는 유난히 기생이 많이 등장한다. 남성들과 어울려 쌍륙을 하는가 하면, 생황을 불고, 나들이를 하는 장면 등이 자주 나온다. 그림 속의 기생은 관기가 아니라 모두 시중에서 유흥업을 하는 기생들이다. 한두 가지의 기예 없이는 할 수 없는 것이 바로 유흥업이었다.

사당패는 이들보다 더 고달픈 생활을 했던 계층이다. 그들이 삶의 수단으로 삼았던 기예는 기생들처럼 일정한 장소에서 벌이는 것이 아니라 기산의 풍속화에서 보이는 것처럼 주로 사람들이 많이 모이는 시장 같은 곳을 찾아다니며 벌여야 했다.

기산의 풍속화는 바로 이들의 기예가 연희에서 연예로 전환되기 직전의 상황을 보여준다. 그런 의미에서 기산의 풍속화가 연예사에서 차지하는 의미는 자못 크다 할 것이다.

권번기생과
명월관 시대

7

기생들이 예능인으로 인정받고 사회진출의 폭이 넓어지게 된 것은 그들의 주 활동무대인 요릿집이 성업을 이루고 있었기 때문이다. 기생들이 요릿집을 무대로 삼아 재능을 발휘하게 된 것은 이즈음이었다. 여기에는 권번의 설립이 결정적인 역할을 했다고 볼 수 있다. 권번은 기존의 기생조합을 일본식으로 표기한 거이지만 조합보다 훨씬 상업성을 띠는 사업체였다. 기생과 유릿집과 권번은 새로운 사회에 등장한 신종 영업이었지만 마치 삼위일체처럼 적시에 앞뒤가 맞아떨어진 시대의 산물이었다.

요릿집과 기생들의 힘겨루기

　왕조가 무너지고 시중으로 흘러나온 기생들이 그들 나름의 사회를 이루면서 전통연희를 이어온 사실은 아무도 부인할 수 없다. 그리고 이런 사실은 민족의 고유한 음악과 춤을 전승시켰다는 점에서 결코 낮게 평가할 수 없는 부분이다.

　그런데 그 과정에서 숱한 파란과 우여곡절을 겪음으로써 기생들의 역사는 그 자체로 민족사의 한 단면을 여실히 보여준다. 이 점은 연희가 연예로 이행하는 자취를 찾아보는 과정에서 당연히 짚고 넘어가야 할 부분이다. 왜냐하면 그 과정이 왕조의 붕괴과정과 맞물려 있기 때문에 어느 부분이나 파란곡절을 겪었지만, 그중에서도 특히 기생들의 기예 인생이야말로 생존 그 자체만큼 절실했기 때문이다.

　전통연희에 몸담은 사람은 신분상으로 낮은 계층에 속했고, 그에 따라 경제적 약자에 속했다. 그중에서도 기생은 가장 약자일 수밖에 없었는데, 그것은 그들이 여성인 데다 나이가 어리다는 점 때문이었다. 최하위 신분에 속한 기생들은 애초에 교육을 받을 기회조차 가지지 못했으며, 그들에게는 가난과 굴종, 멸시 그리고 생사여탈권을 쥔 남성들의 권위의식이 멍에처럼 작용하고 있었다.

그런 그들이 문화의 계승자로 남게 되는 과정에서 한국사회의 변천과정은 어느 경우보다 적나라하게 드러난다. 정체를 알 수 있다고 해도 과언이 아닐 만큼 기생사회의 명암은 치열한 일면을 보여준다.

3·1운동이 일어난 후 기생이라는 말의 의미는 상당히 변화했다. 기생을 호기심의 대상으로 본다거나 일면 측은하게 여기는 일은 거의 찾아볼 수 없었다. 이제 기생은 엄연한 직업인이었고, 돈도 벌 수 있었으며, 좋은 남자를 만나 결혼도 할 수 있었다. 똑똑하다는 소리를 듣는 기생도 생겨났고, 유학을 가는 기생도 있었다. 가수가 된 기생도 있었고, 영화배우가 된 기생도 있었다. 무엇보다 소리 하나 잘해 레코드회사로, 방송국으로 불려다니는 기생도 생겨났다.

시간이 지날수록 기생은 행동거지로 인해 점차 세간의 입에 오르내렸는데, 그것은 곧 그들 나름의 위치를 모색하려는 기생들의 시도였다고 할 수 있다. 기생들은 차츰 자기 선전도 할 줄 알게 되었고 의견을 모아 공동으로 대처하기도 했다. 이런 일은 그 당사자가 기생늘이었기 때분에 신문에 가십기사로 실리기도 했다.

「매일신보」에는 당시 기생들의 이름 중에 왜 산월山月이라는 이름이 많았는가를 알려주는 기사가 실렸다.

천도교 손씨의 셋째 마마로 있는 이전 기생 주산월이가 다시 화류계에 몸을 던진다 함은 일전 풍편에 잠시 전한 바, 그 뒤에 들은 즉 주산월이가 아니라 유산월이라. 요사이 산월이가 썩 많아 가끔 서로 바뀌는 우스운 일이 생기는데, 유산월이라는 미인이 새로 기

생을 나오는데 유가가 주가와 얼른 듣기에 근사한 까닭에 유산월
이가 주산월이가 된 것이라. 그런 줄은 모르고 오래간만에 주산월
이가 나왔다니까 '주산월이 좀 불러라', '주산월이가 정말 나왔나',
요리점에서 으레 입길.

「매일신보」, 1915년 6월 16일자

1918년 조선연구회에서 발행한 기생들의 사진첩 『조선미인보
감』에는 조산월, 이산월, 원산월, 김산월, 송산월, 오산월, 엄산월,
임산월 등 산월이라는 이름만 14명이 있다. 손병희가 머리를 올려
준 어린 기생 주산월의 이야기는 그동안 신문에 여러 번 실려 널리
알려져 있었다. 유명세가 붙다 보니 일부러 산월이라는 이름을 붙
인 것이다. 일종의 영업전략인 셈이다. 만약 산월이라는 이름이 기
생의 이름이 아니었다면 이런 기사는 나오지 않았을 것이다.

기생들은 부당한 일이라고 생각되면 항의표시를 하기도 했다.
기생조합이 권번으로 바뀐 지 채 2년도 안 되었을 무렵, 기생들이
연계해 집단행동을 보여서 신문에까지 보도된 일도 있었다.

이미 보도한 바와 같거니와 각 예기권번에서 명월관 지점하고
무슨 감정이 생기어 별안간 가는 기생을 막고, 기생집에 사람을 보
내어 일절 가지 못하게 하였다. 그는 다른 까닭이 아니라 지점의
뽀이가 완만하여 기생을 잘 대접치 않는 까닭과 또한 사무원이 객
에 대한 불친절이 심한 일로 말미암아 그리 하였다 한다.

이제 듣기에 두 편에 대한 유감이 적지 않은 듯 요리점과 기생
사이는 직접 밀접의 관계가 있어서 요리점이 아니면 기생의 영업
이 될 수가 없고 또한 기생이 아니면 요리점 영업을 못할 것은 정

시내로 나온 기생들(1910년대) 아직 내외가 미덕이었던 경성의 거리에 곱게 단장한 기생들이 몰려 나오면 그 자체로 화제거리였다.

한 일이 아닌가. 설혹 두 편의 잘못되는 일이 있으면 매차에 화충타협을 하여 영업의 본의를 잃지 않는 것이 떳떳한 일이거늘 각기 세력을 주장하고 승강하는 일은 되지 못한 우스운 일이라.

생각하여보라. 기생의 수효는 날로 늘어가고, 요리점 수는 희소하여 어느 때든지 요리점이 기생에게 둘릴 것은 성한 일이나 이와 같이 하여 가다가는 필경에 요리조합 같은 것이라도 있어서 규정될는지는 모를 일이다. ……

각 권번의 사무원도 올곧지 못한 자가 더러 있어서 가끔 분쟁이 생기는 것도 이에 원인이다. 기생이나 요리점 사이는 어느 때든지 피치 못할 주객의 의를 가지고 지내가는 것이 옳은 일이요 대체의 근본목적이라 하겠는데, 누가 보든지 근래 기생들이 무엇을 믿는지 전횡됨이 심하여 손님 알기를 우습게 하며 심하면 욕설까지 내어놓을 때야 기타의 요리점이야 일러 무엇하랴. 이와 같은 행동으로 유지하여갈 것 같으면 피차에 불이익은 말할 것이 없으리라. 다시 깊이 생각하고 반성하라.

「매일신보」, 1919년 10월 3일자

기생들은 이제 시키면 시키는 대로 하는 꼭두각시가 아니었다. 대체로 1910년 합병 이후부터 기생사회에서는 자기주장이 늘어나기 시작했으며 그것을 다른 사회에서는 시건방지고, 돼먹지 못하고, 기가 막힌 일로 받아들였다. 세상이 변하니 기생까지 설치고 다닌다는 것이었다.

위의 기사는 그런 말이 그리 생소하게 들리지 않을 때 발생한 일을 다루고 있다. 기사를 보면 기생들과 요릿집 사이에는 불문율이 성립되어 있으며, 중간에서 실무를 맡고 있는 '뽀이'나 '사무원'들 사이에도 보이지 않는 알력이 존재한다는 것을 알 수 있다. 기생들이 요릿집을 거부한 것은 일종의 파업이라고 할 수 있으며, 그것도 영업의 주도권을 쥐어보겠다는 당찬 속내를 드러낸 것이었다.

땅을 팔아서라도
명월관 기생 노래를 들었으면

기생들이 이렇게 할 수 있었던 것은 무엇보다 그들의 재능이 확고하게 인정을 받고 있었기 때문이다. 앞의 신문기사에서 권번을 '예기권번'이라 한 것은 그런 면을 단적으로 말해준다. 기생들이 닦아온 재능은 이제 누가 뭐라 해도 어엿한 예능으로 인정할 수밖에 없었던 것이다.

그런 인정은 물론 세상이 해주었고, 기생들은 그 사실을 확인하면서부터 갖가지 형태로 변모해갔다. 오히려 겸손해지는 기생이 있는가 하면 전보다 우쭐거리는 기생도 있었고, 필요 이상으로 자기주장을 해대는 기생도 있었다. 기생들은 세상 속으로 들어와 차츰 운신의 폭이 넓어지고 있었다.

이렇게 기생들이 예능인으로 인정받고 사회 진출의 폭이 넓어지게 된 것은 그들의 주 활동무대인 요릿집이 성업을 이루고 있었기 때문이다. 이전의 기생들은 서울시내에 새로 생긴 공연장들에서 예능을 인정받을 수 있었다. 그러나 합병 이후 일본을 통해 서양문화가 밀려와 공연장에서 활동사진을 보여주면서부터 기생들은 설 자

1910년대 명월관의 모습 이곳은 이를테면 궁중에 있던 소주방을 옮겨온 곳이었다. 갈 곳 없던 관기들이 이곳을 찾아온 것은 당연했다.

리를 하나씩 잃어갔다.

기생들이 요릿집을 무대로 삼아 재능을 발휘하게 된 것은 이즈음이었다. 여기에는 권번의 설립이 결정적인 역할을 했다고 볼 수 있다. 권번은 기존의 기생조합을 일본식으로 표기한 것이지만 조합보다 훨씬 상업성을 띠는 사업체였다. 기생과 요릿집과 권번은 새로운 사회에 등장한 신종영업이었지만 마치 삼위일체처럼 적시에 앞뒤가 맞아떨어진 시대의 산물이었다.

요릿집으로는 1920년대만 해도 4대 요릿집이라 해서 명월관明月館, 장춘관長春館, 봉춘관奉春館, 세심관洗心館을 꼽았다. 그러나 1930년대에는 명월관, 국일관國一館, 조선관朝鮮館, 천향원天香園, 식도원食道園, 송죽원松竹園, 태서관太西館, 동명관東明館, 음벽정飲碧亭 등 굴지의 요릿집만 아홉 군데로 늘어났다.

요릿집의 원조라면 명월관을 꼽아야 할 것이다. 왕조의 몰락, 한일합병, 기생들, 그리고 조선의 전통음악 등 서울의 소리가 거쳐온 암흑의 시대를 압축해서 느낄 수 있는 곳으로 명월관보다 나은 곳은 없을 것이다. 또한 이곳의 자취는 곧 연희의 변화과정을 보여준다는 점에서 결코 소홀히 할 수 없는 현장이기도 하다.

명월관에서 소리를 했던 기생 이난향은 『남기고 싶은 이야기들』에서 '명월관편'을 다루었다. 이 글은 일단 명월관을 다룬 어떤 호사가들의 글보다 사실에 입각한 것으로 판단되기 때문에 여러 각도로 살펴보려 한다. 먼저 명월관의 모습은 이렇게 설명되어 있다.

내가 서울에 와서 처음으로 명월관을 본 것이 1913년, 내 나이 13세 때였다. 그때 명월관은 황토마루 네거리〔黃土峴〕, 지금의 세종로 동아일보사 자리에 있었다. 회색빛 2층 양옥으로 된 명월관은 울타리가 없었고, 대문은 서쪽으로 나 있었다. 2층에는 귀한 손님들, 아래층에는 일반손님을 모시는 것이 상례였으나 꼭 그와 같이 지켜지는 것은 아니었다. 매실梅室이란 이름을 가진 특실의 방이 하나 있어 아주 귀한 손님이나 그윽한 곳을 찾는 사람들에게 제공되었다. 아래층은 손들이 있으나 2층은 마룻바닥에 일부는 양탄자, 일부는 돗짚자리(다다미)를 깔았고, 겨울에는 숯불을 피운 화로가 방 가운데 놓여졌다.

황토마루 네거리, 지금의 동아일보사 앞 네거리가 당시에는 작은 언덕이었다고 한다. 그곳에 대문이 서쪽으로 난 2층 양옥이 있었다는 것이니 네거리에서 보면 그 집이 훤히 보였을 것이다. 궁궐에서 가까운 곳이었고, 주변엔 관청이 즐비했으며, 양반촌 북촌이

지척에 있었다.

그렇다면 누가 이곳에 요릿집을 세웠을까? 이난향은 그에 대해 이렇게 적어놓았다.

> 처음 명월관 주인은 안순환安淳煥 씨. 그는 지금부터 61년 전인 1909년에 명월관을 열었다. 안씨는 원래 상인이 아니었다. 궁내부 주임관奏任官 및 전선사장典膳司長으로 있으면서 어선과 향연을 맡아 궁중요리에 반평생을 보냈던 사람이었다. 그는 순종을 모시고 창덕궁에 있을 때 이미 허수아비나 다름없는 순종에 대한 일인들의 간섭이 너무나 심한 데 분통이 터져 사표를 내고 벼슬을 그만두었다는 것이다.

안순환은 이를테면 궁중요리 전문가였으므로 궁중에서 수시로 있었던 진연이나 진찬에 대해 어느 누구보다 잘 알았을 것이다. 명월관에서 기생의 유흥과 궁중요리를 벌여놓고 개업을 했다면, 그것은 조선의 궁중에서 해왔던 바로 그 방식이라고 해도 과언이 아닐 것이다.

안순환은 무슨 의도로 그런 영업을 시작했을까? 그것은 곧 궁중의 소주방이 없어지자 황토마루로 옮겨온 것이나 마찬가지였고, 진연에 나갔던 기생들이 할 일이 없어지자 황토마루로 활동무대를 옮긴 것이나 마찬가지였다.

안순환의 행적에 대해서는 이후 신문에 자주 보도되었다. 그중에는 요릿집 운영 외에 유치원의 개원에 적극성을 띠었다는 기사도 있어 활동적이고 사교적인 면모를 알 수 있다.

이난향의 회고는 이렇게 계속된다.

안순환 연재물인 '조선인물관'에 실려 있는 사진.(「매일신보」, 1913. 1. 1.)으로, 궁중에서 요리를 담당하고 있던 그는 왕조가 몰락하자 광화문 앞에 있는 요리점 명월관을 인수하여 동명으로 개업했다.

어떻든 안씨는 명월관을 개업하여 궁중요리를 일반인에게 공개하게 되었고, 술은 궁중나인 출신인 분이가 담그는 술을 대 쓰는 바람에 인기를 끌기 시작했다. 분이의 성명은 잘 모르나 그 무렵 그의 술 만드는 솜씨는 상류사회에서 널리 알려져 있을 만큼 이름났었다. 처음에는 약주, 소주 등을 팔았지만 나중에는 맥주의 정종 등 일본 술을 팔았다.

술 잘 빚는 분이라는 궁중나인 출신 여인이 있었다고 하는데, 봉건사회가 아니었다면 분이에 대한 이력이 자세하게 전해졌을 것이다. 안순환이 인정해준 술이었다면 전통의 명주였음이 분명한데, 그 술을 담근 주인공에 대해서는 훗날 옆에서 지켜본 한 어린 기생에 의해 분이라는 이름이 겨우 알려졌을 뿐이다.

예상한 대로 명월관에는 맥주와 정종이 들어와 있었다. 아래층은 온돌방이요, 2층은 양탄자와 다다미가 깔려 있는 방이었다고 한다. 맥주와 정종은 그곳으로 들어와 그 생소한 이름과 맛으로 한국인들을 길들이기 시작했다.

이 무렵 1909년(융희 3년)에 관기제도가 폐지됨에 따라 지방과 궁중의 각종 기생들이 발붙일 곳을 찾아 서울로 모여들기 시작했다. 명월관에는 수많은 기생 중에서도 어전에 나가 춤과 노래를 불렀던 궁중 기생과 인물이나 성품 및 재주가 뛰어난 명기들이 많이 모여들어 자연히 장사도 잘되고, 장안의 명사와 갑부들이 모여들어 일류 사교장이 되었다.

왕조가 막을 내리자 궁중의 여인들은 순종과 왕족들을 모실 최소한의 인원을 제외하고는 모두 궁 바깥으로 나가야 했다. 평생을 궁 안에 갇혀 살다 시피하면서 수족처럼 일했던 그들에게 어떤 대책이 주어졌는지, 아니 숫자는 얼마나 되고, 신분 분포는 어떠했으며, 어떻게 흩어졌는지 전혀 알려진 바가 없다.

일부는 집으로 갔고, 일부는 친구들과 어울려 절간으로 들어갔으며, 일부는 색주가로 흘러갔고, 일부는 중국으로 일본으로 건너갔다. 이난향의 글은 아무도 관심을 가져주지 않았지만 반드시 짚고 가야 할 그 고단한 여인들의 최후를 상기시키기에 충분하다.

그렇다면 명월관을 찾는 손님들은 주로 어떤 사람들이었을까?

초기의 명월관 손님은 판서, 참판급의 대감과 친일파 앞잡이 거물 등이었으나 세월의 흐름에 따라 이들의 자제들이 모습을 나타냈고, 그 뒤에는 동경 유학생, 문인, 언론인, 신흥부호들이 자주 드나들었다. 또 외국에서 잠입한 애국지사들이 왜경의 눈을 피하기 위해 밀담장소로 이용하는 곳이 되기도 했다. 그러나 명월관 최고의 영예는 역시 명월관 분점이었던 순화궁 태화관에서 기미독립선언을 한 33인의 독립연과 독립선언이 있었던 일이라고 생각한다.

나라가 망하려면 먼저 부자와 지식인이 설친다는 말이 있고, 그들의 뒤에는 반드시 관리들이 있다. 명월관은 그러한 상황을 그대로 보여준다.

33인이 독립선언을 한 장소가 명월관 분점인 태화관이라는 것은 널리 알려진 일이다. 그런데 이후 잡혀가서 재판을 받을 때 대부분은 "나는 독립선언에 적극적으로 동조하지 않았다"고 하면서 참여의 의미를 부인했다고 한다. 이난향이 아닌 다른 기생들도 과연 그때의 연회를 명월관 최고의 영예로 생각했는지는 알 수 없다.

그후 명월관은 현재 종로 3가 피카디리극장 자리에 옮겨졌고, 주인 또한 이종구 씨로 갈렸다. 각계각층 명사의 발길과 꽃다운 명기들의 치맛사락이 끊이지 않았던 명월관은 6 25 때까지 요리업계의 왕자로 군림해왔으나 괴뢰군들이 서울을 버리고 후퇴할 때 불살라버려 자리째 없어지고 말았다.

이상한 일이었다. 원각사도 불에 타 사라졌고 명월관도 불에 타 사라졌다. 원각사는 1950년대에 자유당정부 주도로 을지로입구에 똑같은 이름으로 세워진 적이 있었는데, 그마저도 불에 타서 없어졌다. 명월관도 현재의 피카디리극장 자리로 옮겨와 기생들의 기량

연마장 역할을 톡톡히 했지만 그 역시 불에 타 사라지고 말았다.

최남선, 이광수, 김억, 변영로, 윤백남, 김동인 등 숱한 문인들이 무시로 드나들었다는 명월관.

의친왕이 오면 늘 일경이 미행해왔다던가. 이른바 사상기생도 있었다고 하고, 친일파의 얼굴에 침을 뱉은 기생도 있었다고 한다. 그런 일은 동아일보사 자리가 아니라 피카디리극장 자리에 있던 명월관에서 벌어졌다고 한다.

이 무렵 명월관 건너편의 단성사에서는 주로 영화를 상영하고 있었다. 기생과 광대들이 주춧돌을 놓고 뼈대를 올려놓은 단성사였다.

이난향은 명월관 고객의 변화에 대한 내용도 다루었다.

명월관이 대감들의 놀이터로부터 시작하여 친일파들이 거들먹거리며 돈 쓰는 곳으로, 다시 나라를 빼앗기고 출세길이 막힌 양반집 자손들이 울분을 달래는 장소로, 돈보다도 신문화에 매력을 느낀 기생과 유학생, 언론인, 문인과의 로맨스가 엮어지는 은밀한 장소로, 다시 우국지사들의 밀담이 오가는 숨막히는 곳으로 성격이 변해감에 따라 손님의 질은 달라졌지만 손님의 양은 날이 갈수록 불어나 성시를 이루었다.

글 중에 '신문화'라는 용어가 보이는데, 이로 인한 상황은 명월관의 경우 결코 단순하지 않았다. 단성사 맞은편으로 옮길 때까지 이미 몇 단계의 신문화를 거쳤기 때문이다.

명월관은 이후 고객으로 미군들도 맞이하게 되는데, 그에 따라 기생들도 영어 몇 마디쯤은 할 줄 알아야 했으며 춤은 기본이었다. 기생들이 잘 추던 춤은 전축을 틀어놓고 추는 포크댄스나 트로트였

는데, 인근에 주둔해 있던 미군들은 그 춤들에 재미를 느끼지 못했
다. 그래서 기생들은 지르박과 블루스 같은 새로운 춤을 배우게 되
었는데, 이때도 신문화라는 말이 나왔다.

조선의 기생들이 궁중마당을 떠나 단성사를 거쳐 그 맞은편까지
와서 지르박을 배우고 블루스를 추게 된 것이다. 그리고 그것은 얼
마 안 가서 한국의 신문화가 되었다.

그런데 명월관의 창업자 안순환은 그 후 어떻게 되었을까?

명월관은 청풍명월淸風明月에서 떼어온 이름이라고 들었다. 명월
관은 명사와 한량들에게 장소와 푸짐한 음식을 대접했지만 맨 먼
저 주인 안씨는 그 후 망하고, 그의 자손에 대한 소식도 전해지지
않고 있다. 최근 친구들의 말을 들으면 안씨의 자부가 시내의 어느
버스정류장에서 광우리에 물건을 담아 파는 것을 봤다고 하니 가
슴 아픈 일이 아닐 수 없다.

이것이 평양기생 이난향이 전해준 명월관의 개략적인 모습이다.
개인적인 증언임을 감안해서 대할 수밖에 없지만, 행간에서 기생과
광대들의 모습과 그들의 행적을 심삭해보기는 어렵지 않다.

명월관의 역사 유전

이난향의 증언은 그 자체로 중요한 의미가 있으며, 그렇기 때문에 좀 더 자세히 알아봐야 할 부분이 있음을 제시해준다. 신문에 실린 명월관 기사와 그녀의 증언이 일치하지 않는 부분이 있기 때문이다. 명월관은 경성시대의 연예를 다루는 데 중요한 위치에 있으므로 가능한 한 관련사항은 명확하게 정리할 필요가 있다.

그런 의미에서 먼저 지적할 것은 개업주의 이름이다. 이난향의 글에는 동아일보사 자리에 있던 명월관을 개업한 사람이 안순환으로 되어 있는데, 당시 신문에 난 명월관 광고를 보면 이와 다르다. 즉, 1906년에 김인식의 이름으로 광고를 하다가 김동식으로 바뀌어 실린 광고가 보인다. 거기에 이듬해에는 건물을 2층 양옥으로 새로 지었다는 광고가 보이기도 한다.

광고를 보면 당시 명월관이 어디에 있었으며, 구조는 어떠했고, 또 어떤 음식을 만들었는지 개략적이나마 알 수 있다. 광고가 게재된 지면은 「만세보」이다.

먼저 1906년 7월 17일자에 실린 명월관 광고를 살펴보면, 안내 명월관 광고(「만세보」, 1906. 7. 17.) 주인의 이름이 김인식으로 되어 있다.

문부터 고색창연하기 이를 데 없다. 이를 풀이해서 내용을 살펴보면, 명월관은 주야로 영업을 했는데 회갑이나 생일을 비롯해서 혼인이나 야유회 때도 멀고 가까운 것을 불문하고 주문만 하면 관리인까지 대동해서 음식을 만들어 보냈다. 음식은 주로 교자음식이었으며 각국 맥주, 양주, 일본주는 물론 여송연과 권연까지 취급하고 있었고, 양과자와 차, 과일 등도 있었다.

위치는 황토현 기념비 앞으로 되어 있고, 맨 끝에 보이는 주인의 이름이 김인식으로 되어 있다. 그런데 이로부터 한 달 후 그 주인의 이름만 김동식으로 바뀐 광고가 다시 나오더니, 이듬해인 1907년 1월 22일자에는 다음과 같은 광고가 나왔다.

폐관이 개설 이후로 귀객의 사랑해주시는 후의를 입어 그 명성이 널리 퍼졌으니 그 감사함을 이루 다 말할 수 없거니와 최근에 이층 양옥을 새로 짓고, 하층은 온돌로 배치하여 방석이나 보료 등도 모두 새로 바꾸어 편안하게 했으며, 각종 요리를 정결하게 일신 준비하여 주야간 불구하고 많고 적음을 불문하고 성실하게 응하겠으며, 심지어 양주도 잔술로 마실 수 있으며 교자도 청구한 지 한

1930년대 명월관의 모습 인근엔 단성사를 비롯해서 연흥사, 장안사, 우미관, 조선극장 등 연예사의 첫 페이지를 장식했던 사설극장들이 있었다.

시간 정도면 준비되어 나올 것이니 내외국인 물론하고 필요하신 경우엔 언제나 청구하시기 바랍니다.

· 각종 요리, 각종 서양주, 각종 경양식요리

· 각종 일본 간스메, 각종 여송연, 각종 권연

· 진찬합, 건찬합, 반교자飯校子

· 특별 신개량 교자음식

명창 가동歌童 정거복鄭巨福이도 있음.

이 광고 내용을 보면 이난향이 회고한 대로 명월관이 동아일보사 자리에 있었고, 2층 양옥이었으며, 아래층은 온돌로 되어 있었다는 점이 동일하다. 황토현 기념비는 지금도 광화문 네거리에 있으며 그 건너편에 동아일보사가 있다. 그러나 명월관이 세워진 시기나 첫 주인에 대해서는 착오가 있었던 것으로 보인다.

또 광고 내용을 보면 초기 명월관에서는 궁중요리를 다루지 않았다는 것을 알 수 있다. 즉, 교자음식이 주종을 이루고 있는데, 이는 구색을 갖춘 음식을 말한다. 광고에서 진찬합, 건찬합은 진반찬과 마른반찬을 말하며, 간스메는 통조림을 뜻하는 일본어이다.

특히 광고에 나오는 맥주와 양주, 통조림, 담배 등속은 일반 시중에서는 쉽게 구경조차 할 수 없는 것들이었다. 이 한 가지만 보아도 명월관의 초기 분위기를 짐작하기는 그리 어렵지 않다. 광고에는 또한 기생들의 춤과 소리도 전혀 보이지 않는다. 다만 1907년 초의 광고에 '명창 가동 정거복'이 있을 뿐이다.

이것으로 미루어 명월관은 안순환이 인수하고 난 뒤 궁중요리를 취급하기 시작했고, 기생들을 동원해 장안의 화제가 된 것으로 보인다. 뒷날 흔히 명월관이라고 하는 곳은 실은 최초의 장소였던 광화문 기념비각 앞의 명월관을 말하는 것이 아니라 대개는 별관이나 분관을 말한다.

그렇게 된 것은 명월관이 명소로서 갖가지 의미를 지닌 화제의 대상이 되었기 때문인데, 더 근본적인 원인은 최초의 명월관이 불타 없어졌기 때문이다. 이에 대해 이난향은 이렇게 적고 있다.

황토현 네거리에 있었던 명월관이 불타버렸다. 내 기억으로는 1918년으로 생각되는데, 여러 군데 확인해보았으나 명월관이 불탄 해를 정확히 기억하는 분을 만나지 못했다.

그 당시만 해도 대부분이 낮은 기와집뿐이었기 때문에 명월관은 우뚝 솟아보였는데 뜻하지 않은 화재를 만나 얽히고설킨 갖가지 사연과 일화를 남긴 채 잿더미 속으로 사라지고 말았다.

장안의 술꾼들은 놀이터를 잃었고, 기생들은 생업 터전을 상실했지만 술집이 명월관 하나만 있는 것이 아니었으므로 오히려 화

명월관 화재(「매일신보」, 1919. 5. 24.) 새벽에 일어난 불은 명월관 기생에게 모욕을 당한 한 고관이 화풀이로 질렀다는 소문도 있었다.

제는 화인을 놓고 꼬리에 꼬리를 물었다. 친일정객들이 나라 팔아 받은 돈으로 거들먹거리던 곳이었기 때문에 시원하다고 말하는 노인네들이 있는가 하면 기생에게 욕본 고관이 분풀이로 불을 질렀다는 얘기, 가산을 탕진한 아들 때문에 화가 상투 끝까지 치민 시골양반이 시킨 일이라는 등 자기들 나름대로 그럴싸한 추측을 했지만 정확한 화인은 가려지지 않았던 것으로 생각된다.

어쨌든 명월관은 불타 없어졌으나 주인 안순환 씨가 남아 있고, 또 명기와 손님이 명월관의 추억을 간직하고 있는 한 명월관은 다시 일어설 여지가 있었다.

그윽하고 깊숙한 곳을 찾아나선 안순환 씨가 새로 자리잡은 곳은 순화궁(현 종로구 인사동 194) 자리였다. 당시 명월관과 어깨를 나란히 견주던 장춘관 주인 이종구 씨의 소개로 순화궁 자리를 잡게 된 안씨는 불량배들이 들끓어 고민하는 이씨에게 명월관 별관 간판을 떼주고, 자기는 순화궁에 명월관 분점 격인 태화관을 차렸다.

명월관은 이미 없어졌고 간판을 장춘관으로 옮겨 달았으니 예전 장춘관이 명월관이 된 것이었다. 그리고 간판은 비록 태화관으로 바꿔 달았지만 명월관의 원래 주인이 하다 보니 그 집도 역시 명월관이라고 불렀다는 회고이다.

그런데 모든 회고기가 그러하듯이 정확히 기억해서 제대로 기록한다는 것이 결코 쉬운 일이 아니라는 것을 이난향의 경우에서도 발견할 수 있다. 이난향은 명월관이 불타 없어진 후 안순환이 태화관으로 명월관을 옮겼고 그곳에서 3·1운동을 맞이하게 되었다고 했는데, 「매일신보」(1919년 5월 24일자) 기사를 읽어보면 뭔가 잘못되었다는 것을 알 수 있다. 왜냐하면 이날의 기사는 바로 황토현의 명월관이 화재를 당해 모조리 불타버렸다는 내용이기 때문이다.

기사에는 불에 탄 직후의 명월관 화재현장 사진까지 실려 있다. 말하자면 명월관은 3·1운동이 일어난 후에 불타 없어진 것이다. 또한 이 기사는 물론 기사와 관련된 광고를 보면 이난향의 회고록에는 이 밖에도 상당한 착오가 있다는 것을 알 수 있다.

그것이 무엇인지 알아보기 위해 우선 「매일신보」에 닌 화재기사를 읽어보기로 한다. 기사의 제목은 '명월관이 소실됨', 부제목은 '이십삼일 오전 여섯 시경에 실화되야 전부 소실되얏다'로 되어 있다.

이십삼일 아침 여섯 시경에 광화문통 명월관 요리점 뒷방 집고 각集古閣 온돌방에서 불이 일어났는데 화세가 맹렬하여 동 여섯 시 반 가량에 전부 소실되고 동편 이웃에 격장한 세심관과 정문 앞에 있는 초가집에도 연소는 되지 않았으나 지붕에 약간 손해가 있었는데 원인은 목하 취조 중이요, 손해액은 약 육만 원 이상이라더라.

기구 전부 소실
한참 잠든 때에 출화

집고각에서 유흥하던 손과 기생이 이십삼일 새벽 네 시경까지 있다가 갔다 하며 점원 일동은 그 뒤를 수습하고 오전 다섯 시가량에야 잠을 자기 시작하여 첫잠이 들어 한참 정신 모르는 아침 여섯 시경에 명월관 건너편에 있는 경관파출소 순사가 명월관 뒤채에서 연기가 일어나는 것을 발견하고 즉시 소방대를 부르며 방화에 노력하였으나 화세가 맹렬하여 불과 삼십 분 동안에 전관을 소실하고 주위에 벽돌로 쌓은 담만 홀연히 남아 있으며 졸지에 맹렬한 불이 일어났으므로 설비한 기구와 세간은 한 개도 건지지 못하고 전소를 당하였는데 손해액은 목하 조사 중이므로 자세치는 않으나 약 육만 원가량이나 될 듯하며 불이 난 원인은 목하 취조 중이더라.

문제의 집고각
재작년에도 한 번 실화

화재의 원인은 목하 조사 중이 되어서 알 수 없으나 이 집고각이라는 방은 명월관 남편 머리에 붙어 있는 이층 온돌인즉 아무리 구조가 완전하다 할지라도 이층 온돌은 안심할 수 없을 것이며 더욱이 방은 재작년 겨울에도 한 번 실화되었으나 다행히 즉시 발견되어 무사히 소화된 곳인즉 이번에도 역시 그 이층 온돌이라는 안심할 수 없는 구조에서 실화가 되었는지, 또 그 전날 밤에 그 방에서 놀던 손은 매우 늦도록 놀아서 화재가 나던 날 오전 네 시까지 놀았다 한즉 이와 같이 늦도록 놀고 난 뒤를 방을 치우는 뽀이들이 한참 졸린 판 혹 부주의나 하지 아니하였는지 그는 알 수가 없으나 전기 이층 온돌이 원인일 듯하더라.

이 기사가 나온 날 광고란에는 실화를 일으켜 죄송하며, 임시사무소를 마련했다는 명월관 측의 광고가 실려 있다. 그런데 이 광고에서 눈길을 끄는 것은 바로 광고를 낸 명월관 측의 표기이다. 광고를 낸 측이 두 군데 공동으로 되어 있는데, 한 군데는 '광화문통 명월관 본점'이고, 다른 한 군데는 '인사동 명월관 지점'으로 되어 있는 것이다.

임시사무소라 한 곳은 바로 인사동 명월관 지점으로 주소가 인사동 195번지로 되어 있다. 이난향은 태화관의 주소를 인사동 194번지라고 했으며, 불이 난 다음 날 실린 임시사무소의 주소는 인사동 195번지이다. 이는 이난향이 말한 태화관과 광고에 실린 인사동 명월관 지점이 같은 장소임을 뜻한다.

이것을 정리해보면, 안순환이 태화관을 개업한 것은 불이 난 뒤가 아니라 불이 나기 전이며, 불이 나기 직전 그곳은 명월관 지점으로 불리고 있었다는 것을 알 수 있나. 또 기사의 뒷부분에 안순환이 명월관을 인수하기 전에 명칭이 따로 있었다는 점을 밝혀놓았는데, 그 명칭은 명월루로 되어 있다.

그리고 보면 명월관의 명칭은 명월관, 명월루를 거쳐 다시 명월관이 되었다가 소실된 것이다. 그리고 그 이름만은 계속 남게 되고, 안순환 역시 그 계통에서 발을 빼지 않았던 것으로 보인다.

무슨 이유에서인지 안순환은 본점을 인계하여 태화관太華館을 개점하면서 상호를 태화관泰和館으로 바꾸었다. 3·1운동 당시 33인이 독립선언을 한 후 일경에게 잡혀간 곳이 바로 태화관이다. 태화관은 지금의 공평동에 있었고 장춘관은 피카디리극장 자리에 있었다. 인근에는 단성사가 있었고, 장안사와 연홍사가 있었으며, 나중에 우미관과 조선극장이 들어섰다. 모두 잠깐 걷기만 하면 닿을 수 있는 구역에 모여 있었다.

우여곡절 끝에 이름만 장춘관 자리로 옮겨온 명월관은 이렇게 지역적으로도 전통연희가 개성을 지닐 수 있었던 이유를 말해주고 있다. 그리고 그 어떤 경우에도 기생을 제외하고는 그 실체와 과정을 이해할 수 없는 것이다.

이렇듯 기생 없는 요릿집, 기생 없는 명월관은 무의미하다. 아무리 산해진미가 있고 얼굴 고운 기생이 있다 해도 기생이 소리와 춤을 모른다면 그것은 향기 없는 화원에 불과하다.

일본에도 명월관이 있어서 인기가 있었던 것도 알고 보면 조선의 음률, 조선의 정서가 있었기 때문이다. 월간 「삼천리」(1932년 2월호)에는 '동경 명월관의 번창'이라는 제목으로 다음과 같은 박스 기사가 실려 있다. 읽어보면 그 이유는 결국 기생의 재능에 있다는 것을 알 수 있다.

최근 동경서 온 사람의 이야기를 듣건대 동경에 명월관이란 조선요리점이 생기었는데 그것은 건물도 순 조선식의 주란화벽朱欄畵壁이요, 음식도 신선로에 김치, 깍두기요, 음악도 에-이- 하는 삼현육각이요, 노래도 수심가요, 육자배기요, 서비스하는 이도 전부 화용월태花容月態의 치마저고리 입은 기생 십여 명이라는데 손님의 대부분은 일본인들로 요즈음 많은 날의 하루 매상고가 오천 원을 초과하였고, 그렇지 못한 날도 이천 원, 삼천 원을 보통 센다는데 어째서 이렇게 명월관이 유명하게 발달하는가 하면 조선기생의 요염한 자태에다가 독특한 조선음식이 그네의 호기심을 끈 까닭인 듯하다고 한다.

기생들이 주로 요릿집을 무대로 활동하던 시기의 행적은 「매일신보」나 「동아일보」, 「조선일보」, 「조선중앙일보」, 그리고 월간 「삼천리」, 「별건곤」 등에 실려 있다. 그런데 신문과 잡지라고 해서 모두 기생을 다룬 것은 아니었다. 3·1운동 이후 이른바 문화정책이라는 미명 아래 언론출판에 유화책을 써서 많은 출판물이 나왔지만 기생이라면 아예 다루지 않는 지면도 많았던 것이다.

기생을 다루지 않는다는 것은 전통소리를 도외시한다는 것을 뜻했다. 실제로 그런 지면들은 고유음악을 전근대적이고 퇴영적인 것으로 취급했다. 그럼에도 수백 년간 이어져온 조선사람의 가락은 거리에 나가기만 하면 언제라도 들을 수 있었다.

권번기생 사진첩 『조선미인보감』

　경성거리에서는 어느새 이름만 들어도 아는 기생, 얼굴이 널리 알려진 기생, 도도한 기생, 새침떼기 기생 등 이른바 인기 있는 기생을 지칭하는 표현들이 자연스럽게 통용되었다. 그런 기생들의 모습을 다룬 자료로 가장 돋보이는 것으로는 단연 『조선미인보감』을 들 수 있다. 1918년에 앨범식으로 간행된 이 책에는 서울에서 네 군데의 권번에 소속된 기생 487명, 지방에서 열두 군데의 기생조합에 소속된 기생 118명, 모두 605명의 사진과 이력사항, 특기 등이 기록되어 있다.

　책의 크기는 4×6배판으로 모두 312면인데, 세로 조판으로 되어 있으며 왼쪽으로 넘기게 되어 있다. 발행자는 당시 경성신문사 사장이었던 아오야나기 고타로〔青柳綱太郎〕, 발행한 곳은 조선연구회와 신구서림으로 되어 있다.

　책을 펼치면 편자가 쓴 「조선미인보감서」와 「미인보감제언」, 그리고 「미인보감서」가 잇달아 실려 있고, 이어서 서울의 한성권번부터 시작되는 본문이 나온다. 본문에는 먼저 한성권번의 건물이 전

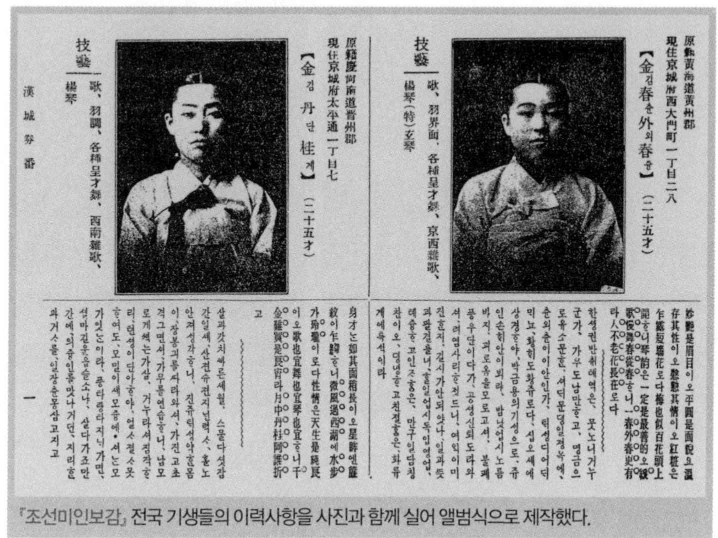

『조선미인보감』 전국 기생들의 이력사항을 사진과 함께 실어 앨범식으로 제작했다.

면에 실려 있고, 이어서 소속기생들이 정면에서 촬영한 상반신 모습이 한 면에 좌우 한 명씩 실려 있다.

사진이 상단 중앙에 있고, 사진 오른쪽에는 본적지·현주소·기생의 이름·나이가 적혀 있으며, 사진 왼쪽에는 다루는 기예의 종류가 열거되어 있다. 예를 들어 한성권번 김춘외춘金春外春의 경우 본적은 황해도 황주군이고, 현주소는 경성부 서대문정 1정목 28로 되어 있고, 나이는 이름 밑에 25세라고 표기되어 있다. 다루는 기예로는 '가歌, 우계면, 각종 정재무, 경서잡가, 양금(특), 현금'이다.

그리고 사진 아래쪽에는 해당기생의 약력과 성품, 자태를 글로 표현해놓았다. 김춘외춘의 경우를 예로 들어보면 「눈썹은 요염하고, 얼굴은 둥근 듯하면서 반반하며, 성격은 온순, 정감은 은근, 붉게 화장을 하면 이슬을 맞은 채 담장 너머로 고개를 내민 한 떨기 꽃이라」는 식으로 오른쪽에 묘사한 부분이 있다. 그리고 왼쪽에는 약력을 다음과 같이 소개해 놓았다.

한성권번 취체역은 묻노니 그 누군가. 가무도 남만 하고, 명금으로 유소문한 서대문정 일정목에 춘외춘이 아닌가. 태생지 어디메뇨. 황해도 황주로다. 십오 세에 상경하여 백금용의 기생으로 주인 손해 아니 뵈려 밤낮없이 놀음받이, 괴로움을 모르고서 불폐풍우 다니다가 공성신퇴 돌아와서 어렵사리 하쟀더니 여액이 미진한지 길시가 안 되었나, 일과 뜻과 말결 틀려 할 일 없이 독립영업, 체중하고 인자함은 만구일담 칭찬이요, 정녕하고 친절함은 화류계에 특색이라.

기생을 다룬 책으로는 흔히 이능화의 『조선해어화사』를 꼽는다. 그러나 이 책은 예로부터의 기생을 다룬 것으로 책제목에 표현된 '말을 알아듣는 꽃'이라는 뜻의 해어화_{解語花}는 기생이라기보다 기녀를 일컫는 것이라고 할 수 있다.

『조선미인보감』처럼 기생의 사진과 약력을 다룬 것으로는 「매일신보」의 1914년 연재기사 「예단일백인」을 들 수 있다. 전적으로 기생만 다룬 것은 아니지만, 이 기사야말로 기생을 본격적으로 다룬 최초의 기사라고 할 수 있을 것이다. 이 기사가 나온 지 4년이 지나 전국의 기생을 대상으로 한 책자가 나왔는데, 그것이 바로 『조선미인보감』이다.

그렇다면 기생들의 모습을 일일이 촬영하고 이력사항과 장기를 기록하여 사진첩으로 만들어낸 이유는 무엇일까? 비난하자면 한이 없고 천박하다고 손가락질하자면 또한 한이 없던 기생들을 왜 잘 꾸며진 도록식 책자에 담아냈을까?

희한하고 진기하기조차 한 이 책의 출간이유는 서문을 읽어보고 전체적인 구성을 잘 살펴보면 저절로 알게 된다. 편집자는 이 책이 나왔을 때의 여론을 염두에 두고 있었다는 듯 서문에 발간 이유를 밝혔다.

슬프다. 그대의 말이여. 그대는 진실로 자막의 집중으로 고집 불통하는 소견이로다. 옛적 공부자는 대성인이시로되 시서를 산정하실 때 음란한 말이 비할 데 없는 정위지풍을 산거치 아니하심은 어쩐 뜻이오. 그대의 말 같을진대 정위지풍도 가히 음란한 일을 소개할 만한 글이라 하겠도다. 이는 곧 정위의 부정한 풍속을 거울삼아 후인을 경계하시는 깊은 뜻이시니, 청컨대 그대는 이 뜻을 미루어 『미인보감』을 자세히 볼지어다.

"기생들이 그릇된 길로 들어서지 않게 하기 위해서 발간하게 되었다"고 전제하고 위의 글로 마무리를 했지만 이런 서문의 내용은 별로 솔직해 보이지 않는다. 기생들을 깨우치기 위해 책을 발행했다고 했는데, 그런 이유만으로 내는 책치고는 불필요하게 기생들을 내산하고 있기 때문이다.

이 책은 기생들의 기예가 무엇인지를 잘 아는 한편 그것에 매료되지 않고서는 결코 발간할 수 없는 책이다. 기생을 평한 글이나 약력에 실린 기량에 대한 평판 등이 그 점을 단적으로 말해주고 있다. 즉, 전체적으로 보면 소리에 능하고 춤에 통달한 기생들을 자신 있게 소개하는 책이 바로 『조선미인보감』이다. 그러므로 서문의 내용은 이 책의 성격과는 완전히 동떨어진 것이다.

실제로 이 책을 발행한 출판사인 신구서림은 이미 1914년에 『정선조선가곡』, 1915년에 『고금잡가편』과 『무쌍신구잡가』 그리고 1916년엔 『증보신구시행잡가』를 발간한 바 있다. 그중 『정선조선가곡』과 『증보신구시행잡가』의 편저자는 「미인보감제언」에 서적계의 돋보이는 인물로 소개된 지송욱으로 되어 있다.

따라서 이 책의 저술에 일본인의 이름이 섞여 있기는 하지만, 전에 발간한 잡가집들과 일맥상통한 면이 있는 전체 내용으로 보아 기생들의 소리를 잘 아는 한국인의 솜씨라는 인상을 지울 수가 없다.

「매일신보」의 「예단일백인」이 1910년대 기생조합 시절의 기생 사회를 이해하는 데 생생한 자료를 제공했다고 한다면, 『조선미인보감』은 1920년대 이후 권번 시대의 기생사회를 이해하는 데 징검다리 역할을 해준다고 할 수 있다.

『조선미인보감』은 「예단일백인」보다 훨씬 많은 기생을 다루고 있다. 여기에 권번에 소속된 기생들이 모두 포함된 것은 아니지만, 우선 당시 기생들의 실태를 알아보는 데는 손색이 없다.

『조선미인보감』을 토대로 해서 서울의 권번과 지방의 기생조합, 그리고 출신지별 인원수를 산정해보면 다음과 같다. 이것은 「한국음악연구」 제28집에 실린 권도희의 「서도 음악인의 남진 한계」 중에서 인용한 자료이다.

	평안	황해	서울	경기	경상	전라	충청	강원	함경	합계
한성권번	44	4	80	9	48	3	1	0	1	190
대정권번	98	1	62	0	17	4	0	0	0	182
한남권번	0	0	7	0	61	5	0	1	0	74
경화권번	1	0	34	2	2	0	0	1	0	40
대구조합	1	0	1	0	30	0	0	0	0	32

	평안	황해	서울	경기	경상	전라	충청	강원	함경	합계
금천조합	0	0	0	0	3	0	0	0	0	3
동래조합	0	0	0	0	11	0	0	0	0	11
창원조합	0	0	0	0	2	0	0	0	0	2
광주조합	0	0	0	0	0	7	0	0	0	7
평양조합	7	0	0	0	0	0	0	0	0	7
진남포조합	3	0	0	0	0	0	0	0	0	3
수원조합	1	0	15	1	10	3	3	0	0	33
개성조합	0	0	0	2	0	1	0	0	0	3
인천조합	0	0	2	0	2	1	0	0	0	5
안성조합	0	0	0	3	2	0	0	0	0	5
연기조합	2	0	1	0	3	0	1	0	0	7

한성권번漢城券番은 서울출신 기생들을 주축으로 하고, 대정권번大正券番은 서도출신 기생들을 주축으로 했다. 또 한남권번漢南券番은 남도, 즉 경상도와 전라도 출신 기생들을 주축으로 하고, 경화권번京和券番은 서울출신 기생들 중에서도 이른바 삼패라 해서 낮게 취급된 기생들을 주축으로 했다.

한성권번은 전신이 광교 기생조합이었다가 권번제의 두입으로 한성권번이 되었으며, 이후 계속 같은 이름으로 기생을 가르쳐서 영업을 했다. 대정권번은 다동 기생조합이 바뀐 것으로 이후 조선권번朝鮮券番으로 다시 명칭을 바꾸었다.

한남권번의 경우는 오래가지 못했다. 처음에는 경상도와 전라도 출신들이 모였다가 차츰 전라도출신들이 한성권번으로 가는 바람에 영남출신들만으로 지탱하던 중 1930년대 종로권번鍾路券番이 생길 때 많이 흡수되었다. 경화권번은 전신이 신창新彰기생조합이었는데, 차별을 받던 이 조합의 기생들은 권번이 되면서부터 특기인 잡가를 인정받아 인기를 얻었다. 그러나 경화권번 역시 오래가지 못하고 종로권번이 생길 때 많이 흡수되었다.

기생들은 대개 권번과 가까운 지역에 모여 살았다. 서울에서 기생들이 모여 사는 곳으로는 오궁골과 곤당골, 다방골, 그리고 염천교와 수표교 부근이었다. 그중 오궁골은 지금의 신문로 일대인데, 조선조에 궁중에 드나들던 기생들이 거주하던 곳으로 권번의 위치와는 상관이 없었다.

그러나 현 롯데호텔 부근의 곤당골과 다방골은 관기제도가 폐지되고 나서 다동 기생조합과 광교 기생조합이 먼저 이곳에 생겼기 때문에 기생들의 집단거주지가 되었다. 염천교와 수표교 인근의 기생들은 이른바 삼패 기생들이었다. 잡가를 부르며 매춘까지 한다 해서 격을 낮게 보았는데, 기생의 재능이 점차 흥행가치를 지니게 되면서 그런 차별은 없어졌다. 특히 수표교 부근의 시궁골 기생들은 잡가를 잘 부르는 것으로 명성이 높았다.

『조선미인보감』을 통해 살펴보았듯이 기생은 크게 서울출신과 서도출신으로 나눌 수 있을 만큼 서울과 서도의 수적인 비중이 컸다. 거기에 활동지역이 주로 서울이었다는 점, 서도출신들이 대거 서울로 와서 활동했다는 점은 가장 두드러진 현상이었다.

이것은 「매일신보」에 실렸던 「예단일백인」의 자료와도 별로 차이가 없다. 그리고 이후 일본에서 레코드업자들이 몰려오고 방송이 생겨났을 때도 변함이 없었다. 달라진 것이 있다면 기생들의 기량은 더욱 세련되어졌고, 레퍼토리가 다양해졌으며, 소리에도 있었던 제약이 완전히 무너졌을 뿐만 아니라 기생들의 수도 훨씬 늘어났다는 점이다.

기생들이 잡지 「장한」을 펴내다

기생은 마치 필요악처럼 인식되기도 했고 동정의 대상이 되기도 했다. 삼보견일기三步見一妓니 일보견일기一步見一妓, 즉 세 걸음만 걸어도 기생을 만날 수 있다느니, 한 걸음만 걸어도 기생을 만날 수 있다느니 하는 농담의 대상이 되기도 했고 개탄의 대상이 되기도 했다. 개탄의 소리 끝에는 꼭 기생을 없애야 한다는 소리가 들려왔는데, 그중 외국에서 공부하고 돌아온 이른바 신여성들이 더 큰 목소리를 냈다.

새능이 아닌 도닥싱민 가지고 길디의 대상이 된 사람들이 비로 기생들이었으며, 기생들도 그런 지적에는 별다른 변명을 하지 못했다. 하지만 기생사회가 엄연히 한 계층을 이루었을 때, 그들은 더 이상 자신들에 대한 보편적 사회통념을 수긍하려고만 하지 않았다. 할 말은 해야겠다는 의지를 발휘하기 시작한 것이다. 한 직업인으로서, 여성으로서, 무엇보다 한 인간으로서 자신이라는 존재의 가치와 존엄성에 눈뜨기 시작한 것이다.

이때 나온 것이 이른바 세상에서 기생잡지라고 부른 「장한長恨」

「장한」 창간호 표지(1928. 1. 10.) 세상에서는 흔히 기생잡지라고 불렀다.

이다. 기생들이 주축이 되어 발행인이 되고, 청탁을 하고, 원고를 쓰고, 편집을 해서 만든 잡지였으니 기생잡지라 할 만했다. 제목 또한 기생의 기구한 삶을 연상시켰다.

「장한」은 1927년 1월호로 창간호를 발간했다. 4×6배판으로 127면이며, 세로조판으로 국한문혼용체이지만 거의 한글로 되어 있다. 발행인은 김보패, 인쇄인은 노기정으로 되어 있고 잡지사 사무실은 서울 관수동에 있는 것으로 되어 있다.

김보패와 노기정은 『조선미인보감』에는 실려 있지 않은 인물인데, 아마 연륜이 상당히 된 기생으로 경향의 기생들에게는 널리 알려져 있었던 듯하다. 그렇게 보는 이유는 김보패라는 이름 때문이다. 서울에 사설공연장이 생기고 기생이 처음으로 무대에 올라 소리를 할 때 서울소리를 잘하여 크게 명성을 떨친 기생 중 홍도와 진주, 보패라는 기생이 있었던 것이다.

특히 보패는 「개타령」을 잘해 인기가 있었는데, 이창배의 「민요 70년의 발자취」에는 그녀의 생몰년이 '1860년~1945년'으로 나와 있다. 만일 그녀의 이름이 「장한」의 발행인과 동일인이라면, 나이로 볼 때 잡지를 발간할 당시 그녀는 기생사회에서 어른대접을 받고 있었을 것이다.

표지에는 잡지 이름이 한자로 크게 들어가 있고, 그 아래에 한 기생이 갇히듯이 들어가 있는 새장 하나가 그려져 있다. 새장 위로는 '신년창간호', 아래로는 '제1년 제1호'가 역시 한자로 들어가 있다. 그리고 새장 오른쪽으로는 '동무여 생각하라', 왼쪽으로는 '조롱 속에 이 몸을'이라는 글귀가 세로로 들어가 있다. 연결해서 읽으면 "동무여 생각하라, 조롱 속에 이 몸을"이 된다.

이 잡지가 나오기 전 이 땅에서 숱한 잡지가 명멸했지만 「장한」은 참 특이하고도 이채로운 잡지였다. 일단 기생들이 잡지를 만들었다는 사실만으로도 눈길을 끌고 시비를 불러일으킬 수 있었다. 하찮은 기생들이 잡지를 만들다니, 그것은 신기하기도 하고 믿기지 않는 일이기도 했으며, 또한 있을 수 없는 일이기도 했다.

그러나 「장한」은 분명 한국 잡지사에서 이채를 띠는 잡지로 기록되어 있다. 삽시사 전체로 보면 큰 비중을 치지하는 것은 아니지만, 잡지의 성격을 볼 때 의미하는 바가 결코 단순하지 않다.

이 잡지는 현재 최초의 기생잡지로 기록되어 있지만, 이는 사실이 아닌 것으로 보인다. 왜냐하면 「개벽」(1926년 6월호)의 지방소식란 중 '군산잡화群山雜話'에 다음과 같은 기사가 보이기 때문이다.

기생사진이 가득 찬 것으로 유명한 진기한 잡지 신춘新春군산분사장群山分社長이 전두일全斗日 군이라나. 예노친목회간사藝勞親睦會幹

事로 기생잡지분사장妓生雜誌分社長도 할 만하지만 기생의 사진을 팔러다니는 군 자신의 양심도 가책이 없을는지.

이것은 「장한」이 나오기 적어도 6개월 전에 화보로 보이는 기생잡지가 있었다는 것을 말해주는 기사이다. 화보는 물론 기생의 모습을 실은 것으로 기사에서 비아냥거리는 품으로 봐서는 다분히 선정적이고 상업적이었던 듯하다.

이에 비한다면 「장한」은 다른 잡지와 견주어도 손색이 없을 만큼 편집방침이 분명하고 자기 의사를 확실하게 나타내는 논조가 있다. 기생들이 어떻게 이런 잡지를 만들 수 있었는지 의아할 만큼 정연하게 다듬어져 있는 것이다.

이런 잡지가 나오게 된 것은 당시 신예작가로 활동하던 서해曙海 최학송崔鶴松이 편집에 관여했기 때문이라고 한다. 최학송은 당시 20대 중반으로 나이에 어울리지 않는 온갖 풍상을 겪으면서 밑바닥 인생의 삶을 적나라하게 그려내 주목을 받던 작가였다. 그러므로 그의 문학소재와 기생의 삶이 가까이에서 만날 수 있었을 것이라는 추측을 어렵지 않게 해볼 수 있다.

김월선이 필자로 되어 있는 '창간에 제際하여'를 읽어보면 「장한」의 발행 취지를 알 수 있다.

본래 사람은 다 같은 운명을 타고났을 것이요, 다 같은 의무를 가지고 났을 것이다. 그리고 착한 것을 좋아하고 악한 것을 싫어하는 것은 사람의 떳떳한 정이다. 그러나 사람에게는 조석으로 측량치 못할 화복이 있고, 하늘에는 측량치 못할 풍우가 있는 것이다. 싫은 일, 좋은 일을 당하게도 되며 착한 것, 악한 것을 보게도 되는 것이다.

그러나 사람에게는 그만한 번화가 있다고 모든 것을 내버려둘 수는 없는 것이다. 자신에나 사회에나 불행하며 불리할 줄을 알면 없애버려야 하며 아니 하여야 할 것이다. 이 점에 있어서 조선의 기생은 하루바삐 없애야 하겠으며 아니 하여야 하겠다. 그것은 기생 자신의 참담한 말로를 짓게 되며 일반사회에 많은 해독을 끼치는 까닭이다. 될 수만 있으면 기생 자신을 위하여 또는 일반사회를 위하여 기생이란 부자연한 제도가 어서 폐지되어야 하겠다.

그러나 현하 사회제도가 아직 이것을 허락지 않는 것은 부인하지 못할 사실이니, 그대로 계속하여 있기로 말하면 모든 점에 있어서 향상되며 진보되어야 하겠다. 그리하여 사회에 끼쳐지는 해독이 없도록 하며 자신에 돌아오는 참담을 면하도록 하여야 하겠다. 이와 같은 취지에 있어서 문화적 시설의 하나이며 향상 진보 기관의 하나로 잡지 「장한」을 발행하는 것이다.

김월선은 『조선미인보감』에 따르면 평양 출신 기생으로 나이는 20대 후반이었다. 13세에 기생이 되었고, 서울 대정권번에 소속되이 춤과 노래를 배워 시조의 가사, 거문고에도 능했다.

위의 글은 우선 기생을 없애야 하는 대상으로 여긴다는 점에서 그들의 뜻을 분명히 하고 있다. 그러면서 기생사회에 어떤 개혁이 있어야겠기에 잡지를 내는 것이라 했다. 그렇다면 그들이 없어져야 한다고 주장하는 기생은 남성의 유흥대상으로서의 기생을 말하는 것이 분명하다.

「장한」 창간호는 주로 기생의 현재를 기생의 입으로 말하는 내용으로 채워져 있다. 기생들이 말한 기생의 오늘은 한마디로 인간으

로 살고 싶다는 것이었는데, 이것은 의외의 일로 받아들여졌던 것
으로 보인다.

기생이라고 해서 할 말이 없다고는 할 수 없다. 그런데 그것이
권번에 대한 불만일 수도 있고, 요릿집에 대한 항변일 수도 있으며,
자기반성일 수도 있고, 교양을 위한 것이거나 정보교환의 수단일
수도 있었을 텐데 그 어느 경우보다 멸시받지 않고 무시당하지 않
으며 살고 싶다는 것이었다. 잡지 전반에 깔린 분위기는 절대적으
로 '인간으로서의 기생'이었다는 점이 가장 큰 특징이었다.

이런 편집방침에 대한 반응이 결코 순탄치 않았으리라는 점은
편집후기를 읽어보면 알 수 있다. 발행인 겸 편집인 보패의 이름으
로 실린 다음의 글이다.

편집을 마치고 나니 섣달그믐이 다 되었습니다. 처음 뜻은 송구
호送舊號로 편집하여서 보내는 묵은해를 기념하려 하였삽더니 이
미 이렇게 늦어졌습니다.

오늘 나온다, 내일 나온다 하여 강호에 계신 여러 오빠, 언니, 누
나들이 초조하게 기다리실 줄 어찌 모르오리까마는 사정이 사정이
라, 거리끼는 바가 많아서 이처럼 늦었사오니 사랑하시는 마음으
로써 용서하여주옵기를 바라옵니다.

그러나 새로운 새해의 첫머리에 나오는 것을 생각하오면 우리의
새로운 소리가 더욱 새로운 듯하와 기쁘기 한량없습니다.

우리를 사랑하셔서 금옥 같은 원고를 보내어주신 여러분께 깊이
감사를 드리오며 일후에도 많이 써주시기를 빌고 바라옵니다.

다음 호부터는 내용을 더욱 충실히 하고, 선배 여러 어른의 지도
를 받고자 하오며 갖은 정성을 다하와 제 기일에 내겠습니다.

이것은 책이라고 이름 짓느니보다 우리의 입이라고 이름 짓는 것이 지당하오니 가슴에 품으신 생각이 있삽거든 입을 열어서 세상에 전하여주시옵기를 크게 바랍니다.

다음 호부터는 내용을 더욱 충실히 하겠다고 했으나 이 잡지는 다음 호를 발간하지 못한 것으로 보인다. 제2호가 전해지지 않고 있기 때문이다. 따라서 창간호가 곧 종간호가 되고 만 것이 아닌가 하는 추측을 불러일으킨다.

그러나 어떠한 경우에도 기생들이 만들어 후대에 전해준 잡지 「장한」 창간호는 기생사회뿐만 아니라 그들이 담당하고 있던 기예의 실체를 진정으로 이해하는 데 적잖은 도움을 주고 있다. 「장한」 창간호는 기생들이 비록 노래 부르고, 춤추며, 웃음 파는 생활을 하고 있었지만 진정으로 이해받기를 원했다는 것을 알게 해준다. 그들의 고충이 무엇이었으며, 그들이 무엇으로 인해 괴로워했는지 적나라하게 그려내고 있는 것이다.

이는 기생들이 잘못 이해되고 있었으며, 그것이 훗날에까지 이어졌다는 사실을 일깨워준다. 아울러 이는 전통이 어떻게 전해지게 되었는지, 그것을 알기 위해서는 어떤 자세가 필요한지 알게 해주는 실제적 자료라고도 할 수 있다.

기생을 없애라

기생들은 자신들의 입장이 당대에 이해되기를 원했지만 그것은 그리 쉬운 문제가 아니었다. 사회는 아직 조선사회의 연장선에 있었고, 기생의 부정적인 면이 더 크게 부각될 만큼 인습의 틀은 여전히 완고했기 때문이다.

그런 사회여건 속에서 기생은 계속 매도의 대상이 될 수밖에 없었으며, 기생을 없애야 한다는 목소리가 꾸준히 들려왔다. 한쪽에서는 기생들이 의식의 눈을 떠가고 있는데 다른 한쪽에서는 기생을 아예 없애서 사회적 병폐를 일소해야 한다는 논리정연한 주장이 들려왔다.

지식인층 사이에 독자층을 형성했던 월간지 「동광」(1931년 12월호)에 실린 「기생철폐론妓生撤廢論」은 그런 사회분위기를 이해하는 데 도움을 준다. 기생을 없애야 한다는 문제를 놓고 논란이 벌어진 일은 조선왕조 시대에도 여러 차례 있었고, 기생제도가 폐지된 이후에도 있었다. 그러나 그때마다 목표로 삼았던 기생타도는 번번이 실패했다.

그렇다면 서구문물과 만나 성격까지 변해버린 20세기 초의 기생을 타도하자는 변은 어떤 것이었을까? 지금까지 기생이라는 계층이 어떤 토양에서 자라왔는가를 살펴왔으므로 기생타도의 변을 이해하기 위해서는 안목을 달리해 읽어볼 필요가 있다. 따라서 그 의도를 명확히 전달하기 위해 기사전문을 싣기로 한다. 다음은 필자가 한청산으로 되어 있는 기사이다.

기생철폐론

기생의 민중화

민중화의 시대다. 학문도 민중화, 정치도 민중화, 경찰도 민중화, 모두가 다 민중화하는 이 시대니 어찌 기생이라고 민중화가 아니 되랴.

옛날은 관기라 하여 군수, 사또가 아니면 데리고 놀지 못하는 기생이 일조에 양반정치가 무너지고 섬 건너 양반정치가 된 뒤로 아주 철저히 민중화가 되어 이제는 개쌍놈의 아들이라도 황금만 가졌으면 일류명기를 하룻밤에 다 데리고 놀 수 있게 되었다.

명월관이니, 식도원이니 하는 갑종甲種 요릿집이면 물론이요, 기생출입이 없는 소음식점에리도 돈만 내면 얼려거께 들어온다. 그러고는 시내외의 절간으로, 야릇한 여관집으로, 공원산보로, 극장으로, 카페로 기생의 서식지는 점차 그 범위가 확대되어간다.

구주대전歐洲大戰에 졸부자猝富者 출현으로 동경서는 일류명기를 발가벗겨 춤을 추었다는 등 연회 선물로 동기童妓를 일 명씩 유리상자에 넣어서 보냈다는 등 당시에 이야깃거리가 되었거니와 정종 술과 압록강절鴨綠江節의 수입이 기생의 민중화를 더욱 촉진한 것이 사실이라 할까.

연회라 하면 기생이 없이는 안 될 것으로 알고, 교제라 하면 기생을 안기어주는 것이 일등으로 알게 되었으니 기생은 또한 어떤 의미로는 필수품의 하나가 되었다고 할까.

기생철폐의 필요

만일 기생제도가 사회에 해독을 주는 것이라 하면 기생의 민중화는 그 해독을 일층 보편화하는 것이니 더욱 철폐의 필요를 느낄 수밖에 없다.

기생제도의 옹호자는 조선 전통예술의 보존을 유일의 이유로 들 것이다. 조선 재래의 민요와 무용을 존속할 자는 기생밖에 없다는 것이다. 그러나 첫째로 요지凹地에 고인 물같이 침체부진하여 진보의 가능성이 없는 소위 고무용, 고예술을 아까워서 눈물 흘리는 자는 동양취미에 몰수沒首한 양코들이나 할 일이지 진취모험을 본직으로 하는 현대 조선청년에게 있어서는 무용의 한사閑事다.

고예술을 아주 버리자는 것이 아니다. 고예술을 가져다가 신생명을 불어넣어서 정말 조선의 생명을 살리는 일은 기생에게 맡길 것이 아니라 새로 자라나는 청년남녀의 진정한 예술적 활동에서 찾을 것이다.

더군다나 소리 잘하고 춤 잘 추는 기생 만나보기가 하늘의 별 따기보다 어려운 이때에 그런 어리석은 수작으로 퇴폐적 향락생활의 변호를 할 수가 없을 것이다.

기생을 철폐해야 할 이유는 세 가지다. 첫째는 그것이 노예제도의 유물로서요, 둘째는 가정의 파탄자로서요, 셋째는 국민 원력元力의 소모자로서다.

기생제도가 자본주의가 표면으로 없이했다고 하는 노예제도의 존속인 것은 누구나 이의가 없을 것이다. 역사상으로 보아서 그것이 봉건귀족의 노예로서 발생된 것이 사실일 것이다. 근대에 와서는 자본주의적 노예로 화하였다.

그들은 단순한 임금노동자와도 달라 이종二種의 주인을 섬기는 노예로 되어 있다. 그들은 시간대를 내고 그들을 일시적으로 매점하는 '손님'의 노예일 뿐 아니라 포주라는 물건들의 착취의 대상물이 되어 있다.

현대의 임금노동자는 명색이나마 자유계약의 권리가 있다. 그러나 기생에게는 아무러한 자유가 없다. 계약의 자유도 없고 폐업의 자유도 없다. 그들은 완전한 노예다.

일본에는 창예기娼藝妓의 자유폐업법自由廢業法이 있지마는 조선의 기생은 명색만이라도 창娼이 아니기 때문에 그것조차 없다. 물론 포주나 양부모가 없이 단독으로 개업한 기생도 없지 아니하나 이것은 극소수다. 그 대부분은 포주의 혹독한 손 아래서 원치 않는 생활을 하는 것이다.

그뿐 아니라 그들은 다시 그들의 시간을 돈 주고 사는 '손님'의 완롱지물玩弄之物이 된다. 인격상 모든 품위와 권리를 유린당한 일개의 색욕반족의 기구가 된다. 그리고 다시 탐매한 포주는 그들에게 매음을 강요한다. 기생의 지위는 현금에 있어서 창기와 사실상 조금도 다름이 없다.

이렇게 그들은 이중, 삼중의 노예생활을 하고 있다. 노예의 폐지는 현대문명의 절대적 요구다. 기생제도 철폐의 첫째 이유는 기생 자신의 인권옹호에 있다.

둘째로 우리는 가정옹호의 입장에서 기생철폐를 주창한다. 가정파탄의 주요원인이 기생제에 있는 것은 물론 아닐 것이다. 그러나 기생의 존재는 부단으로 가정평화에 대한 위협을 주는 것도 사실이다. 기생제도의 존재는 남성의 방탕, 음일의 풍조를 조장하여 다른 모든 남성본위의 성도덕과 마찬가지로 현대의 가정을 일편의 허수아비로 화하고, 아내에게서 평화를 빼앗으며, 자손에게서 교육을 빼앗는 한 기구가 된다.

이것은 축첩제와, 강제결혼과, 이혼의 부자유와, 편무적片務的 정조관과, 공창제도와, 재산권과, 기타 모든 남성본위적 제도와 마찬가지로 가정을 파멸에서 구하기 위하여 단연 절개수술을 해야 될 물건 중의 하나다.

셋째로 우리는 사회적 원동력의 낭비자로서 이 제도를 배척한다. 외교적 연회는 반드시 기생을 부르고 난무철야亂舞撤夜치 아니하면 안 될 이유는 없다.

조선이 외래문화와 접촉하여 얻은 것 중에 가장 악한 물건의 하나가 이 기생 부르는 연회제도다. 상거래를 하려고 해도 기생, 이권운동·취직운동에도 기생, 꽃 피었다고 기생, 뱃놀이에 기생, 약수터에 기생, 달구경하자고 기생, 망년忘年하자고 기생, 사시장철 기생이니 이러고도 이 사회가 시들어빠지지 않을 수가 있을까. 늙은이도 기생, 젊은이도 기생, 교원도 기생, 생도도 기생, 실업가實業家도 기생, 실업가失業家도 기생, 이러고도 어찌 국민의 원기가 닳아 없어지지 아니할까.

기생이 없어져도 내외술집이 있고, 카페가 있고, 은군자가 있고, 유곽이 있고, 무엇이야 없으랴. 그러하나 공공연하게 사회가 허락하는 소위 요리점 교제만 없이 하여도 우리 사회의 능률이 얼마나 증진되랴.

남들도 공창公娼도 있고, 사창私娼도 있고, 카페도 있고, 별것 다

있으나 기생만은 우리 사회가 남달리 가지고 있는 것이다. 망해가
는 우리가 이런 것을 적게 가져도 모르겠는데 하물며 한술 더 떠서
야 될 말인가. 우리는 이상 세 가지 이유로써 단연히 기생타도를
부르짖는 바다.

기생철폐의 방법

그러면 그 방법이 어떠할까.

첫째 방법은 이 사회를 뜯어서 고치는 것이다. 모든 노예제도가
존재할 수 없는 그런 사회를 만들어버리는 것이다. 참으로 문명한
세상을 오게 하는 것이다.

둘째로 가장 쉬운 방법은 법률상으로 그 제도를 부인하는 것이
다. 기생의 영업을 허가 주지 아니하면 그만이다. 그리하면 밀매음
과 공창이 더 흔해질 것은 물론이다. 그러하나 적어도 공공연한 기
생제도의 존재만은 없어질 것이다.

오늘날 공창폐지를 운동하는 사람들이 왜 기생제도에 대해서는
말이 없는지를 모르겠다. 공창의 폐지는 차라리 난관이 많은 것이
지마는 기생제도의 폐지는 그리 어려운 운동도 아닐 것이다. 공창
을 폐하면 사창의 취체取締가 더욱 곤란한 것이라는 이유가 일편의
진리가 있다 하더라도 기생을 폐함으로써 그 문제를 더 악화할 아
무런 조건도 없는 것이다.

다음에 비록 소극적이나마 한 가지 방법을 제창하려 한다. 그것
은 기생 보이콧 운동이다.

기생 있는 연석에는 점잖은 사람은 참례 말자는 약속이다. 모든
경비를 절약한다는 일이기에 이야말로 일거양득의 명안名案일 것
이다. 유지자有志者는 반기생동맹회를 조직하고 성명서를 세상에

발표하며, 연회에 초청이 있을 때는 그 성명서를 보내어 주의를 환기하고, 만일에 그 주지主旨를 몰이해하고 그냥 기생을 청해오는 주인이 있을 때는 부득이 단연 퇴장을 단행해야 할 것이다.

그다음 또 한 가지 방법은 동부인同夫人 연회를 장려할 것이다. 아무리 몰염치하고 폭군적인 남자라 할지라도 부인의 면전에서야 기생과 추태를 연출치 못할 것이니, 모든 연회를 동부인식으로 한다면 문제는 즉시 해결이 되고 말 것이다.

이 묘안과 비슷한 것으로 남녀교제의 장려가 있다. 이것은 특히 미혼남자에게서 기생과의 불순한 접촉을 피避케 하는 것이다.

그리고 남녀교제의 일방도로는 구락부의 조직을 장려하고 사교댄스를 유행시킬 것이다. 가정의 내외하는 습관을 타파하고, 대중소학大中小學은 다 남녀공학제로 할 것이다. 교회와, 극장과, 음악회와, 연설회 석상의 그 치욕의 남녀석 구별을 없이할 것이며, 그리고 남녀지간에 야간산보에 독행獨行을 경찰법으로 금하고, 오후 9시 이후 가상街上에 독행하는 남녀는 다 일주일 이상 구류에 처할 것이다. 그리고 공원과 극장과 음식점에는 독신으로 오는 남녀를 입장 거절할 것이다.

나는 결코 서양풍을 무조건 숭배하는 자가 아니다. 그러하나 남녀 관계에 있어서는 봉건의 구습을 묵수한다면 모르거니와 그러지 아니하건대 양풍을 철저히 따라가야 될 것이다. 엉거주춤은 안 된다.

그리고 마지막으로 한 가지 더 말하자면 조선의 현모양처가 교제와 교양과 취미가 능히 기생을 능가하게 되어야 한다. 가정부인의 타입에서 사교부인의 타입으로 변형을 해야 한다.

가정에 섹스어필을 주어라. 가정을 오락화하라. 가정을 음악화하라. 가정을 사교화하라. 그리고 이 모든 책임은 특히 부인에게 있다. 기생타도 만세!

우리나라에서 1930년대는 서구문물이 그야말로 물밀듯 밀려온 시기이다. 이 글은 당시 지식인의 의식구조를 알 수 있게 해주는 것으로 서구문물 앞에 맥을 못 추는 모습을 그대로 보여준다.

또한 이 글에서 간과할 수 없는 것은 일제의 문화정책을 의식한 얄팍한 아부근성이다. 지식인들의 이런 작태는 당시 문화계 곳곳에서 일반적으로 발견되는 것이기 때문에 특별한 논란거리는 될 수 없지만, 전래음악에 대해 아무런 진보성도 없는 퇴폐적인 음악이라고 거리낌 없이 견해를 밝히는 데는 놀라지 않을 수 없다.

명월관 기생들의 집단시위

1930년대에 기생들의 생활상을 이해하기란 그리 어렵지 않다. 왜냐하면 조선사회는 여성에 대해서 말할 때 으레 기생을 들먹여가며 평하는 예가 많았기 때문이다. 아직 내외가 심할 때였지만 기생 이야기만은 신문, 잡지, 연극무대에도 자주 등장했다. 여성을 기생에 빗대어 이야기한다는 점 역시 1930년대의 한 사회상이라고 할 수 있다.

한 예로 연극 전용극장인 동양극장이 문을 열었을 때를 들 수 있다. 동양극장은 그 유명한 「홍도야 우지 마라」를 비롯하여 기생이 등장하는 연극을 자주 올려 톡톡히 재미를 보았는데, 그것은 두말할 나위 없이 기생에 대한 동정심이 밑바닥에 깔려 있었기 때문이다.

그런데 한번은 전속 연출가인 박진과 지배인인 최독견이 극작가 이운방에게 부탁하여 기생이 몰락하는 연극을 올린 적이 있었다. 기생이 잘못되어 목로주점 주모가 되는가 하면, 아편중독자가 되어 담배꽁초를 주워 피우는 장면이 나오는 연극이었다.

이 연극으로 그들은 하마터면 큰 봉변을 당할 뻔했다. 그것은 당시 기생의 생활상을 엿볼 수 있는 일화이기도 하다.

동양극장 일화는 「중앙일보」의 「남기고 싶은 이야기들」 중 박진이 쓴 '동양극장 시절' 편에 이렇게 실려 있다.

동양극장의 연극은 으레 기생을 잘 되게 하는 것이니까 첫날은 여전히 기생아씨가 많이 왔다. 막이 열리기 전부터 이 구석 저 구석 짝을 지어 몰려 앉아서 재잘거리며 담배를 피워대 객석은 보얗게 연기가 자욱했다. '금연'이라고 쓴 딱지를 오백 장이나 붙여놓았어도 소용이 없었다.

이 자욱한 연기 속에서도 공짜로 기생 얼굴을 쳐다보는 사람이 있는가 하면 재수 좋은 사람은 기생 옆에 앉아 살냄새, 분냄새, 향수냄새에 취해 버려 대중위생이고, 공중도덕이고, 경고고, 충고고 간에 요샛말로 고발정신이란 아예 찾아볼 수 없을 만큼 남자들은 극장 분위기에 쑥 빠져버리는 것이다.

이것저것 생각해보는 일 없는 아씨군은 개막 신호인 징소리가 나자 액액 소리를 지르며 장차 전개될 기생의 미화된 세계를 보라는 듯 좌우의 얼간이 남자들을 돌아보며 으스대고 뽐내는 것이다.

일막까지 보였다. 이막에 가서는 모든 기생아씨들이 고요해지면서 서로서로 얼굴만 쳐다보았다. 그와는 반대로 좀 전까지는 황홀한 듯 아니꼬운 듯 잠자코 있던 남자들이 웅성거리기 시작했다. 혹은 픽픽 하는 웃음소리도 들렸다.

삼막으로 넘어가서 앞서 설명한 장면이 나타나자 기생 군중은 노기찬 숨소리로 웅성거리더니 극이 진행될수록 소란해지고, 급기야는 고함치는 소리가 여기저기서 일어나며 욕설을 퍼붓고 퇴장해버리는 패가 많이 눈에 띄었다.

결국 극이 채 끝나기도 전에 객석엔 남자들만 남았고, 그들이 앉았던 자리에는 향수내만 풍겼다. 막이 내리자 우레와 같고 태산이 무너지는 듯한 박수소리에 장내는 떠나가는 것 같았다. 남자들이 힘껏 손바닥이 아프도록 두들긴 박수였다.

우리들도 쾌재를 불렀고 분장실에는 웃음꽃이 만발했다. 지배인인 독견과 연출자인 나는 작자인 이운방을 데리고 전용차를 타고 명월관으로 갔다. 이 상황을 모르는 현관 보이는 우리에게 좋은 방을 선사했다.

그날 밤 세 사람은 기생은 부르지 않고 제일 간단하고 값이 헐한 3원짜리 상을 시켜놓고 형세를 살피고 있는데, 술이 채 몇 순배 돌기도 전에 동양극장패가 왔다는 소식이 명월관 방마다 쫙 돌아서 그 연극을 본 거 안 본 거 수십 명이 우리 방으로 쳐들어와서 고함을 지르며 "그 각본 쓴 놈이 누구냐?", "당장 밟아죽인다"는 등 폭동이 일어났다. 보이란 보이는 다 몰려와서 진압하느라고 땀을 뺐다.

대중오락의 틀을 잡아간
1930년대 기생사회

기생은 이제 더 이상 숨겨질 것도 없었고 이해 못할 계층도 아니었다. 소리와 춤이 본업인 것은 기본이었고, 남성들에게는 여전히 술자리의 꽃이었다.

그래서 당시 작가로 야담가로 명성을 떨치던 윤백남은 월간 「삼천리」(1935년 10월호)에 「예술상으로 본 옛 기생, 지금 기생」이라는 글을 실었다. 이처럼 전통기생들과 비교될 만큼 1930년대의 기생은 나름의 성격, 나름의 모습을 지니고 있었다.

다음은 그 글의 요짐 부분을 옮겨본 것이다.

옛 기생이라고 하면 거문고는 거문고의 선생에게서, 글은 글 선비에게서, 서화는 글 잘 쓰고 묵화 잘 치는 선생에게서 몇 해를 고심하며 배우는 것이다. 참으로 그들에게는 지금 기생에게서 도저히 얻어볼 수 없는 노블하고 깨끗하고 아름다운 맛이 있었던 것이다.

지금의 기생은 제일 첫째 얼굴이 고와야 유명한 기생이 될 수가 있다. 그러므로 머리에는 기름이 흐르고 얼굴에는 분가루가 칠하

명월관 특설무대 공연 모습(1930년대)

여겨 있다. 몸에는 보기에도 어리는 별별 천으로 몸을 휘감았다.

몸단장이나 얼굴 치장에 있어서는 옛 기생보다 훨씬 낫다고 하겠지만 그 기생도에 있어서는 오늘날에는 도저히 얻어보려야 얻어볼 수 없는 데가 있다. …… 요사이에 와서도 간혹 방송국에 와서 고전적인 가사 같은 것을 부르는 기생들을 보게 되나 어쩐지 그 의복의 맵시라든지 그 짓까부는 양으로 보아 옛날의 기생들과 같은 그런 고전미를 발견할 수는 없다.

윤백남의 글은 기생들의 재능이 확고하게 생활수단이 되어 있을 때의 상황을 말해준다. 그리고 그것은 곧 전통 연희가 대중오락의 한 수단으로 자리를 잡아가고 있음을 말해주는 것이기도 하다.

그것은 1900년을 전후로 해서 기생의 재능이 시중 무대에 올려졌을 때의 대중화라는 의미와는 질적으로 다른 것이었다. 소리나 춤을 잘하는 기생은 선망의 대상이 되기도 하고 신비의 대상이 되기도 했다.

이에 따라 명창, 명무 소리를 듣는 기생의 수입은 상상을 초월할 정도였고, 그것이 장안의 화제가 되기도 했다. 1930년대 중반 서울에서 발간된 잡지들을 참고해보면, 장안에서 일류기생이라고 하는 명창들의 1년 수입은 약 1만 2,500원으로 총리대신의 연봉보다 높았다.

라디오에서는 기생의 소리가 늘 흘러나왔다. 소리의 주인공은 내로라하는 특정 분야의 명창이었으며, 레코드회사에서도 앞을 다투어 명기명창들에게 좋은 전속 조건을 내걸었다.

윤백남의 글은 그런 시대에 나옴직한 적절한 글이었다. 유예선생을 소개하는 기사에서 보았듯이 당시의 기생들도 스승 밑에서 가야금과 거문고를 배우고, 판소리와 잡가는 물론 서화에 댄스, 외국어까지 배웠지만 이미 도道의 범주에서는 멀어지고 있었다. 두말할 필요도 없이 그것은 상품화할 수 없는 한계를 지녔기 때문이다.

명월관은 그런 시대를 단적으로 말해줄 수 있는 대표적인 유흥장이었다. 명월관을 드나들던 기생들의 활동상이야말로 연희의 한계와 연예의 출발을 알리는 신호와도 같았다.

또 다른 연예무대 라디오

8

방송이 막 시작된 초창기의 이야기다. 라디오가 차츰 시민들에게 보급되고 듣는 이가 늘어갈수록 방송국에 불리어나오는 예술가의 인기가 높아가자 제일 먼저 일어난 문제는 기생들의 방송이었다. 이때의 연예방송은 주로 기생들이 불리어나와 남도소리, 서도소리, 경기소리 등을 흥겹게 불렀었다. 그런데 처음에는 마이크에 대고 방송을 하면 혼이 빠져서 명줄이 짧아진다며 잘 안 나오던 기생들도 차차 얼굴을 내밀게 되니 나중에 가서는 자연 경쟁이 붙기 시작했다.

여기는 경성방송국이올시다

연희가 연예로 되어가는 과정에서 그 변화에 가속도를 붙인 것은 라디오방송과 레코드였다. 그것은 마치 기름에 불을 당기듯 했다는 표현이 어울릴 만큼 획기적이었다.

그러나 그것은 어디까지나 이미 있던 바탕에서 출발했기 때문에 가능했고, 그 바탕은 물론 기생과 광대가 이룩해놓은 것이었다. 기생과 광대들이 다져놓은 소리와 춤, 그리고 전통기예가 없었다면 라디오와 레코드는 결코 첫발을 내디딜 수 없었을 것이다.

따라서 라디오방송의 출현과 레코드의 등장을 살펴볼 필요가 있다. 그 단계에서 볼만한 것이 있다면 그것은 틀림없이 지금까지 전통으로 남아 있는 연예사의 한 장면일 것이다.

우리나라 방송은 식민지시절 일본인들의 주관 아래 설립된 불운한 태생의 역사를 지니고 있다. 그러나 한국 땅에서 태어났고 일부는 한국인들을 대상으로 한 것이기 때문에 그 아픈 역사에 오히려 애착이 간다. 1977년 한국방송공사에서 발간한 『한국방송사』에는 방송의 출발에 대한 기록이 있다.

1927년 2월 16일 첫 방송전파를 발사한 경성방송국은 한일 양 국어를 동일 채널에서 방송하는 혼합방송이었다.

사단법인 경성방송국이 조선총독부로부터 방송 무선전화 시설의 인가를 받은 것은 1926년 11월 30일이었고, 12월 11일 경성지방법원에 등기를 완료했다.

경성방송국은 말코니 Q형 6kw 방송기를 발주하고, 1926년 안으로 방송을 개시할 예정이었으나 준비가 늦어 이듬해 1927년 1월 20일께부터 본격적인 시험방송을 거친 후 2월 16일 호출부호 JODK 출력 1kw 주파수 690khz로 본방송을 개시하였던 것이다.

경성방송국의 위치는 서울의 서북부 정동 1번지의 언덕에 있었으며 높은 철탑과 더불어 연한 크림색의 근대 시세션식 2층 건물이었고, 대지는 당시의 이왕직으로부터 총평수 190평을 빌린 것이었으며 본관과 부속건물로 되어 있었다. 본관은 드라마이드를 바른 벽돌 2층에 지하실까지 합하여 건평 254평이었고, 부속건물은

경성방송국 개국 당시 모습 현재 덕수초등학교 운동장 동쪽으로 개국 당시 호출부호는 JODK였다.

몰타르를 칠한 단층에 지하실까지 합한 36평이었다.

개국 당시의 라디오로는 두 종류가 있었는데, 하나는 광석식鑛石式으로 전화기의 수화기처럼 귀에 대고 듣는 것이고, 다른 하나는 전지식으로 확성기가 달린 것이었다. 두 종류 모두 공중안테나를 가설해야 들을 수 있었는데, 광석식은 보통 10원 정도여서 급속도로 보급되기 시작했지만 전지식은 가장 싼 것도 10원 이상이어서 아무나 가질 수 없었다. 그러나 방송이 활기를 띠면서 확성기가 달린 라디오는 점차 널리 보급되었다.

초기의 방송에 대해서는 이서구가 월간 「삼천리」(1934년 11월호)에 기고한 「방송야화」를 참고로 하는 것이 좋을 듯하다:

"쪠, 오, 띡, 케이"

"여기는 경성방송국이올시다."

"지금 울리운 종소래는 열두 시를 가르치는 종소래올시다. 떵, 땡, 떵, 땡."

이 세 가지 술어는 새로 난 술어로 아마 모르실 분이 없을 것이다. 라디오는 레코드와 함께 실로 현대인의 양식이 되었다. 그렇게 보편되어 있고, 또 그렇게 되어가는 중이다. …… 음률音律 방송은 라지오팬들이 가장 즐기어 기다리는 푸로그램이다. 장구, 가야금, 단소, 피리.

작고 쓰러져가는 조선음률을 라지오를 통하여 거지반 하루 건너 만큼씩 들을 수 있을 때 라지오 청취자의 기쁨은 여간 아니다.

이동백, 송만갑, 김창룡, 김창환 등 일대 명창이 마이쿠로폰 앞에서 고고헌변도 부르고, 새가 새가 날아든다도 부를 때 십삼도 숨

방송극 출연자들 뒤 왼쪽부터 김용규, 이운방, 복혜숙, 서월영, 김연실, 김선영, 강석연, 박진, 앞줄 왼쪽부터 박제행, 김선초. 모두 이름난 배우, 가수, 만담가이기도 했다.(1933년)

은 가객은 무릎 치며 반긴다.

이왕직아악대의 「춘앵무」라든지 또 「태평악」 같은 방송은 원래 보편성 띤 것이 아니나 듣는 사람은 심히 귀를 기울인다. 더구나 외국명사들이 많이 즐긴다던가.

아악은 악기인 생황, 피리 등 모두 귀중하고 번지러운 악기들이 되어 일일이 방송국으로 운반하여 올 수 없어 대개 아악부에서 하는 것을 그곳에 마이쿠로폰을 갖다놓고 중계하는데 한 달에 한 번씩 히기로 되었다 한다.

여류명창 중에는 박록주, 김추월, 주란향 등이 다 유명하다.

방송이 본격적으로 시작된 지 7년 만에 쓰였지만, 경험을 바탕으로 한 것이어서 실감이 나는 자료이다.

초기방송은 남녀명사들의 언변이 큰 몫을 차지했다고 한다. 방정환, 윤백남, 김동인, 김억, 주요섭, 박팔양, 김광섭, 안석주, 염상섭, 심훈 등이 단골로 출연했는데, 그들은 이미 유명한 문사여서 청취자들에게 한결 친근감을 주었다고 한다.

여성연사로는 박인덕, 송금선, 김활란, 황신덕, 윤성상, 최정희, 모윤숙, 황애덕 등이 주로 주부들을 대상으로 강연을 했는데, 대개 정신적인 각성을 일깨우는 내용이었다.

그러나 청취자들에게 가장 인기를 끈 시간은 우리의 고유음악이었다. 판소리나 경서도소리는 물론 궁중아악까지 들려졌다는 사실에서 시대에 짓눌려 살던 한국인의 기본적인 정서를 진하게 느낄 수 있다.

그중에서도 조선의 정수임에 분명한 아악이 전파를 탔다는 사실은 참으로 뜻밖이다. 『한국방송사』에는 아악연주를 어떻게 방송에 내보내게 되었는지에 대한 성경린의 회고기가 실려 있다.

JODK 시절의 아악방송은 정동방송국까지 가지 않고 덕수궁에 있던 이왕궁아악부 연주실에서 연주하면 그냥 중계방송을 하였다. 그때 방송국에서는 전동익 씨가 우리 아악을 맡아보았는데 지금 생각하여도 사무적으로 빈틈없이 잘 꾸려나갔다.

먼저 전화를 아무 날 아무 시에 아악방송을 중계하겠노라고 일러오면, 나는 곧 그날 연주할 곡목을 알려주었다. 그런 후 빠르면 이튿날이요, 늦어도 사흘이 못 가서 엽서로 또 기별이 온다. 그 엽서에는 방송을 허락해주어서 고맙다는 인사와 그날 중계방송할 연주곡목과 시간을 아울러 적어서 잊지 않게 하였다.

그런 후 방송당일 낮에 기술과 직원이 나와서 먼저 중계선을 검사하고 모든 준비를 해두고 일단 돌아간다. 그리고 저녁에는 일찌감치 기술직원과 아나운서가 나왔는데 아나운서는 꼭 두 분이 나왔다. 소개야 한 사람이 하면 넉넉하지만 만일을 염려하고 또 선배

격인 이가 늘 따라와서 여러 가지 조언과 지도를 거들어주는 모습을 볼 때 우리는 정말 흐뭇하게 생각하기도 했다.

참으로 그 당시는 경성방송국 아나운서치고 이왕궁 아악부 연주실을 거치지 않은 이는 거의 없었다고 생각한다. 이 당시 아악이 연주되던 건물의 당호가 '일소당'이어서 아나운서들은 지금 중계방송되는 아악은 분명히 이왕궁 아악부의 '일소당'에서 중계하고 있다고 반드시 소개하여야 했다.

이 아악 연주도 경성방송국 안의 잘 장치된 연주실에서 했더라면 편했을 것을 아무런 방송 장치가 없고 또 반향음이 심하여서 그 더운 오뉴월에도 두터운 융으로 만든 모기장 같은 천막 속에 들어가서 연주를 하여 무던히도 땀 깨나 흘렸었다.

방송에 우리 음악이 실리게 된 것은 물론 연예오락의 제공이라는 한계에서 생각지 않을 수 없다. 그리고 그것은 라디오라는 새로운 매개체를 통했을 때 예전에 느껴보지 못한 색다른 감흥을 전달해주었다.

당시 방송은 녹음시설로 음악을 내보내는 것도 아니었고, 레코드기 있어서 계획된 진행을 할 수 있는 것도 아니었다. 방송용 녹음기도, 레코드도 아직 도입되지 않았을 때였다.

명사들이 자주 초빙된 것은 그것이 가장 손쉬운 방법이었으므로 당연한 일이었다. 그리고 전통음악이 들려지게 된 것 역시 당시로서는 용이한 방법이었기 때문이다.

라디오 스타 '방송기생'

당시에는 서양음악이 이미 상당히 도입되었기 때문에 국내에는 바이올리니스트와 피아니스트도 있었고, 성악가들도 배출되었으며, 관현악단과 재즈밴드도 있었다. 이들은 방송에 단골로 출연했다.

거기에 명창을 불러오기는 그리 어렵지 않았다. 서울시내에는 권번이 네 군데나 있어서 내로라하는 명기들을 초빙해올 수 있었던 것이다. 처음에는 권번에서 기예를 가르치던 홍승영, 김상순, 조동석, 지용구 등 이를테면 권번의 선생들이 출연했다. 이들이 한번 길을 터놓자 명창들의 출연이 더욱 잦아지더니 금세 '방송기생'이라는 말이 나올 만큼 라디오방송에서 명창기생의 비중이 커졌다.

이런 현상은 결코 우연이 아니었다. 라디오라는 신종 매체가 생겨 연예오락 프로그램을 구성할 때 기생들이 잘 부르는 경기민요, 서도민요, 그리고 잡가류들은 우선 집어넣어야 하는 레퍼토리였던 것이다. 그만큼 그 노래들은 널리 퍼져 있었고, 그것을 잘 부르는 명창들은 섭외하기도 쉬웠다. 『한국방송사』에는 '방송기생'이라는 말이 나올 때의 상황이 기록되어 있다.

방송이 막 시작된 초창기의 이야기다. 라디오가 차츰 시민들에게 보급되고 듣는 이가 늘어갈수록 방송국에 불리어나오는 예술가의 인기가 높아가자 제일 먼저 일어난 문제는 기생들의 방송이었다. 이때의 연예방송은 주로 기생들이 불리어나와 남도소리, 서도소리, 경기소리 등을 흥겹게 불렀었다.

그런데 처음에는 마이크에 대고 방송을 하면 혼이 빠져서 명줄이 짧아진다며 잘 안 나오던 기생들도 차차 얼굴을 내밀게 되니 나중에 가서는 자연 경쟁이 붙기 시작했다.

알고 보니 경쟁도 붙을 만하였다. 우선 방송을 하고 나면 방송을 들은 손님들이 일부러 요릿집에 예약을 하고 찾아와서는

"참 방송 잘하더군. 어디 오늘은 직접 육성으로 들어보세."

하는 등 방송기생이라면 자연 우대를 하기 때문이었다.

어떤 기생은 손님 자리에서 나갔다가도 아주 거드름을 피우며

"오늘은 저녁 여덟 시부터 방송이 있어요. 그 시간엔 꼭 보내줘

1936년 라디오 실연대회 방송극 출연자 왼쪽 두 번째부터 강석연, 복혜숙, 신은봉, 오른쪽 뒤부터 박진, 김용규, 윤성모.

야 합니다."

하면 손님들도 신이 나서

"그야 보내고말고."

했고, 잠시 후에 막상 방송국직원이 찾아와서

"방송국에서 모시러 왔습니다."

라고 전하면 방 안은 무슨 위대한 예술가나 떠나보내듯 떠들썩
하기까지 했다.

기생들의 사회진출이 연예라는 새로운 판도를 만들어나간 지 십여 년 만에 세상은 또 다른 굴곡을 만들어냈다. 방송은 분명 조선의 하늘 아래를 거세게 흔들어놓고 있었다.

방송이라는 용어는 조선의 문헌에도 나온다. 자유스럽게 내보라는 뜻이다. 석방을 의미한다. '모반죄로 들어온 아무개를 방송하다' 하면, 곧 국사범을 석방했다는 뜻이다. 한자까지 똑같다.

그 방송이 이번에는 조선에 아무렇지도 않게 내보내졌고, 기생들에게 새로운 마당을 제공해주었다. 그것은 생소하기도 하고 떨리기도 했지만 기생들에게는 신나는 일이기도 했다. 대중이라는 존재를 이때만큼 실감할 기회가 없었으므로 위 인용문의 뒷부분을 연결하여 좀 더 가까이에서 당시의 상황을 들여다보기로 한다.

방송이 차츰 일반대중에게 널리 알려지게 되어 소리 잘하는 기생이면 으레 방송을 해야 되고, 차례에 끼지 못하면 창피할 지경에 이르렀다.

이쯤 되니 아무리 잘났다는 기생들도 방송실에만 들어오면 절에 간 색시 모양으로 아나운서의 눈치만 보고 마이크 앞에 가서는 다

리가 떨리고 말문이 막히는 모양이었다. 목청을 가다듬어 곱게 뺀
다는 목소리에서 얼토당토않은 가시 걸린 목소리가 나오는 수도
있었고, 발성이 잘못되면 얼른 다시 시작하는 게 아니라 무슨 잘못
이나 저지른 듯이 옆에 앉아 있는 아나운서를 보고

"선생님, 미안해요."

하며 고개를 끄덕하는 판에 노래를 들으려던 청취자들은 뜻밖에
선생님, 미안해요, 소리를 듣게 되기도 했다. 더욱 우스운 일은 대
개가 마이크 앞에 나서면 공손히 인사를 하는 것이었다. 아무도 없
는 마이크 앞에서다.

그러는 동안 차차 방송에 익숙해진 기생들은 나중에 가서는 삼
복더위에 심할 때는 웃옷을 벗어젖히고 노래를 부르는 여장부도
나오게 되었다.

"아나운서 선생님, 시작만 해주시고 방 밖에 나가 있다가 끝날
때쯤 들어오세요."

남자 아나운서의 등을 밀어 내쫓고, 여자끼리만 앉아서 적삼을
벗고, 치마도 벗고, 나중에는 버선까지 벗어던지고 멋들어지게 방
송하고 가는 기생도 나타나게 되었다.

이쯤 되고 보니 자연 나이 젊고 인기 좋은 아나운서들이 팔자는
점점 기구하게(?) 될 수밖에 없었다.

기생명창들은 시험방송 때부터 출연해서 이후 방송에서 우리 음
악이 큰 역할을 하게 될 것임을 예고한 바 있었다. 개국 직전에 있
었던 시험방송에는 특별히 한성권번 출신 명기들이 출연했다. 서울
출신 기생들이 가장 많은 한성권번을 택한 것은 서울권을 위주로
한 방송이어서 그 지역의 소리를 의식했기 때문으로 보인다.

소리는 라디오를 타고
삼천리 방방곡곡으로

방송 초창기에는 이른바 혼합방송으로 한국어와 일본어로 하는 방송시간이 각각 따로 있었다. 거기에 모든 프로그램은 체신국 검열과로부터 사전검열을 받아야 했다.

그러다 보니 명창기생들이 나오는 시간은 인기가 있을 수밖에 없었다. 검열을 받아 방송되는 것은 주로 뉴스나 경제 현황 등이었기 때문에 순수한 우리말로 나갈 수밖에 없는 명창들의 소리는 단연 두각을 나타냈다.

이런 인기는 라디오의 보급에도 영향을 미쳤다. 개국 당시 등록된 라디오 대수는 1,440대에 불과했는데, 그중 한국인이 소유한 라디오는 고작 275대였다. 거기에 라디오를 들으려면 청취료 2원을 내야 했다.

그러나 라디오의 보급은 급속도로 이루어졌고, 도청자 역시 네 배나 증가했다. 청취료도 10월부터는 절반으로 내려서 받았다.

한국인들은 혼합방송에 불만을 품고 있었지만 프로그램이 모두 끝나는 시간인 밤 9시 30분까지 듣는 사람이 많았다. 그 시간대에 주로 한국어 방송이 많이 편성되어 있었기 때문이다. 방송은 오전·오후·밤으로 나누어 편성되었다. 오전 방송이 끝나면 일단 쉬었다가 오후 방송으로 들어갔고, 오후 방송이 끝나면 일단 쉬었다가 밤시간대로 이어지는 형식이었다.

이런 편성에 한국어 방송, 특히 고대하는 명창들의 소리를 들을 수 있는 시간은 한정되어 있었다. 이것은 편성이 일본어 방송에 편중되어 있었다는 것을 뜻한다. 시험방송 때 한성권번 예기들이 출연한 시간도 맨 나중 시간인 밤 10시 40분이었다.

시간이 지날수록 한국어 방송에서는 연예시간이 차지하는 비중이 커졌고, 그 시간은 대부분 전통음악으로 채워졌다. 1930년대로 들어서면서 이 현상은 더욱 두드러졌는데, 특히 1933년에 한국어 방송이 분리되면서 방송의 한국 전통음악은 더욱 활기를 띠었다.

한국어 방송이 분리된 것은 그동안 혼합방송에 따른 불만이 고조되면서 라디오의 보급이 원활치 않고 청취료 납부도 부진하여 재정난을 겪었기 때문이다. 한국어 방송을 분리시켜 따로 내보냄으로써 한국인 청취자들을 확보해보자는 계산이었던 것이다. 이로써 방송은 혼합방송 시대에서 이중방송 시대로 접어들었다.

이때 라디오의 편성에서 가장 두드러진 것은 고유의 음악을 방송에 대거 내보냈다는 점이다. 비록 일본인들이 만든 방송이었지만, 전파를 통해 우리 음악이 일시에 확산된 것은 유사 이래 처음 있는 일이었다.

더욱이 1930년대는 최경식이 주축이 되어 결성한 경서도 명창들의 조직체인 조선가무연구회가 활동하고, 조선성악연구회를 중심으로 한 판소리명창들이 대거 서울에 모여들던 시기였다. 그 때문에 방송에서의 고전음악은 그야말로 유사 이래 처음으로 집단전달

이중방송 기념 팔도명창대회 중계. 왼쪽이 중계석.(1933년)

효과를 누리게 되었다.

이때 활약한 경기소리 명창으로는 박춘재, 최경식, 권경춘, 최화춘, 정한규, 이건상, 유개동, 최정식, 박명길, 이명산, 탁복만, 엄태영, 김태운, 이칠성, 정득만, 이종수, 이만홍, 원범산, 김수현, 최석조, 이순일, 박윤병, 김두식, 최병숙, 박인섭, 김병규, 김창연, 오성열, 조원식, 오봉수, 이창배, 임도길, 김경호 등이 있었다.

또한 기량이 한창 고조되어 명성을 얻고 있던 기생출신 명창들로는 표연월, 신해중월, 김옥엽, 홍소월, 조목단, 장옥화, 임명옥, 임명월, 손진홍, 박부용, 곽명월, 곽산월, 조백조, 묵계월 등이 있었다.

말하자면 이 시기에 방송에서 한국의 고전음악이 풍성해지게 된 이유는 명창들의 적극적인 활동과 이중방송의 실시가 잘 맞아떨어졌기 때문이다. 결과적으로 방송이 명창들에게 활동할 수 있는 여건을 마련해준 셈이 되었고, 명창들은 그때를 놓치지 않고 적극성을 보였던 것이다.

　한편 한국어 방송이 자리를 잡으면서 방송망을 지방에까지 확장해나갔는데, 이 또한 지방에 있는 명인명창들의 방송 참여를 유도한 결과가 되었다. 이로써 한국의 전통음악은 전국규모로 확산되어 갔다.

창극단 국악연예사의 등장

방송에서는 민족고유의 음악 전반에 걸친 내용을 다루었다. 무속에서부터 궁중음악에 이르기까지 다루지 않은 분야가 없을 정도였다. 아악은 자주 들을 수 있는 편이었고, 민요·판소리·기악곡은 가장 인기가 있었는지 빈도가 가장 높았으며, 지금은 겨우 명맥을 유지하고 있는 「삼설기」도 전파를 탔다.

한마디로 1930년대의 방송은 한국 고유음악의 대중화라는 면에서 볼 때 한 획을 그었다고 할 수 있다. 레퍼토리에서도 그렇지만 명창들 자신이 방송으로 더욱 자부심을 가지게 되었고, 그것이 뒷날에까지 이어져 탄탄한 전통의 주역이 될 수 있었던 것이다.

그런데 1937년 중일전쟁을 고비로 라디오방송은 급격히 정치성을 띠게 되었다. 일본이 전시체제에 돌입함에 따라 한국에도 식민지정책이 적용되었다. 방송은 갑자기 삭막해졌다. 한국어 방송 시간은 차츰 일본의 전쟁도발을 정당화시키는 강연으로 채워졌고, 전통소리는 자취를 감추기 시작했다.

그 대신 청취자들은 이상하게 들리는 판소리를 접해야 했다. 한

라디오 창극 방송(1928년) 당시 창극은 창의성이 없이는 할 수 없는 것이었다. 그것을 시설도 미미한 방송으로 내보냈다는 것은 그 수준이야 어떻든 방송 실무자들의 의식을 말해주는 것이기도 했다.

국인이 한국말로 하는 것인데, 분위기가 고전 판소리와 비슷했다. 일본의 '나니와부시'의 등장이었다. 최팔근崔八根이라는 사람이 나니와부시를 썩 잘해서 일본인보다 잘한다는 말까지 들었는데, 그의 나니와부시를 방송에 내보냈던 것이다.

이렇게 명창들의 활동은 급격히 위축될 수밖에 없었고, 청취자들은 그들의 소리를 듣지 못하자 근황을 궁금해하며 시국을 관망할 뿐이었다. 일본제국주의자들의 통치가 거의 끝나갈 무렵의 방송에서 우리 소리 프로그램은 미미했고, 이런 상황은 해방이 될 때까지 계속되었다.

해방이 되자 전통소리로 일생을 보낸 명창들의 세계에도 변화의 바람이 일기 시작했다. 숱한 명기명창들을 배출해낸 이른바 소리선생들은 이미 연로해 하나 둘 세상을 떠났고, 안간힘을 쓰기라도 하듯 평생 닦은 소리로 생활대책을 마련하기 위하여 너도나도 공연단체를 만들었다.

공연단체의 주류를 이루는 것은 창극단이었다. 아무래도 흥행을 위해서라면 연극적인 요소가 강한 창극을 택해야 한다고 생각했기 때문이다. 그중에서도 경서도 명창들이 주축이 되어 결성한 국악연예사國樂演藝社는 연희와 연예가 뒤섞여 있는 듯한 느낌을 준다. 이 단체는 주로 방송을 통해 서울소리와 서도소리로 명성을 떨쳐 다시 한 번 민요붐을 일으킬 기미를 보였다.

국악연예사의 주요인물을 보면 박천복, 장소팔, 정득만, 이은관, 이복재, 정봉선, 윤일지홍, 한정자, 장국심, 조백사, 지연화, 김정숙 등으로 신진 때부터 착실히 실력을 쌓아온 명인들이었다. 특히 박천복, 이은관, 장소팔의 연기는 전통재담과 코미디의 연결고리로서 그 역할이 두드러졌다.

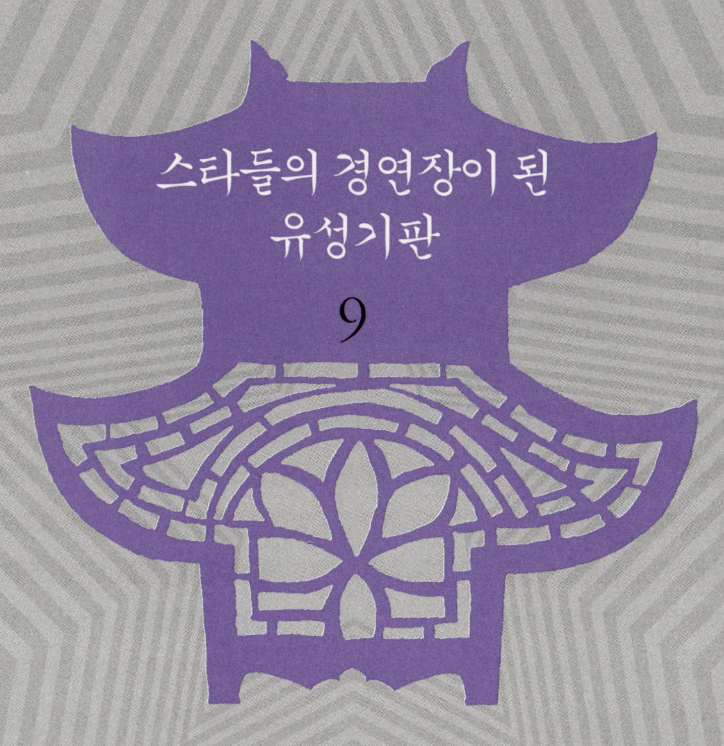

스타들의 경연장이 된 유성기판

9

유성기판이 우리나라에 처음 들어온 것은 1890년대인데, 해방 전까지 판매된 종류는 약 5,000종에 이른다. 유성기판에 녹음하여 판매했던 것으로는 전통소리를 비롯한 서양음악, 연극대사, 만담, 변사의 영화 해설, 시낭송, 찬송가, 동요, 창가, 그리고 유행가까지 다양했다.

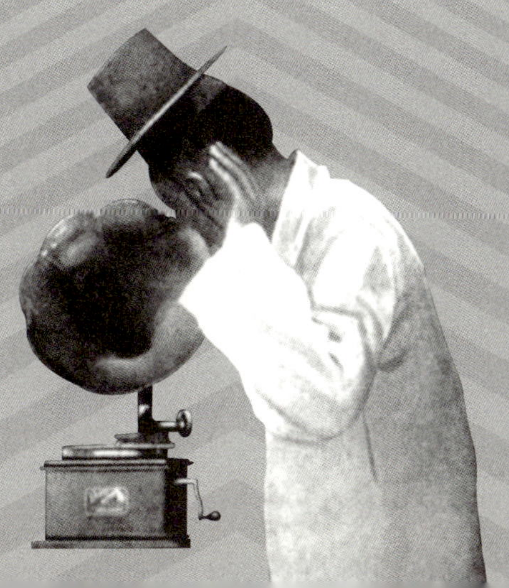

첫 음반의 주인공
명창 한인호와 관기 최홍매

방송과 함께 전통연희를 대중화하는 데 크게 영향을 미친 것으로는 단연 레코드를 꼽아야 할 것이다. 한국의 연희가 육성의 시대를 거치는 동안 대중화에 결정적인 영향을 미친 것이 공연장의 등장이라면, 상업적인 성과를 이루면서 대량 전달의 수단으로 빠르게 접근해온 것이 방송과 레코드였다.

방송이 1920년대 중반에 등장하여 명기명창의 세계에 일대 선풍을 일으킨 데 비해 레코드는 이보다 20년쯤 빠른 1900년대 초반에 상륙하여 광대, 재인은 물론 기생들의 기예를 손색없는 흥행의 대상으로 만들어 놓았다.

여기서 레코드란 디지털 시대의 음반이나 그전의 LP음반을 말하는 것이 아니다. 지금은 골동품상에서 '나이롱판'이라고 부르는, LP음반 시대 이전에 음악을 수록해 반복해서 들을 수 있도록 제작된 SP음반을 말한다.

LP니 SP니 하는 명칭은 플레이어의 회전수에 따른 구분에서 나왔다. SP는 LP보다 지름이 짧은데, 회전수는 1분당 78회로 보통 한

면을 모두 들으려면 3분~3분 30초, 양면을 모두 들으려면 7분 정도가 걸린다. 그것도 1926년경 전기녹음으로 만들기 전까지는 기술상 한 면밖에 녹음할 수 없어 음악의 경우 연주시간은 기껏해야 3분 안팎에 불과했다. 그렇게 한 면만 녹음되어 있는 SP음반을 흔히 쪽판이라 부르기도 했다.

SP음반은 유성기라는 기계로 녹음된 것을 재생시킬 수 있다. 그래서 이 음반을 쉽게 유성기판이라고도 부른다. 재질은 셀락이라는 열대식물의 추출물이라고 한다. SP음반은 잘 깨지는 단점이 있었기 때문에 플라스틱의 등장에 따른 LP로의 전환은 일대 변혁이라고 할 수 있었다.

지금 골동품상에서 나이롱판이라고 해야 쉽게 알아듣는 것은 우리나라에 나일론이 등장하기 시작한 1960년을 전후로 해서 이 음반이 나타난 것과 무관하지 않은 듯하다. 시기도 시기이지만 재질

일본 축음기회사의 국내 특약점 광고(「매일신보」, 1911. 12. 13.) 이 무렵 신문 광고난에서 흔하게 볼 수 있는 것이 커다란 나팔꽃 모양이 달린 축음기이다.

을 나일론과 같은 것으로 보았기 때문이 아닌가 한다.

유성기판이 우리나라에 처음 들어온 것은 1890년대인데, 해방 전까지 판매된 종류는 약 5,000종에 이른다. 유성기판에 녹음하여 판매했던 것으로는 전통소리를 비롯한 서양음악, 연극대사, 만담, 변사의 영화해설, 시낭송, 찬송가, 동요, 창가, 그리고 유행가까지 다양했다.

그런데 1930년경 취입 내용이 다양해지기까지 90퍼센트 이상을 차지하는 것은 바로 조선의 전통소리였다. 소리가 흥행되자 다음에는 만담도 집어넣고, 찬송가도 취입하고, 연극대사·변사의 입담·일본의 유행가도 취입해서 판매했던 것이다.

그렇다면 맨 먼저 들어온 레코드는 무엇이었을까? 그리고 그것으로 어떤 소리를 들었을까?

다행스럽게도 서재필이 주관하여 발간한 최초의 민간신문 「독립신문」에 그와 관련된 기사가 실려 있다.

외부에서 일전에 유성기를 사서 각항 노래 곡조를 불러 유성기 속에다 넣고 해부대신 이하 여러 관인이 춘경을 구경하려고 삼청동 감은정에다 잔치를 배설하고, 서양사람이 모든 기계를 운전하여 쓰는데 먼저 명창 광대의 「춘향가」를 넣고, 그 다음에 기생 화용과 금랑의 가사歌詞를 넣고, 말경에 진고개패 계집 산홍과 사나이 학봉 등의 잡가를 넣었는데, 기관機官 되는 작은 기계를 바꾸어 꾸미면 먼저 넣었던 각항 곡조와 같이 완연히 나오는지라 보고 듣는 이들이 구름같이 모여 모두 기이하다고 칭찬하여 종일토록 놀았다더라.

「독립신문」, 1898년 4월 20일자

이 기사는 불과 백여 년 전에 서울의 관리들이 소리를 즐기는 모습을 알 수 있어 흥미를 더해준다. 관리들은 외부직원들, 즉 외교통상 업무를 다루는 관리들일 것이다. 그들이 계절도 좋은 어느 봄날 삼청동 골짜기 감은정으로 올라간 것이다.

이곳은 서울의 풍류객들이라면 모두 아는 곳으로 서울 선비들이 즐겨 부르는 가곡이나 가사, 시조를 언제라도 들을 수 있었다. 철따라 끊임없이 시인묵객들의 발길이 이어지고, 그럴 때마다 명기명창이 짝지어 동행했으며, 모이면 시회였고 풍류회였다.

선비들 중에는 명창도 있었고 명연주자도 있었다. 삼청동 골짜기 하면 음률을 이해하고 운치를 즐길 줄 아는 선비들이 가는 곳으로 널리 알려져 있었다.

「독립신문」에서도 그런 삼청동을 확인한 셈인데, 이번엔 달라도 뭔가 아주 달라 보였다. 유성기라는 것을 가지고 갔는데 같이 간 서양인이 그것을 조작했던 것이다. 그러고는 따라간 광대, 기생들이 번갈아 노래를 불렀다.

노래가 다 끝나고 난 뒤 서양인이 유성기라는 것을 조작하자, 그 안에서 방금 전에 부른 광대와 기생들의 소리가 똑같이 재생되어 나왔다. 그것이 거짓말처럼 똑같았기 때문에 모두 놀라움을 금치 못했다. 그 때문에 구경꾼이 몰려오기도 했다. 봄날의 경치를 즐기는 놀이치고는 색달랐다.

기사에 나오는 유성기는 앞에서 말한 유성기판이 나오기 전의 재생장치로 모양이 원통형으로 생겼기 때문에 흔히 원통형 유성기라고 한다. 원통에 부드러운 금속막을 씌우고 거기에 소리의 진동을 새겨넣어 즉석에서 녹음하고 다시 재생시키는 장치로 한두 번 정도밖에 다시 들을 수 없는, 이를테면 간이녹음기 같은 것이었다.

음반으로 나온 것은 이후 10년쯤 지난 뒤였다.

「독립신문」이 보도한 이 기사는, 고종이 원통형 레코드를 처음 접하고 소리가 정말 똑같이 나오는지 시험해보기 위해 당시 최고의 경기명창 박춘재를 불러 소리를 해보게 했다는 이야기가 그저 일화로 전해져오는 데 비해 날짜와 상황이 정확히 기록되어 있다.

박춘재가 어떤 소리를 했는지는 충분히 짐작할 수 있다. 레코드는 당연히 문화적으로 주무대가 될 수밖에 없었던 서울에 처음 등장했고, 거기에 처음으로 취입된 소리 역시 서울지역의 소리일 수밖에 없었을 것이다.

그렇다면 「독립신문」의 기사에서 알 수 있는 소리는 어떤 것일까? 여기에서 간과할 수 없는 것은 노래를 부른 사람들과 그들이 부른 소리이다. 광대와 기생이 있었고, 진고개패 계집 산홍이 있었는가 하면 사나이 학봉도 있었다. 부른 소리로는 「춘향가」와 기생 화용과 금랑의 가사, 그리고 잡가가 있었다고 했다.

이것은 무엇을 의미할까? 서울에는 이미 판소리가 널리 퍼져 있었다. 서울의 전통소리에만 젖어 있던 양반 사대부들도 판소리를 잘하는 광대를 초빙하던 때였다.

그러나 역시 시중의 주류는 시조나 잡가를 전문으로 부르는 소리꾼 집단, 즉 패에 의해 주도되고 있었다. 그중 하나가 진고개패였고 산홍은 그 패였다. 문맥상으로 볼 때 '사나이 학봉'도 잡가를 잘 부르는 유명한 소리꾼이었을 것이다.

레코드의 역사는 이처럼 서울을 중심으로 한 전통소리를 취입하면서 서막을 열었다. 원통형 레코드 시대를 거쳐 원반형 레코드, 즉 유성기판이라 부르는 음반이 나온 것도 서울소리 명창들이 소리를 넣으면서부터였다. 즉, 경기명창 한인오와 관기 최홍매가 병창으로 부른 「유산가」, 「양산도」, 「시조」 등이었다.

이 음반이 처음으로 판매된 것은 1907년 3월이었으며, 제작회사는 미국의 콜롬비아 레코드사였다. 그리고 음반 형태는 당시의 제작방식이었던 한쪽 면만 취입된 형태, 즉 뒷날 편의상 편면판片面板 혹은 쪽판이라 부른 것이었다.

이 음반이 말하자면 우리나라 최초의 상업 음반이 되는 셈이다. 이런 사실은 유성기 음반에 일가견이 있는 배연형에 의해 밝혀졌다. 배연형은 실제로 이 음반을 발굴, 소개함으로써 서울소리의 변천과정은 물론 문화사적으로도 전기를 이룰 수 있는 계기를 제공해주었다.

소리의 주인공이 한인오이고 최홍매라는 사실은 음반의 라벨을 보고 알 수 있다. 한인오는 잘 알려지지 않은 인물이고, 최홍매 역시 관기라는 사실 외에는 확인되지 않은 명창이다. 그러나 판매를 목적으로 제작하는 레코드를 위해 선발한 것을 보면 대단한 기량을 지닌 명창들이라는 것을 알 수 있다.

'제비표조선레코드'와 '닛보노홍'

당시 일본은 오사카에 녹음시설만이 있었을 뿐 음반을 생산해내지는 못했다. 즉, 음반을 제작하려면 오사카에서 취입을 한 뒤 그 모반母盤을 가지고 미국 콜롬비아 본사로 가서 프레스 공법으로 음반을 제작해야 했다. 그래서 한인오, 최홍매 두 명창은 일본으로 건너가 녹음을 하고 음반은 미국에서 생산되었다.

모반이란 취입한 원반을 말하는 것으로 부드러운 밀랍으로 만들어졌다. 이것은 나팔형 원통에 대고 노래를 부르면 그 소리가 얇은 진동판을 떨게 하고, 그 진동이 밀랍판 위의 바늘로 연결되어 밀랍판 위에 소리의 진동에 따른 골이 파이게 한 형태를 말한다.

음반을 만들려면 이것을 기본적인 틀로 하여 원료를 배합하고 압축하는 등 기술적인 처리를 해야 하는데, 일본에는 아직 그런 기술이 도입되어 있지 않았다. 그래서 초기에는 레코드 한 장을 만드는 데 많은 시간을 소비해야 했다. 물론 상황이 차츰 개선되어서 녹음을 국내에서 하는가 하면 일본에서도 음반을 제작할 수 있게 되었다.

레코드는 에디슨의 발명 이후 우리나라 전통음악은 물론 대중문화에도 지대한 영향을 끼쳤다. 그런 만큼 먼저 레코드의 성쇠 과정을 배연형의 시대구분에 따라 살펴보기로 한다. 이 구분은 월간 「객석」(1989년 10월호)에 실린 것으로 당시 연재 중이던 「고음반 수집 야화」 제4회에 해당한다.

1. 음반의 여명기

우리나라에 유성기가 소개된 뒤부터 최초의 음반이 나오기 이전까지로 문헌상의 기록만 있지 현존하는 음반은 없다.

2. 초기 음반 시대(미국 빅타·콜롬비아 시대)

1907년 3월 최초의 음반이 발매된 때부터 1911년 일본의 닛보노홍(일축日蓄) 음반이 발매되기 이전까지 약 4～5년. 미국 자본·기술로 음반이 제작되며 유성기 시장의 형성기

3. 유성기 음반 성장기(일축·일동 시대)

1911년 9월 일본 축음기 상회가 국내에서 영업을 시작하면서부터 1926년경 전기녹음이 시작되기 이전까지 약 15년간. 이 시기는 쪽판에서 양면판으로 넘어가면서 본격적으로 음반시장이 성장을 하며 어쿠스틱(기계식) 녹음으로 음반이 제작됨. 일축과 일동 양사에서 한국 음악 음반이 발매됨.

4. 유성기 음반 전성기

1926년경 전기녹음이 시작된 후부터 1930년대 말까지 약 15년간 유성기산업이 극성을 이루던 시기. 콜롬비아(일축), 빅타(일본), 폴리돌, 오케, 시에론, 다이헤이 등 대소 음반회사가 그야말로 백

5. 유성기 음반 쇠퇴기

1940년 이후 태평양전쟁 발발에서 광복, 한국전쟁을 거쳐 1960년대 초 LP음반이 등장하기 이전까지. 일제의 문화 말살, 전쟁으로 인한 물자의 궁핍, 사회의 혼란으로 예술활동과 음반산업이 크게 위축되었으며 LP의 등장과 함께 유성기 시대의 막이 내림.

콜롬비아와 빅타는 일본에 지점을 두고 영업을 하던 중 한국에도 진출하여 유성기를 파는 한편, 명창들의 소리를 넣어 음반을 만들어낸 대표적인 미국 음반회사들이다. 그러나 한일합병이 이루어지자 일본은 그들에게서 영업권을 빼앗아 한국의 음반시장을 독점하다시피 했다. 이것이 바로 '일본축음기상회', 줄여서 일축日蓄이라 부른 회사이다. '닛보노홍'이란 영문자로 NIPPONOPHONE으로 일축의 상표이다. 상표의 영문자는 곧 '주식회사 일본축음기상회'를 가리킨다.

일동은 '일동축음기상회'를 말하는 것으로 줄여서 일동日東이라 하는데, 상표는 '제비표조선레코드'였다. 일축이 합병 전부터 영업을 했던 것과는 달리 일동은 1920년에 창립되어 20년대 후반기에 한국 음악을 많이 발매하여 일대 선풍을 일으켰다.

윤심덕의 「사의 찬미」는 바로 일동에서 발매한 음반이었다. 이 한 장의 음반으로 일동은 단번에 한국에 진출할 수 있었으며, 이후 수많은 명창의 소리를 취입하여 일축과 어깨를 겨루었다. 그러나 결과적으로 일동의 활동은 일축에 비하면 미미한 수준이었다.

일축은 한국에서 전통음악은 물론 다방면에서 두각을 나타냈다.

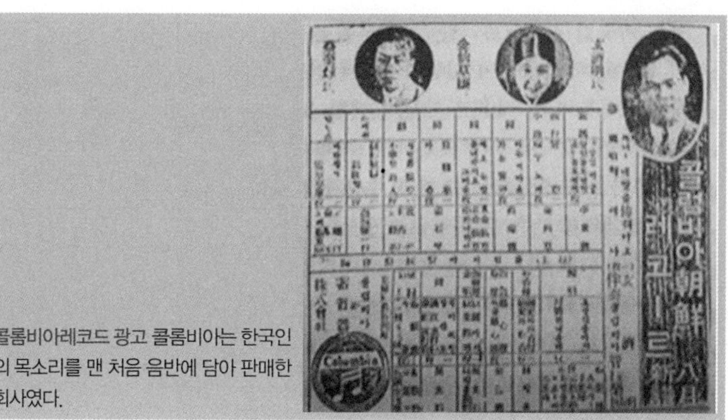

콜롬비아레코드 광고 콜롬비아는 한국인의 목소리를 맨 처음 음반에 담아 판매한 회사였다.

앞의 시대구분에서 알 수 있듯이 한국 레코드의 전성기는 곧 일축의 전성기라 해도 과언이 아닐 만큼 일축이 끼친 영향은 컸다.

그러나 이들도 자본의 압박을 당해내지 못하여 전기녹음이 등장한 이후 미국의 콜롬비아, 빅타와 새로운 동반관계를 형성할 수밖에 없었다. 그와 함께 독일계 자본도 들어와 폴리돌이라는 레코드회사가 생겼으며, 이철이라는 사람이 영업권을 얻어 서울에서 일대 선풍을 일으킨 레코드회사가 바로 오케레코드였다.

이런 사정은 당시 신문과 잡지를 보면 자세히 실려 있다. 앞서 살펴본 「독립신문」을 비롯하여 「황성신문」, 「대한매일신보」, 「만세보」, 「대한민보」 등의 신문은 물론, 특히 총독부기관지인 「매일신보」에는 기사와 광고로 다양하게 실려 있다. 또 잡지로는 월간지 「조광」, 「동광」, 「삼천리」, 「별건곤」 등이 레코드를 다루었다.

그런데 신문과 잡지들이 레코드를 모두 긍정적인 입장에서만 다룬 것은 아니었다. 실내공연장의 등장 때도 날카로운 필봉으로 폐해를 우려했던 「황성신문」과 「대한매일신보」 등에서는 레코드라면 광고조차 싣지 않았다.

서울소리 명창을 찾아라

그렇다면 음반업자들은 처음에 어떤 기획으로 불모지나 다름없는 한국을 공략했을까? 이것을 짚어보면 그간 구체적인 기록으로 전해오지 않았던 그 당시 대중의 취향이나 소리판의 사정 같은 것을 어느 정도 알 수 있다. 그것은 연희가 연예로 접어드는 과정을 말해주는 것이기도 하다.

첫 번째로 대두되는 것은 서울소리 명창들의 대거진출이다. 그들이 취입한 음반이 나와 소리판에 일대 파란을 일으킨 것이다. 배연형은 월간 「객석」(1990년 3월호)에 실려 있는 「고음반 수집 야화」 제7회분에서 그 부분에 대해 이렇게 써 놓았다.

일축에서 최초로 녹음을 남긴 명창은 박춘재이며 그와 함께 김홍도, 문영수, 심정순 등이 취입을 했다. 당시의 신문광고나 현재 발견된 음반을 종합해보건대 이들은 1911년 여름쯤에 함께 일본으로 건너가 SP(쪽판)를 100면 가까이 취입한 것으로 짐작된다.

당시 신문광고란에는 이들의 사진이 실려 있는데(제4회분) 모두

일본에 가서 취입한 음반 광고 오른쪽 두 번째가 박춘재, 네 번째가 단짝이었던 문영수. 문영수는 평양의 가객으로 두 사람은 서울과 평양을 오가며 경서도소리의 주가를 한껏 높였다.

여덟 명으로 녹음을 마친 뒤 기념촬영한 것으로 보인다. 그러나 이 여덟 명 중에 몇 사람은 광고나 음반에 전혀 언급이 없어 누구인지 밝혀지지 않고 있다.

교통이 불편하던 당시 일본을 왕래하면서 녹음을 하자면 시간으로나 경비를 따져볼 때 한꺼번에 여럿을 초청하는 편이 훨씬 경제적인 일이었다. 그러므로 여러 날 머물면서 100면을 한꺼번에 녹음한 뒤 몇 곡씩 차례로 발매한 것이다. 이런 사실은 음반번호로 따져볼 때 앞쪽의 약 100면이 모두 이들의 녹음이란 것만으로도 충분히 증명이 된다.

이때 음반은 1911년 9월 중순부터 두 번째 녹음이 이루어지던 1913년 봄까지 매월 몇 종씩 차례로 발매되었으며 물론 모두 쪽판이다. 이 가운데 박춘재는 한국 음반사에 가장 큰 발자취를 남긴 인물로 꼽힌다.

음반업자들은 판매를 위해서는 무엇보다 서울에서 유행하는 소리, 서울에서 가장 널리 불리는 소리를 담을 필요가 있었다. 그래서 누가 그 방면에 뛰어난지, 대중이 좋아하는 명창은 누구인지 찾아보았을 것이고, 그때 단연 두각을 나타낸 명창이 바로 박춘재였다.

다음으로 꼽을 수 있는 계층은 두말할 필요도 없이 기생집단이었다. 레코드가 상업성을 띠기 시작할 무렵인 1910년대 초반, 서울에는 남도창을 전문으로 부르는 명창과 명기들이 수두룩했고 또 인기를 더해가고 있었다. 그러나 서울에 거주하는 사람들이 쉽게 접근할 수 있는 소리는 이 지역의 전통소리였으며, 그것을 잘 소화해낸 기생들의 재능은 일반 대중이 좋아하는 연예의 단계에 이르렀다.

앞에 인용한 배연형의 글은 이후 30여 년간 이 땅의 대중예술로 크게 성장하고 해방과 전쟁 후로 명맥을 이어준 전통소리 음반이 처음 어떻게 제작되었는지 그 과정을 알 수 있게 해준다. 기술과 자본은 우리 것이 아니었지만 민족의 소리, 예술로 전해져온 서울소리는 생생하게 살아남아 있었던 것이다.

그때의 음반과 가사지가 지금도 발견되고 있어 당시 서울소리의 명창이 누구였으며, 그들이 부른 서울소리는 무엇이었는지 알 수 있다. 가사지는 레코드를 사면 부속물로 들어 있던 것으로 노랫말이 담긴 인쇄물이다. 가사지라는 용어는 '한국고음반연구회'에서 편의상 붙인 명칭이다.

때때로 가사지에 노랫말 외에 명창의 사진이 들어 있어 더욱 귀중하지만, 유성기 음반만큼 자주 발견되지는 않는다. 음반보다는 가사지가 분실 또는 손상되기 쉽기 때문이다.

음반과 가사지를 통해 서울소리를 취입한 초기의 명창과 명기들을 살펴보면 박춘재, 문영수, 이정화, 김홍도를 비롯하여 김일순, 조국향, 김연연, 한부용, 김연옥, 조목단, 유운선, 이유색, 박채선, 최섬홍, 이진봉, 손진홍, 백목단, 길진홍, 이계월 등이 있다.

문영수는 원래 평양의 날탕패였는데, 박춘재와 주고받는 소리가 잘 맞아 평양과 서울을 오가며 명성을 날렸다. 김홍도와 이정화 역시 경서도소리 명창으로 공연장이 생길 무렵부터 일찌감치 두각을 나타낸 소리꾼인데, 레코드가 등장하자 소리를 취입해 이 방면의 선두주자가 되었다. 특히 김홍도는 빼어난 목을 지닌 명창으로 알려진 인물로 얼굴이 얽었다는 말이 전해지기도 하고, 한때 박춘재와 살았다는 이야기도 남아 있다.

기생들은 주로 병창으로 취입을 했는데, 취입한 곡들을 살펴보면 서울소리의 변천을 잘 알 수 있다. 즉, 가곡이나 가사, 시조도 있지만 대부분 잡가나 민요인 것이다.

당시 기생들이 음반으로 취입한 곡으로는 「경복궁타령」, 「한강수타령」, 「노랫가락」, 「아리랑타령」, 「서울흥타령」, 「군밤타령」, 「병정타령」, 「제비가」, 「유산가」, 「집장가」, 「선유가」 등이 있다.

스테디셀러 박춘재 재담 음반

박춘재는 명창들 중에서도 전통재담을 비롯하여 서민층의 윤색되지 않은 정서가 잘 녹아 있는 소리를 잘해 장안의 인기를 독차지했다. 손태도는 「경기명창 박춘재론」에서 박춘재가 부른 노래를 분류해 소개했다.

경서도 잡가	유산가, 제비가, 집장가, 선유가, 소춘향가, 달거리, 수심가, 난봉가, 적벽가, 초한가, 영변가, 맹꽁이타령, 곰보타령, 바위타령 등
선소리 산타령	산천초목, 뒷산타령, 팔도산타령, 산염불 등
무가巫歌	무녀덕담가, 제석타령, 제석거리, 노랫가락 등
재담소리	장대장타령, 개넋두리, 장님 흉내, 각색장사치 흉내, 병신재담, 농담경복궁타령 등

위의 곡목을 훑어보면 대부분 지금까지 전승되는 경서도소리라는 것을 알 수 있다. 이 가운데 단지 기록에만 있을 뿐 들을 수 없는 것이 있는데, 그것은 바로 재담소리이다.

재담소리는 경기·서울지역에서 전해오던 웃음 섞인 소리를 말한다. 박춘재는 이 방면에서 특출한 재능과 발군의 실력을 발휘해 원각사 무대나 광무대, 단성사 등 실내공연장이 생겨날 무렵부터 일약 명창이요 재담가로서 명성을 떨쳤다.

그 노래와 가사내용은 지금 듣기 어렵지만, 다행히 고음반연구회에서 음반을 발굴해 소개한 것이 있다. 「한국고음반연구회 명인명창 선집」 중 제9집 '경기명창 박춘재'에 네 편의 재담소리가 실려 있는 것이다.

그중 맨 처음에 실려 있는 「개넋두리」는 보신탕감으로 죽은 개의 혼령이 무당에게 실려 개의 자손에게 넋두리하는 형식으로 되어 있다. 설정 자체도 익살스럽지만 그것을 풀어나가는 무당의 연기가 돋보인다. 무당역은 박춘재, 소리를 받아주는 역할은 문영수가 맡고 있다.

무당은 먼저 진오귀굿에서 부르는 노랫가락을 하고 공수로 손자 개에게 말한다. 혼령 대신 말을 하는 것이다. 사설 일부를 옮겨 분위기를 살펴보기로 한다.

아이고, 나 들어왔다.
"누구십니까?"
살아 생전 겉고, 사후 영천 겉고,
"옳소."
천하 사람이 다 죽어도
나는 장생불사를 헐 줄 알았든지,
천명이 이뿐이든지,
"누군지 알 수 없지마는."

임 형세를 허였는지. 내가 너의 할아버지다.

"옳소."

어, 내가 살아생전에 내 옥천당을 보랑이면,

"사진을?"

어, 사진. 아가리는 다 닳은 끌 방맹이 겉고,

앉으면 산호 가지(성기를 비유) 빠지고,

서며는 달아나고만 싶고,

"애외다리요."

옳다. 일상 출입 구녕이 개구녁이요.

정월이라 대보름날이면 액막이야 물 것 쬔다고

그날은 누룽밥 한술도 아니 주고

왼종일 굶기는구나.

"배고파 살겄어?"

진지 잡숫는 밥상 보랑이면

나는 오첩 반상 칠첩 반상 몽땅 열상

동자상 팔선상이 다 많아도

너의 할아버지 잡숫는 밥상은 노름꾼들이 아느리라.

골패 서른두 짝에

채소 같은 나무 귀웅통이 밥상이요.

"옳소."

일본요리니 청요리니 조선요리니 양요리니

진수성찬 고량진미 용미봉탕이 다 많아도

나는 보통으로 먹는 건

평생 소원이 누룽지요.

"옳소이다."

「개넋두리」는 창자가 무당역을 맡는 것인데, 박춘재가 이 재담소리를 잘한다는 것은 곧 무당역을 잘했다는 것을 뜻한다. 박춘재의 전체 레퍼토리를 살펴보면 무당역을 맡은 소리가 많다는 것을 알 수 있다. 특히 경기무가인 「무당덕담가」, 「제석타령」, 「제석거리」, 「무당덕담」, 「무당노랫가락」 같은 것은 실제 무당 뺨칠 정도로 잘한다는 평을 들었다고 한다.

그래서 박춘재는 실제로 그 집안내력뿐만 아니라 그 자신도 무속과 관련된 일을 하던 것이 아닌가 하는 견해가 있을 정도이다. 그에 걸맞게 다른 사람이 흉내낼 수 없는 재담소리에서도 무당역을 능숙하게 처리하고 있는 것이다.

박춘재의 노래에서 무당과 함께 빠지지 않는 것이 있는데, 그것은 바로 맹인이다. 맹인은 하층민으로 대접받던 무당들이 가장 측은히 여긴 계층으로 곧 소외된 이웃을 말한다. 박춘재의 소리에 유난히 무당과 맹인이 자주 등장하는 것은 그가 소외된 계층에게 늘 관심을 기울였음을 뜻하는 것으로 볼 수 있다. 그것은 그의 소리에 등장하는 무당과 맹인들이 동정적으로 다루어져 있음을 통해 알 수 있다.

따라서 재담으로 다루어진 소리 가사만 살펴보아도 분위기를 파악할 수 있다. 다음에 소개하는 유성기 음반 속의 가사는 「장님 흉내」라는 재담소리이다.

이 가사는 떠돌아다니면서 점을 봐주며 생활하는 맹인들의 모습을 보여주는 것으로 박춘재 시대에는 그것이 하나의 직업으로 분류되었다. 맹인들은 주택가 골목길을 돌아다니며 자기 나름으로 점을 봐주는 맹인이 왔다는 신호를 보냈는데, 그것이 지방에 따라 달랐다.

맹인역의 박춘재는 그 소리들을 각기 흉내내면서 익살을 부린다. 다음은 그 사설의 일부이다.

이건 뭐고 허니 각색 장님타령이올시다.

장님이 경향 다 팔도가 죄 다르던 게였다. 어디 장님인고 허니, 이건 저 충청 경상 전라도로 내려가면 길로 도부치(보부상)가 나온단 소리가 똑 이렇던 게였다. 어떻게?

"도부 사시오, 도부 사시오, 도부 사시오!"

이렇게 울고 댕기고, 서울 장님은 어떡허는고 허니 골목 초입 달르고, 중간 달르고, 나올 적에 달르겠다.

"우이리 수여, 에이 이이이 수여, 어어어 이이요!"

이렇게 울고, 저 홍천 장사 황해도 봉산 장님은 서울 와 어떻게 댕기는고 허니,

"우여, 이이이요!"

한참 이렇게 울고 지내갈 때, 아이들이 장난하다 장님을 놀리든 게였다.

"장님!"

"거 누구냐?"

"오날이 며칠이시오?"

"너 뭐 갖다주랬냐? 에푸! 아, 이런 망할 놈의 자식, 똥을 멕였구나! 에이 구려! 똥을 멕이고 다른 똥은 안 멕이고 똑 노랑 똥만 멕이느냐?"

"저런 오라질 장님, 눈깔로 보나? 노랗고 파랗고 빨간 걸 알게?"

"이놈의 자식 내 말 들어봐라. 내가 눈으로 보진 못해도 냄새론 안다."

"냄샐 어찌 안단 말이요?"
"냄새가 노라니까 노랑 똥이라지."

시중에서 흔히 들을 수 있던 맹인의 소리를 흉내낸 이 재담소리
는 전통 서울소리라는 점 외에도 지난 백 년 안팎 서울 주택가의 모
습을 그려보게 하는 데도 손색이 없다. 맹인들이 다녔던 서울이 박
춘재의 목소리에 의해 사라지지 않고 남아 있는 것이다. 요즘으로
말하면 성대모사에 가까운 그의 연기는 그래서 더욱 생동감있다.

그의 이런 연기는 각종 장사치 흉내에 이르러 더욱 빛을 발한다.
서울시내에서 볼 수 있는 행상들의 소리를 흉내낸 것인데, 사실과
가깝기 때문에 소리의 전승과 함께 시대상을 보여준다.

행상들은 지금도 소리를 외치고 다닌다. 박춘재 시대와 다른 점
이 있다면 행상의 종류와 소리 지르는 방법일 것이다. 그것은 소음
일 수도 있고, 구성진 목청일 수도 있으며, 처량하고 애달픈 음향일
수도 있다. 그것이 박춘재에게는 음악이었다. 다음은 그 사설이다.

이건 뭐고 허니 각색 장사친데, 서울 장사치들이올시다.
그런데 동네가 다 가가이래서 동서남북 말이 다 닥다
만장단 굿거리로 장단 쳐놓고.

이건 왕십리 무배추 장수올시다.
"무엉 사! 배추 사!"
이건 뭐고 허니 서울 자문밧 궁냉도 오든 게 장수올시다.
"어저리 사! 어저리 사려!"
남대문 밧 새 장승(게 장수?) 게 자였다.

"어저리 사! 게 자리려!"

이건 뭔고 허니 할미골 엿장수였다.

"한소 엿을 하랴! 엿을, 굵은 엿 사랴!"

동네 행길가에서 갓 육십이 되는 때 파는 엿장순데, 앉어 팔겠다.

"쌀엿을 사랴! 고리엿을 사랴! 잣 밤 땀에 싼 엿을 사오!"

이건 뭔고 허니, 저 애오개 굴레방다리 조끄만 애들이 빨랫줄, 굴 등우리 이것 가지고 댕기겠다.

"빨랫줄 사랴! 시리비 사려!

사려, 수십이드렁 새집 사려!"

애오개 고마루터기 넘어가서 갓양태 장수올시다.

"헌 갓양태 삽시다! 헌 솜 팔 거 있소?

헌 등거리 삽시다! 헌 갓양태 삽시다!"

이건 뭔고 허니 사기 장수였다.

"사기영 사랴! 헌 목매 상사등 사!"

이건 두부 장수올시다.

"두부 사려! 사려! 비지나 두부 사!"

이건 가을 햇밤에 군밤 장수였다.

"군밤 사리네다! 군밤이요. 군밤이요! ○○○ ○ 생소리 좋소. 뜨겁기는 얼음 겉고, 누르기는 차돌 겉고, 생생 뜨겁습니다. 군밤으로 삽시오!"

이건 후칼 장수였다.

"나막신 후칼질이요. 함지박! 비영비영!"

이건 풍매 장수였다.

"풍매려! 풍매려!"

이건 ○○는 장수였다.

“○○○”

망건 장수였다.

“헌 망건!”

이건 된장 장수였다.

“된장 팔 거 있소? 된장 팔 거 있소?”

이건 무시(무쇠) 장수였다.

“무시 사! 헌 가마솥 맬기려!”

이건 남대문 밖 이태원 고추 장수들인데, 풋고추 마른고추를 안 질러 가지고 댕기며 우는 게였다.

“고추 듸령세!”

시대가 변한다는 것이 무엇을 의미하는 것인지 이 재담소리는 실감나게 들려준다. 행상 중에는 후칼 장수도 있고, 망건 장수도 있었으며, 된장 장수도 있었다는 것을 알 수 있다. 그리고 왕십리 무배추 장수, 자하문 밖 게 장수, 할미골 엿장수, 굴레방다리 빨랫줄 장수, 애오개 고개 마루터기 너머 갓양태 장수, 이태원 고추 장수가 유명했다는 것도 알 수 있다.

이 모든 것이 서민이 생활 한가운데에 있었던 것인데 그것이 사라지고 없는 지금 박춘재의 목소리는 그대로 시간을 연결해주는 고리 역할을 한다.

박춘재의 재담소리 중 또 하나 명성을 얻은 것은 「장대장타령」이다. 이 재담은 여러 사람이 했지만 특히 박춘재의 소리를 최고로 친다. 재담소리에 능수능란한 솜씨를 발휘했기 때문이다.

음반업자들이 그렇게 인기 많았던 「장대장타령」을 취입하지 않았을 리 없다. 그런데 이 재담소리는 유성기 음반에 모두 취입하기

1930년대 명성을 떨쳤던 레코드 빅타, 리갈, 콜롬비아, 다이헤이, 오케 등.

에는 길어서 앞뒷면에 나누어 취입하면서 내용도 일부분만 실었다. 또 명칭도 앞면에는 「만포첨사타령」으로 되어 있고, 뒷면에는 「장님무당타령」으로 되어 있다.

제목이 다른 것은 장대장이 만포첨사로 부임해 가는 길에 장단에서 굿판을 보는 장면이 있기 때문이고, 맹인 박수와 무당이 수작하는 장면이 있기 때문이다.

위에 든 네 편의 재담소리는 유성기 음반으로만 전해질 뿐 전승된 소리는 들을 수 없다. 특히 「장대장타령」은 네 번이나 녹음했지만 전승되지 않았다. 그렇다면 이 재담소리는 1930년대의 만담가들에게 영향을 미치다가 전통의 서울소리로서는 박춘재 시대에 막을 내린 것으로 보인다.

박춘재 소리는 대부분 일축에서 처음 취입했을 때 음반으로 만들어졌다. 시기적으로는 1910년대와 1920년대라고 할 수 있다. 이 시기는 레코드라는 신기한 기구가 나와 선풍을 일으키고, 기술도 아직 나팔통에 소리를 담아 음반을 만드는 형식에서 벗어나지 못할 때였다. 그런데도 대중은 서울소리를 귀에 익힐 수 있었는데, 그것은 전적으로 박춘재의 기량 덕분이었다고 해도 과언이 아니다. 그만큼 그는 경기·서울소리를 다양하고 능숙하게 불렀다.

전기녹음이 시작되었을 때 콜롬비아와 빅타는 다시 국내 명창들을 직접 섭외하여 음반을 만들었다. 이때 박춘재는 맨 먼저 선정되어 취입을 했다. 박춘재는 이후 일동이나 시에론에서 국내 진출을 시도할 때도 섭외되어 새로운 곡을 취입했다. 그러나 일축에서 녹음한 것에 비하면 미미한 편이었다.

그의 음반은 대부분 재발매되었는데, 초기 일축에서 제작한 것이었다. 그렇게 계속 팔리고 있었기 때문에 새로운 취입은 크게 눈에 띄지 않았다.

인기음반은 명기명창의 민요

전기녹음 이후 축음기는 일명 전축이라 불리게 되었다. 그리고 미국과 독일, 일본의 음반회사들은 국내에서 우위를 차지하기 위해 치열한 경쟁을 벌였다. 각 음반회사들은 한국인 기획자를 채용해서 명창과 명기들에게 좋은 조건을 제시했고, 이에 따라 레코드는 대량으로 생산되었다.

이때 판촉활동으로는 레코드와 육성을 비교한다는 명목으로 공연을 하는 일이 흔했다. 즉, 레코드를 발매하면서 취입한 사람의 육성을 따로 듣는 공연으로 이를 '육성비교대회' 또는 '실연회'라고 했다.

이런 공연은 대개 신문에 소개되었고 명사들이 초빙되었다. 공연장소로는 신문사 내 강당이나 부민관 같은 전문공연장이 이용되었다. 이 행사를 취재한 기사를 보면 서울에서 전통음악을 다룬 레코드가 어떻게 보급되었는지를 잘 알 수 있다.

이번에 일동축음기회사에서 조선성악계의 대가들을 초빙하여

조선 고대의 명곡을 취입한 후 작 십오일 밤 본사 두상 내청각來靑
閣에서 사회 각 방면의 신사숙녀 칠백여 명을 초대하여 유성기 소
리와 육성을 비교하는 연주대회를 개최한다 함은 기보한 바이거니
와 이 취입자 일행에는 조선 화류계의 많은 총애를 받으며 강호 풍
류랑의 젊은 피를 끓게 하는 기생 둘이 있으니 그 하나는 조선권번
의 현매홍(20세)이요, 하나는 한성권번의 표연월(21세)이다.

현매홍은 조선가곡가 하규일 씨의 비장제자秘藏弟子로 일찍이 선
생의 문하에서 노래와 가사를 전문으로 배워 단아한 자태와 아름
다운 음성의 소유자로 수백 명의 제자 중 선생의 총애를 한몸에 모
두고 점차로 민중과 멀어져가는 노래와 가사를 부흥케 할 중대한
책임을 지고 있는 명기요, 표연월은 서도잡가의 명창으로 성질이
변화하여 일부 풍류랑의 험구가에게 '광신덕이 대장' 이라는 별명
까지 듣는 터이다. 그가 가는 좌석은 웃음소리가 그치지 아니하고,
아무리 진중한 손이라도 배를 잡고 웃게 하는 것이 소리에 다음가
는 특색이라 한다.

이번에 유성기에 취입할 때에도 회사의 취입장에서 자기 특색을
발휘하여 회사원 일동과 기관실 기사까지 허리를 펴지 못하게 하
여 표연월은 소리보다도 짓거리를 유성기에 넣었으면 더욱 재미있
는 레코드가 되겠다고 기사의 탄식을 발하게 하였다 한다.

「매일신보」, 1925년 9월 16일자

기사에는 현매홍과 표연월의 사진이 나란히 게재되어 있다. 웃
기는 재간이 있었던 표연월은 연예인다운 기질이 농후한 기생이었
던 듯하다.

짓거리를 유성기에 넣었으면 재미있었겠다고 했는데, 그것은 이

후 십 년도 안 돼 웃기는 소리만을 레코드에 넣은 것이 불티나게 팔려나간 시대를 연상케 한다. 재담에 바탕을 둔 만담의 등장이 바로 그것이다.

그런 시대의 실연회는 어떤 분위기였는지 월간 「사해공론」(1935년 6월호)에 실린 기사를 통해 살펴보기로 한다. 「오케레코드 취입 예술가 실연의 밤을 구경하고」라는 긴 제목이 붙은 기사이다. 필자는 문불출생文不出生으로 되어 있는데 물론 가명일 것이다.

시작이 오후 8시라는데 자동차를 타고 속히 안 가면 만원이라 하므로 그러한 방면에 조금도 경험이 없으므로 무얼 그럴 리가 있겠느냐 하고 걸어서 천천히 갔더니 7시 반이 못 되어 초만원이다.

'이것 참 굉장하구나' 하고 앉을 자리를 찾아도 없다. 무리하게 좌석을 비어내어 둘이 앉게 되었다.

기다리기 오래 전에 벌써 박수로 재촉이 심하고, 뒤에서는 밀지 말라고 야단이고, 경관은 정리하느라고 법석이었다.

정각이 되자 인사가 있었고, 연連하여 역자役者가 죽 나오는데 그럴듯하였다. 처음에는 미숙한 역자인지 성량이 부족하여 뒤에 있는 청중에게는 아무 흥미를 주지 않았으나 이난영 양부터 인기가 자못 비등하였다.

성량이 좀 넉넉하였고 음성도 아름다웠다. 아무것도 모르는 필자로서도 꽤 잘하는구나, 하고 속으로 생각하였는데 마치자마자 야단이 났다. 재청, 앙코르 앙코르 하고, 사방에서 떠든다. 나는 무슨 말인지 조청造淸이면 참 달고 맛있겠지, 생각하였다.

그다음에 김연월 씨가 조선 복색을 말쑥하게 차리고 그 아름다운 자태를 청중 앞에 나타내었다.

명창들의 소리가 잘 팔리자 어느새 일본 노래, 유행가, 만담까지 레코드 취입을 해서 실연회가 열리곤 했다. 레코드에 대한 대중의 호기심 어린 관심은 급속도로 확산되었으며, 앞의 기사는 그에 대한 반향의 일단이라고 할 수 있다.

1930년대 레코드에 실린 서울소리에 대해서는 이보영·한만영이 공동으로 집필한 「잡가(좌창)·입창·민요」에 기술되어 있는 다음 부분을 인용하는 것이 좋을 듯하다.

경기소리로는 20년대 많이 취입한 박춘재, 김홍도는 이미 노쇠하여 취입이 별로 없는 대신에 신진 이진봉, 김옥엽, 이영산홍, 박부용, 신해중월 등이 대단히 많은 양을 취입했다.

박춘재가 빅타에서 「간지타령」, 콜롬비아에서 「장님 흉내」를 넣은 것과 김태운이 콜롬비아에서 「곰보타령」을, 차대감이 오케에서 「맹인아해 희담」, 「무수리 넋두리」, 「재담 노랫가락」, 「재담 중타령」, 「사립 쓰고」를, 최정식이 오케에서 「바위타령」, 「이화타령」, 「장기타령」을 넣은 음반은 귀한 판으로 볼 수 있다.

당시는 경기나 서도나 남도를 막론하고 잡가, 민요는 여류명창들을 많이 취입시켰는데 남자는 내가 아니면 취입될 수 없기 때문에 남자의 음반이 상대적으로 귀중하다 하겠다.

경기잡가 음반으로는 폴리돌에서 김옥엽·신해중월의 「제비가」를, 표연월·신해중월이 빅타에서 「제비가」를, 김부용이 콜롬비아에서 「집장가」를, 박부용이 오케에서 「달거리」·「평양가」·「적벽가」·「유산가」·「선유가」·「제비가」·「풋고초」·「소춘향가」를, 홍소월이 오케에서 「병정타령」·「기생타령」을, 신해중월이 오케에서 「언문뒷풀이」·「토끼화상」을, 이영산홍·김옥엽이 태평에서 「유산

가」·「토끼화상」·「제비가」를, 시에론에서 「제비가」·「유산가」·「적
벽가」를 넣었다.

경기민요는 각 음반제작회사에서 헤아리기 어려운 양이 나왔다.
민요를 많이 취입한 명창으로는 신해중월, 김옥엽, 표연월, 이진
봉, 이영산홍, 곽명월, 곽산월, 김진명, 손금홍, 이금옥, 곽경옥, 박
월정, 백운선, 김향란, 조목단, 임명옥, 임명월, 박부용, 이금옥 등
이 있는데 이들이 취입한 곡목은 「박연폭포」, 「한강수타령」, 「사발
가」, 「청춘가」, 「이별가」, 「긴아리랑」, 「노랫가락」, 「초가망」, 「제석
거리」, 「중타령」, 「창부타령」, 「대감놀이」, 「대감타령」, 「도라지타
령」, 「늴리리야」, 「방아타령」, 「오돌독」, 「군밤타령」, 「베틀가」, 「영
천수 아리랑」, 「매화타령」, 「청치마」, 「양류가」, 「장기타령」, 「양산
도」, 「영산홍록」, 「도라지」, 「는실타령」 등 지금 알려진 민요는 거
의 30년대에 음반이 취입되고 있다.

이로 보아 시간이 지날수록 가곡이나 가사와 시조는 점차 대중
에게서 멀어지고 잡가와 민요가 자주 들렸다는 것을 알 수 있다. 현
재 발견되고 있는 유성기 음반도 거의 전기녹음 이후의 음반이고
보면 당시에 얼마나 많이 제작되었는지 짐작해볼 수 있다.

레코드 스타는 단연 평양기생들

음반이 산업화되고 있을 때 이른바 유행가라 불리는 대중적 가요가 인기를 끌기 시작했다. 1926년 윤심덕이 부른 「사의 찬미」를 시작으로 이애리수가 부른 「황성옛터」, 손금홍의 「낙화암」, 왕수복의 「고도의 정한」, 전옥의 「항구의 일야」, 채규엽의 「술은 눈물일까 한숨이랄까」 등이 한국인의 정서를 바꾸어놓았다.

이 무렵에 활동한 가수들, 이를테면 황금심, 신카나리아, 고복수, 김용환, 선우일선, 박단마 등은 억압받던 시대에 대중의 감수성을 그대로 대변해준 스타들이 있다.

이때 방송기생처럼 또 하나 새롭게 등장한 이름이 바로 기생가수였다. 음반이 도입되면서 전통음악이 새로운 오락거리로 각광을 받던 시절, 한편에서는 유행가 가수가 대중을 사로잡고 있을 때 그쪽으로 진출하여 재능을 인정받은 기생들이 등장한 것이다.

평양출신 왕수복은 그중 대표적인 기생이었다. 왕수복의 뒤를 이어 등장한 선우일선 역시 평양출신으로 명성을 드날렸다. 이은파, 김복희, 한정옥, 왕조선, 김춘홍, 이화자 등이 그 뒤를 이어 기

유행가수 제일인자로 선정된 평양 출신 기생 왕수복(「매일신보」, 1935. 1. 3.) 「매일신보」에서는 신년을 맞이하여 각계 제일인자를 선정, 게재했는데 변사에는 김조성, 권투에는 서정권, 미용사로는 오수경, 만담가로는 신불출, 그리고 가수로는 왕수복이 선정되었다.

생가수로서 화제를 뿌리며 활동했다.

이와 같이 전통소리든 유행가든 레코드가 등장한 이래 한국 연예계를 주름잡은 기생들은 단연 평양출신들이었다.

현재 조선에 있어서 레코드 가수의 태반은 평양출신이다. 더구나 여류가수에 있어서 그 경향이 일층 농후하다. 그야 일이 회씩 취입한 가수들 단위로 잡는다면 물론 경성이 조선에 있어서 수위의 도시일 것이요, 문화의 중심지이므로 단연 그 수가 많겠지마는 전속가수로서는 도저히 경성은 평양을 따르지 못하는 것이 사실이다.

현재 여류 전속가수로서 대표적인 존재를 빛내고 있는 자들을 열거한다면 왕수복, 선우일선, 최연연, 김연월, 최창선, 한정옥, 김복희, 최명주 등등 모두 평양에서 출생하였고, 더구나 그들이 모두 기생이라는 것이다…….

평양출생의 기생으로서 경성화류계에서 이름이 높은 명기이면서도 레코드 가수로서 인기를 차지하고 있는 기생들의 면모를 찾아보기로 하면 전기의 선우일선, 최창선 등 이외에서 조선권번 소속으로는 오비취, 김여란, 임명월, 김옥선, 김옥진, 장향란, 고비앵, 백운선, 이진홍, 이소향, 곽향란, 장옥화, 조소옥 등이 있고, 또 한성권번에는 김옥엽, 이죽엽, 조목단, 백모란 등을 셀 수 있다.

그중에서도 선우일선, 왕수복, 김복희, 최창선, 김은옥 등은 실로 조선 여류 레코드 가수계의 대표 격이라 할 만하다.

「삼천리」, 1936년 8월호

지금까지 남아 있는 유성기 음반이나 박찬호의 『한국가요사』를 참고해보면 기사에 나오는 기생가수 중 왕수복은 「고도의 정한」·「패성의 가을밤」·「망향곡」·「신방아타령」·「한탄」 등으로 유명했고, 선우일선은 「조선팔경」·「원앙가」·「꽃 피는 상하이」 등으로 스타덤에 올랐다. 그 밖에 김연월은 「푸른 하늘」, 최창선은 「못 오시나요」, 최연연은 「울지 않아요」, 최명주는 「임자 없는 꽃」, 김복희는 「애상곡」 등으로 유명했다.

이와 같은 현상은 이 땅의 연희라는 형태를 먼저 이해하고 그에 걸맞은 기예를 지니고 있던 기생집단이 있었다는 사실만으로도 전혀 이상할 것 없는 예라고 할 수 있다. 연예의 단계가 이루어질 때 그곳에 기생이 있었다는 사실만으로도 모든 변화 과정에 대한 설명이 자연스럽게 이루어진다.

음반사는 곧 연예사

여기서 참고삼아 1930년대의 기생집단을 점검해보기로 한다. 왜 나하면 이 시기에는 앞에서 열거한 기생명창들 외에도 목청이 다듬 어진 기생들이 수두룩했기 때문이다. 또 이들이 속해 있던 권번도 서울은 물론 지방에서도 활발했기 때문에 그 점도 아울러 점검해볼 필요가 있다. 그곳에 소리가 있었기 때문이다.

이와 관련된 자료로는 「조선일보」(1930년 9월 15일자)에 실린 기사를 살펴보는 것이 좋을 듯하다. 조선일보사의 한 지국에서 주최하는 팔도명창대회를 보도한 이 기사는 당시 전국의 권번과 그에 속한 명창들의 면면을 알아볼 수 있어 흥미롭다.

본보 경성 서부지국에서 팔도명창대회를 개회한다 함은 이미 보 도한 바이거니와 전선 각도의 가수대표는 하나도 빼지 않고 전부 망라하였는 바 과연 그들의 기예는 어디까지 발휘될 것인가.

전선 각도를 통하여 지방 지방의 향토가요 예술은 전부 연출될 것이며 과거와 현금의 어느 것을 물론하고 순 조선적 우리의 가악은 이번을 기회로 일제 발표될 것이다.

각도 가수들은 뒤를 이어 계속 상경하는 중이며 또 권번에 재적한 예기들은 벌써부터 연습에 골몰하는 중이라는 바 출연할 각도 가수는 아래와 같다 하며 그들은 인사동 낙세여관樂世旅館에 유숙한다고 한다.

· 경기도 경성 조선권번 : 김해중선, 김해선, 손경란, 김난홍, 김남수, 현매홍, 이금옥, 이옥화, 장금향, 홍소월, 김운선, 장향란, 김앵무
· 경성 한남권번 : 박녹주
· 경성 한성권번 : 김옥엽, 이영산홍, 이진봉, 이초월, 박부용
· 경상도 대구 달성권번 : 신금홍
· 전라도 광주권번 : 박금향, 주란향
· 충청도 공주 예기상조회 : 변금화
· 평안도 평양 기성권번 : 장학선, 한경심
· 함경도 원산 춘성권번 : 성계향, 천금자
· 황해도 해주권번 : 이경파, 이이화
· 상원노 무소속 · 신해궁월
· 각도 무소속 : 김창환, 김창룡, 이동백, 정정렬, 김추월, 김초향, 이화중선
· 풍류 : 김기풍, 김만송, 김명수, 이승환, 임학준, 방용현, 심상건, 지용구, 최도성(이상 가나다순)

(강원도에는 권번 없으므로 부득이 개인출연)

인사동에 있는 조선극장에서 개최된 이 명창대회는 장안의 화제

가 되었다. 경성방송국에서는 중계까지 했는데, 시중에 나와서 중계한 것으로는 매우 이례적인 일이었다. 전국 규모의 명창대회가 벌어지는 것도 이례적이었지만, 그것을 중계까지 한다고 예고하자 화제가 꼬리에 꼬리를 물었다.

공연은 대성황이었다. 서부지국은 다음 해에도 같은 기획으로 팔도명창대회를 열어 일대 선풍을 일으켰다.

「조선일보」에는 이때 참가한 명창들의 명단도 다음과 같이 보도되어 있다.

· 강원도 무소속 : 신해중월
· 경기도 경성 조선권번 : 김금옥, 김란홍, 김소향, 김수정, 김여란, 김옥희, 김운선, 김월중선, 이금홍, 김채운, 김해선, 김향란, 이산옥, 이소향, 이옥화, 박옥도, 박추월, 박화자, 서산호주, 성막동, 성산호주, 장향란, 조숙현, 최소옥, 현매홍
· 경성 한남권번 : 고계산, 고비봉, 우연옥, 김농운, 김농월, 장산월, 김명선, 김부용, 전도색, 김산월, 김채선, 정채운, 염계화, 이류색, 최설매, 이월향, 이화선, 최춘외홍, 문채봉, 박금주, 박옥선, 백모란, 석산월, 안금향
· 경성 한성권번 : 강선옥, 김연옥, 김옥엽, 김취운, 김화홍, 이계월, 이영산홍, 이죽엽, 이진봉, 이진홍, 모추월, 이원화, 박록주, 박부용, 박은희, 백목단, 서산홍, 송산옥, 안금화, 조목단
· 경상도 대구 달성권번 : 신금홍
· 전라도 군산 소화권번 : 전유앵 외 1명
· 충청도 공주 예기상조회 : 방혜향
· 평안도 평양 기성권번 : 김춘홍, 장학선

· 함경도 원산권번 : 나농주, 홍명심

· 황해도 해주권번 : 이이화, 박옥소선, 조원옥

· 각도 무소속 : 김우학, 김창환, 김초향, 이동백, 정정렬 외 다수.

고수 한성준(이상 가나다순)

(강원도에는 권번이 없으므로 개인출연)

이 명단을 보면 기생은 시중으로 나와 조합시대를 거쳐 합종연횡 단계를 밟아 계속 권번으로 이어오며 소리를 전수해온 조선의 소리꾼집단이라 해도 과언이 아닐 것이다. 이 명단은 레코드로 명실공히 실력을 인정받은 명창들의 명단과 크게 다르지 않다. 그러므로 그들이 부른 노래도 레코드로 남은 노래와 대동소이하리라는 것을 쉽게 짐작할 수 있다.

따라서 이때 열린 팔도명창대회는 명실공히 당대 한국의 전통소리를 확인시켜주는 한마당이었다. 한 가지 눈여겨보아야 할 것은 이때도 서울소리가 단연 큰 비중을 차지했다는 사실이다.

물론 대거진출한 평양출신 기생들을 서울 권번의 기생들에 포함시켰다는 것을 알 수 있지만, 그 역시 서울소리의 한 특징으로 본다면 서울지역의 전통소리가 대중의 사랑을 가장 많이 받았다는 것을 알 수 있다.

서울소리를 담았던 유성기 음반은 해방이후에도 제작되었다. 아직 LP음반이 나오지 않은 상황에서 유성기 음반은 계속 만들어졌다. 해방과 전쟁을 겪는 가운데 신세기레코드 주식회사와 킹스타레코드사는 대표적인 음반제작사로 자리잡았다.

이 회사들은 축음기를 전문으로 만들면서 유성기 음반에 계속 서울소리를 취입해 담았다. 이로 인해 당시까지 활동한 서울소리

명창들과 그때 취입했던 노래들을 지금도 알 수 있다. 물론 이때의 서울소리 음반은 별로 많지 않았지만, 혼란기였기 때문에 지금은 값진 자료로서 역할을 하고 있다.

신세기레코드에서 활동한 명창으로는 이은관, 이창배, 김옥심, 차은희, 묵계월, 이은주, 이경자, 염농옥, 전일선, 조백화 등이 있었다. 이들이 취입한 경기·서울지역의 소리는 「아리랑」, 「도라자」, 「한강수타령」, 「오돌독」, 「군밤타령」, 「양류가」, 「태평가」, 「오봉산타령」, 「노랫가락」 등이 있다.

킹스타레코드에서 활동했던 명창으로는 이화자, 김옥심, 이은주, 묵계월 등이 있었다. 이들이 취입한 서울소리는 「노랫가락」, 「범벅타령」, 「아리랑」, 「도라지타령」 등으로 역시 민요가 대부분을 차지했다.

1960년대로 들어서면서 LP 시대가 시작되었고, 유성기 음반은 그와 함께 자취를 감추었다. 이때부터는 한 면에 많은 곡을 넣을 수 있었고 음질도 판이하게 달랐기 때문에 전통 서울소리를 음반화하는 작업은 기획에서부터 다른 양상을 보였다. 즉, 아악을 포함한 전통음악 전반을 다룬 국악전집이 나오는가 하면 민요집이 다양하게 제작되기도 했다.

그런데 그 근거는 유성기 음반에 의존할 때가 많았다. 유성기 음반이 전통의 맥을 잇는 명창명기들을 중심으로 제작되었듯이 LP판은 물론 이후 제작된 CD도 유성기 음반을 기본자료로 삼았다.

재담의 아들 만담,
만담의 아들 코미디

10

만담은 연극의 막간무대에서 출발했다. 막간은 장면이 바뀌는 시간을 말한다. 짧은 시간이지만 지루할 수도 있는 관객을 배려하여 막이 오를 때까지 희극에 능한 배우가 나와 짧은 우스갯소리를 했는데, 그것이 의외로 큰 호응을 얻자 별개 분야가 된 것이다. 만담의 주도적인 역할을 한 사람은 연출가이자 극작가이며, 배우이기도 했던 신불출申不出이었다. 1930년대에 신불출은 만담 하나를 잘해서 조선팔도에서 가장 유명한 사람이 되었다. 그가 가는 곳마다 청중은 인산인해를 이루었고, 그의 만담은 신기할 정도로 대중을 하나로 아우르는 마력을 발휘했다.

최초의 희극배우 이원규

우리나라의 연극은 1911년에 도입된 신파극에서부터 출발했다. 극단의 이름은 혁신단革新團이고, 창설자인 단장의 이름은 임성구였다. 신파극에서 다룬 것은 주로 비극이었으나, 희극배우는 바로 이 신파극에서 처음으로 나왔다. 이원규라는 희극배우가 바로 그 주인공이다.

안종화의 체험적 기록인 『신극사 이야기』에 유일하게 이원규에 대한 글이 있다.

그는 희극 중에서도 「장구」나 「장승」 같은 극에서는 극장 상하가 떠 달아나도록 관중을 웃기던 희극왕이었다.

그렇다고 해서 동작이나 말투에 익살을 피우는 연기도 아니었다. 다만 그가 무대에 서기만 해도 관중은 무조건 웃었다. 그의 입에서 말(대사) 한마디만 떨어져도 객석은 와아, 하고 소성笑聲이 일어났다. 그의 얼굴만 보여도, 말소리만 들려도 관객은 무조건이다.

그만큼 희극연기에 능숙하였고, 그의 연기는 매우 자연스러웠고,

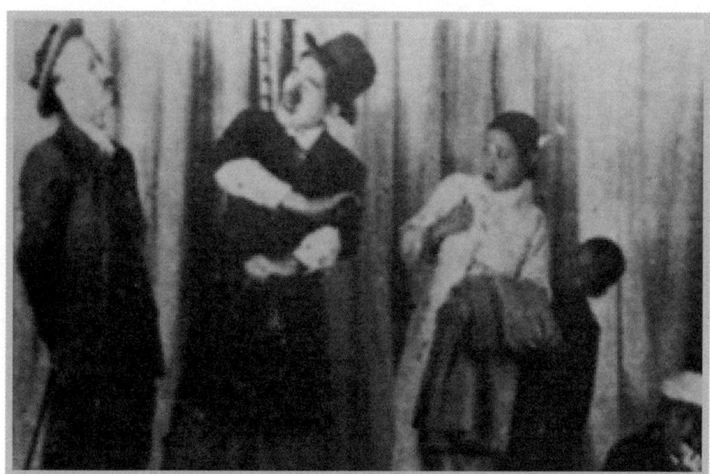

이원규의 공연 모습 이원규는 1925년에 제작된 최초의 희극영화 「멍텅구리」(이필우 감독 작품)에서 주연을 맡기도 했다.

꾸밈이 없었다. 예풍藝風으로서 당시 극계의 독보적인 존재였다.

무대 이외에 평소 태도라든지 언행은 일류신사였다. 했지만 노상에서 연극 팬이 그를 발견만 하고 보면 가던 길도 멈추고 웃어대었다.

이 기록에만 의존해도 이원규가 신극사 초기부터 희극배우로서의 위치를 분명히 한 배우라는 것을 알 수 있다.

그는 혁신단이 단성사에서 개막할 때부터 단원이었으며 나이는 단원 중 가장 연장자였다. 단장 임성구는 원래 명동성당 후문 쪽에서 과일가게를 하던 사람이었다.

이원규는 동대문 인근에서 철물세공업을 했다. 본업인 셈이다. 그는 성격이 아주 유순하고 항상 웃는 얼굴을 하고 있었으며, 목소리도 작고 느려서 바보역에 적격이었는데, 연기가 날로 세련되어지더니 희극배우로 대성했다.

　그러던 중 신파가 시들해지자 그는 다시 본업으로 돌아갔다. 그러면서 잊혀지는가 했더니 1925년 1월 「조선일보」 연재만화였던 「멍텅구리 헛물켜기」가 영화화되어 선보일 때 주인공으로 나타나기도 했다. 국내 최초의 희극영화에 출연한 것인데, 최초로 희극왕 소리를 들었던 그로서는 당연한 일이었다.

　그의 바보연기로는 특히 「장승」이 유명했다. 「동아일보」(1926년 1월 4일자)에는 '십 년을 하루같이'라는 연재물에 '인사동 조선극장 무대를 서슴지 않고 방금 흥행 중에 있는 이원규'의 인터뷰 기사가 실려 있다. 여기에서 그는 「장승」에 대해 이렇게 말했다.

　장가 못 들어 애를 쓰는 사람이 신부집 식구들을 속여 장가를 들고자 바보친구 한 사람을 장승같이 만들어 세우고 장승의 말로 시집을 자기에게로 보내라고 말하게 하자는 것인데, 장승 된 바보는 치성을 드리러 오는 사람들이 가지고 오는 모든 음식에 반해 약속한 것을 잊어버리고 일장 희극을 연출한다는 것인데 그 희극의 노릇을 하였습니다.

　이원규의 연기는 이를테면 일인이역으로 특히 음식을 집어먹는 장면에서 폭소를 자아냈다. 『신극사 이야기』부터 이 「동아일보」 인터뷰까지는 15년의 세월이 흘렀는데, 이원규의 희극연기는 초지일관 건재했다는 것을 알 수 있다.

　당시 연극은 아직 신파의 범주를 벗어나지 못했고 관객 역시 새로운 연극에 적응하지 못하고 있었다. 이른바 구파라 했던 전통예술 중에서도 박춘재의 재담은 단연 인기가 있어서 그가 공연을 했

희극왕이라 불렸던 이원규와 그의 장기였던 장승으로 분장한 모습.(『동아일보』1925. 1. 4.)

다 하면 인산인해를 이루었다. 연극인은 아직도 풍각쟁이니, 광대패니, 창우집단이니 하는 소리를 듣던 때였다.

여전히 단성사나 우미관 앞에는 회초리를 들고 숨어 있는 부형의 모습이 보였고, 공연이 끝나면 얼굴을 가리고 달아나듯 뛰어가는 여자들을 흔히 볼 수 있었다.

주인공은 옷을 잘 입어야 한다는 불문율이 있어서 주인공이 거지 역할을 해도 비단옷을 걸치고 나오는 극단도 있었다. 대본이라는 것도 아직 없어서 대충 입으로 맞추어 연기를 했다. 이것은 일본도 마찬가지여서 그것을 '구찌다데'라 했다.

여자가 배우로 나온다는 것은 꿈도 꾸지 못할 때여서 여자배우도 아직 없었다. 그러나 극에는 여자역이 있어야 하므로 얼굴이 곱게 생긴 남자배우가 여자분장을 하고 출연했다. 그렇게 몇 번을 별탈 없이 하면 곧 여자담당 배우가 되었다.

신파극에 재기의 바람이 불던 1919년 무렵에는 키노드라마라는 것도 있었다. 주로 무대에서 보여주기 힘든 야외장면을 촬영해 연극과 연쇄적으로 보여줌으로써 극적 효과를 나타내는 형식을 말한다. 그래서 키노드라마를 연쇄극이라 부르기도 했는데, 2년 남짓 버티다 사라졌다.

혁신단의 광고를 보면 맨 뒤에 '희극 일막'이라는 순서가 기재되어 있다. 연극이 모두 끝나고 촌극 한 토막을 보여주었다고 한다. 『신극사 이야기』는 이에 대한 관객의 반응을 "그야말로 포복절도, 발버둥을 치며 폭소하는 유쾌감이었다"고 표현했다. 이런 반응은 희극을 능숙하게 하는 배우가 없었다면 불가능한 것으로, 이원규는 바로 그런 배우였다.

이후 희극을 염두에 두고 쓰여진 각본이 처음으로 나왔다. 1912년에 나온 조중환 작 「병자삼인」이라는 작품이었다. 조중환은 신파극단 문수성의 멤버였다.

「매일신보」에 11월 17일부터 연재된 이 작품은 여교사와 여의사, 여교장을 중심으로 공처가인 그들의 세 남편과 벌이는 대립과 화해를 다루었다. 본격적인 희극작품으로 보기에는 무리가 있지만, 한 가지 특기할 만한 것은 대본의 틀을 갖춘 첫 작품이라는 점, 그리고 그것이 희극을 표방하고 쓰여졌다는 점이다.

「매일신보」는 이 작품의 성격을 미리 사고에 게재했는데, 여기에 "제군이요, 제일착으로 희극 「병자삼인」이라 하는 것이 출생할 터이오며 그 내용에 골계한 사실은 독자로 하여금 배를 쥐고 허리를 분지를지라" 하면서 호들갑을 떨었다.

이후 이 작품이 무대화되었는지는 명확치 않다. 그러나 희극은 관심의 대상이 되어 각 극단에서 상당수의 작품을 무대에 올렸다. 김정진의 「15분간」, 박승희의 「홀아비 형제」, 권경완의 「인쇄한 러

브레터」, 박진의「절도병 환자」, 방인근의「안경상」등이 그런 작품
들이었다.

　하지만 신파극단은 1920년대 중반쯤에는 거의 고사상태가 되어
취성좌, 연극사, 신무대, 문외극단 등 몇몇 극단만이 겨우 명맥을
유지할 뿐이었다. 이때 자구책으로 나온 것이 막간의 활용이었으
며, 이곳에서 뜻밖의 사건, 즉 만담이라는 코미디가 나왔다.

막간 노래와
우스갯소리가 더 인기

한국 연예사에서 만담이 차지하는 비중은 의외로 높다. 연극, 대중가요, 악극, 코미디가 모두 만담과 직접적인 연관을 맺으면서 연예의 형태를 갖추어나갔기 때문이다.

만담은 연극의 막간무대에서 출발했다. 막간은 장면이 바뀌는 시간을 말한다. 짧은 시간이지만 지루할 수도 있는 관객을 배려하여 막이 오를 때까지 희극에 능한 배우가 나와 짧은 우스갯소리를 했는데, 그것이 의외로 큰 호응을 얻자 별개 분야가 된 것이다.

이렇게 막간을 이용하여 관객에게 처음으로 서비스를 한 것은 1922년 동경유학생들이 주축이 되어 결성한 순수극단 토월회의 무대에서였다고 한다. 이때 극에 어울리는 음악을 들려주었는데, 주로 바이올린이나 플루트가 연주되었다. 말하자면 이때의 막간공연은 어디까지나 본 연극의 분위기와 어울리는 것이었다.

그러던 것이 1932년 재정난으로 극단의 명칭이 바뀌고 막간공연도 상업성을 띠게 되었다. 노래, 그것도 여성단원이 나와 유행가를 부르기도 하고, 재담도 주고받았으며, 노래와 춤을 곁들인 촌극도 보여주었다. 이는 물론 극단이 살아남기 위한 자구책이었는데, 대중이 그것을 더 좋아하자 극단마다 막간 순서를 따로 잡기 시작했다.

음반이 도입되어 일대 선풍을 일으키던 1930년 무렵, 음반기획자들은 대중이 선호하는 막간 여배우를 섭외하여 녹음하기 시작했다. 예상은 적중해서 음반은 날개 돋친 듯이 팔려나갔다.

막간가수라는 명칭도 이때 생겨났다. 대중가요 스타의 탄생이었던 셈이다. 토월회의 초기 멤버 강석연, 영화와 연극에서 동시에 활동한 김연실, 취성좌의 이경설, 조선예술좌의 신카나리아, 연극보다 노래에 능했던 김선초 등은 이 무렵의 대표적인 막간가수였다.

지금 이들의 이름을 들으면 가수라기보다는 연극배우나 영화배우로 알기가 쉽다. 그러나 막간가수 시절의 인기도를 살펴보면 대중가요 스타로 더 잘 알려졌다는 사실을 알 수 있다. 한국의 대중가요는 이렇게 출발했다고 해도 과언이 아닐 만큼 연예사 초기 그들의 활약은 의미가 있었다. 또 이들을 비롯해서 유·무명배우들은 춤과 노래로 색다른 레퍼토리를 만들어냈는데, 이것이 훗날 연예의 한 분야를 이룬 악극이 되었다.

이들은 모두 연극의 본령은 아니었으며, 연출가나 배우가 할 짓도 아니었다. 새정신에 히덕이는 극단이 살아남기 위해 시작한 것이고 보니 민망할 정도로 선정적인 것도 있었다. 그러나 강요도 아니고 권유도 아니지만 세상은 이를 재미있게 받아들였고, 날로 달로 관객을 불러모았다. 대중의 선호를 선도할 수 있는 입장도 아니었다. 나무랄 수 있는 권한도, 방법도 없었다.

무성한 비난 여론에도 불구하고 막간가수가 부른 유행가 음반의 판매량은 늘어났으며, 극단을 해체하고 악극단을 결성하기 위한 움직임도 여기저기에서 나타났다.

만담가 신불출이
연예계를 평정하다

이때 아무도 예상하지 못한 일이 일어나 세상을 놀라게 했는데, 그것이 바로 만담이었다. 만담의 주도적인 역할을 한 사람은 연출가이자 극작가이며 배우이기도 했던 신불출申不出이었다. 1930년대에 신불출은 만담 하나를 잘하여 조선팔도에서 가장 유명한 사람이 되었다. 그가 가는 곳마다 청중은 인산인해를 이루었고, 그의 만담은 신기할 정도로 대중을 하나로 아우르는 마력을 발휘했다.

한국 연예사에서 만담이 차지하는 비중은 의외로 높고 연극, 대중가요, 악극과 불가분의 관계에 있다고 말한 이유가 바로 여기에 있다. 평론가들은 저급하다면서 맹비난을 퍼부었지만 만담의 파격적인 성과로 인해 연극과 가요, 악극에도 직간접의 파급과 활력이 생겼기 때문이다.

한마디로 이 시기의 만담은 연예라는 말을 사용할 수 있는 분야라면 어디에서나 주도적 역할을 하고 있었다. 신불출과 함께 공연한다는 것은 곧 가장 역량 있는 연예인이라는 뜻이었고, 그의 만담을 알고 있어야 대화에 낄 수 있을 만큼 그의 인기 범위는 넓었다.

신불출과 신은봉 신불출과 공연했다는 것은 곧 최고 연예인이라는 뜻이기도 했다.

생김새, 이름, 언변 등은 두고두고 화제가 되었고, 신불출의 영향을 받아 새로 등장한 만담가나 일본 만담가들의 내한공연 역시 화제에 올랐다. 그는 언제나 화제를 몰고 다니는 연예인이었다.

신불출은 1920년대 중반 극단 취성좌에 입단하면서 연극인이 되었다. 취성좌기 개성에서 공연할 때 극단에 매료된 한 소년이 입단했는데, 당시 그는 송도고보 학생으로 이름은 신영일이라고 했다. 그가 바로 신불출이었다. 그런데 어떤 기록에는 그의 이름이 신흥식으로 되어 있다. 이로 미루어 그는 개성출신으로 1908년경에 태어난 것으로 보인다.

특이한 예명 불출不出에 대해서는 원로연극인 고설봉의 『이야기 근대연극사』(창작마을, 2000)에 언급되어 있다. 고설봉은 신불출의 연극계 후배로 그는 책에서 신불출을 '세기의 만담가'로 칭하고 있다.

그는 연기를 할 때 몸을 고정시키지 못하고 연방 흔들거리는 버릇이 있었다. 이같은 그의 연기 태도에 대하여 선배들은 당장 고치라고 핀잔을 주었다. 신불출은 맡는 연기마다 어렵게 여겨지자 스스로 이름을 '난다難多'로 고쳐 불렀다. 지금도 그렇지만 배우들은 대개 예명을 갖는다. 그러나 신불출은 성이 '신'가家라 성과 이름을 붙여 부르면 '신난다'가 되었는데, 사람들이 '신난다!' 하며 놀리자 예명을 '신불출'로 바꾸었다. 그것은 연극을 하면 할수록 힘들어 당분간 무대에 서지 않고 아무 데도 나가지 않겠다고 마음을 먹자 그때 떠오른 것이 '불출不出'이었다.

생김새는 작은 체구에 얼굴이 하얗고 말투는 약간 느리면서 발음이 명료했다고 한다. 유성기판을 통해 들어보면 약간 높은 톤에 능청기가 있어 보이는데, 신불출은 그런 말투로 동서양을 넘나들며 해학을 쏟아냈다.

그가 일약 만담가로 변신하게 된 것은 취성좌가 막간공연에 치중하면서부터였다. 당시 극단에서 희극을 한다는 것은 금물이었고, 레퍼토리는 한결같이 가정비극 아니면 순진한 여성의 고난사였다. 그런데 막간에 우스갯소리를 넣어 반응이 좋자 희극에 능한 이종철과 전경희를 섭외해 출연시켰다.

신불출은 이때 막설幕說을 맡았다고 한다. 막설이란 관객에게 감사의 인사를 전하고 나머지 막의 내용을 예고편 식으로 설명하는 것이다. 그런데 신불출은 이 막설을 기가 막히게 잘했다고 한다. 고설봉의 『이야기 근대연극사』에 그 이야기가 나온다.

그의 즉흥적인 유머감각은 탁월하였다. 관객 중 얼굴에 천연두

자국을 가진 사람이 있으면 그는 기지를 발휘하였다. '아유, 죄송합니다. 원래 마마자국은 우박 맞은 잿더미 같고, 아이 엉덩이에 낀 밤송이 같고, 금강산 만물상 같다고 하는데…….' 이러자 관객들은 배꼽을 잡고 까르르거렸다. 또 관객 중에 머리가 벗겨진 사람이 있으면 이야기는 순간적으로 바뀐다. '대머리를 중국말로는 크더우, 일본말로는 하게아다마, 독일말로는 베헤데헤트, 우리말로는 공산명월이라고 하는데…….' 신불출이 능청스럽게 동서 국어를 둘러대면 관객들은 휘파람을 불며 난리법석을 떨었다. 그는 어느새 막설의 1인자가 되어 있었다.

고설봉의 이러한 증언은 신불출의 천부적인 재능을 말해주는데, 한편으로는 중요한 단서를 제공한다. 즉, 마마자국 운운하는 것이 실은 잡가 「곰보타령」에 나오는 사설 중 일부이기 때문이다. 「곰보타령」은 재담사설의 대표적인 잡가로 특히 박춘재가 능수능란하게 잘했던 것으로 유명하다.

이것은 신불출의 만담이 독자적으로 구성한 것이 아니라 이전의 전통재담에 뿌리를 두고 있었다는 점을 말해준다. 실제로 그의 공연을 자주 보았던 '발탈' 무형문화재 박해일의 증언에 따르면, 신불출은 박춘재의 공연을 보면서 그를 스승처럼 따르고 연구했다고 한다.

박춘재와 신불출의 공연 내용을 말해줄 수 있는 연예인으로는 그 밖에도 만담가 장소팔과 「배뱅이굿」의 명인 이은관이 있다. 그들이 한결같이 지적하는 점은, 신불출의 만담이 일본의 만자이를 토대로 한 것이라는 이야기가 있지만 실은 박춘재의 재담에 뿌리를 둔 것으로 보인다는 점이다.

신불출 가라사대 만담이 뭔고 하니

신불출의 성가에 대해서는 명성이 확고해졌을 때의 신문기사를 참고해보는 것이 좋을 듯하다. 「매일신보」(1935년 1월 3일자)에 '중성衆星이 싸고도는 각계의 일인자'라는 기사가 실렸다.

무용의 최승희, 판소리의 이화중선, 여배우인 김연실, 바둑의 정규춘, 변사인 김조성, 야구의 이영민, 권투의 서정권 등 한마디로 당시의 스타급 인물들의 프로필을 소개하는 것이었는데, 그중 만담의 스타로 신불출을 다음과 같이 소개했다.

종로거리 어떤 축음기상회에서 흘러나오는 「익살맞은 대머리」 타령에 흥이 겨워 어떤 60가량 된 노인이 발을 멈추고, 그 노래를 정신없이 듣다가 대사 중에 히히거리고 웃는 데가 있자 그 노인도 소리를 높이고 따라 웃어서 지나가는 사람들이 십여 명이 모여들고 옆에서 같이 듣고 서 있던 사람들조차 박장대소한 사건이 수일 전에 있었다.

그 대머리 타령을 취입한 사람은 만담계에 이름이 높은 신불출

군이니 그만하면 신 군의 만담이 어느 정도까지 인기가 있는 것을 누구나 짐작할 수 있을 것이다.

동 군이 만담을 시작하게 된 동기는 18세 되던 해에 취성좌라는 극단에 들어가 문예부 일을 보며 「배 떠나갈 때」라는 극에 출연하여 인기를 얻고, 그후부터 막간 난센스를 하여 수많은 관객에게 끊일 줄 모르는 환영과 갈채를 받았다.

이것이 동기가 되어 이 년 전에 OK레코드회사가 창립되매 그곳에서 전속으로 초빙하여 난센스 「익살맞은 대머리」를 넣은 것이 우연히 인기가 비등하게 됨에 따라서 각 잡지사에서 소개하게 되었다.

군은 개성에서 송도고보松都高普에 학적을 두고 수년간 수학하다가 중도에 퇴학하여 전기 취성좌에 발을 들여놓게 된 것으로서 금년 28세 되는 청년이니 앞날을 기대함도 많거니와 현재 만담으로는 경향을 통하여 엄지손가락을 꼽고 있는 처지다.

우울과 오뇌로 즐거움을 모르고 사는 우리 인생으로 하여금 한때나마 입을 열어 웃게 하니 그 공도 적다고 할 수 없다.

기사에는 신불출의 만담이 유성기판에 취입되어 있고, 그 내용은 「익살맞은 대머리」라는 난센스이며, 축음기상회에서 볼륨을 크게 해놓아 지나가는 사람도 들을 수 있는 종로의 풍경이 담겨 있다.

난센스는 유성기판의 라벨에 표기되어 있는 「익살맞은 대머리」의 한 종목이다. 그 당시 유성기판에는 만담을 난센스라고 표기했다는 것을 알 수 있다.

만담은 이외에도 스케치, 코미디 혹은 희가극, 만요 등으로 표기되었다. 이는 모두 일본식으로 레코드업자들이 일정한 기준 없이

평양에서 열린 신불출 만담대회.(「조선일보」. 1934. 7. 9.)

가볍게 웃기는 내용이면 모두 그렇게 표기한 것이다.

하지만 신불출은 그것을 항상 만담으로 불렀고, 다른 사람들도 대화 중에는 늘 만담이라고 했지 난센스니 스케치라고 하지 않았다. 신불출은 월간 「삼천리」(1935년 6월호)에 기고한 「웅변과 만담」이라는 글에서 이에 대한 자신의 의견을 피력했다. 이 글은 국내에서 만담에 대해 처음으로 논리적 입장을 밝힌 글이기도 하다.

신불출은 기고문을 통해 만담은 일본에서 수입된 것으로 재래의 낙어落語나 만세萬歲가 지니고 있는 저급성에서 탈피하여 새로운 형식으로 재구성하자는 의도에서 불과 5년 전에 처음 선보여 지금 동경에서 한창 주가를 올리고 있다고 소개했다. 그러고 나서 이론가로 도쿠가와 무세이〔德川夢聲〕가 있으며, 현재 가장 인기 있는 현역 만담가로는 오츠지 시로〔大辻司郎〕가 있다고 소개하고 이렇게 썼다.

필자는 조선에다가 만담을 처음 수입시켜 놓은 사람의 하나올시다마는 결단코 오츠지 시로류의 만담을 그대로 모방한 것이 아니니 필자가 일찍 엄청나게도 불리한 객관적 정세 아래 각각 刻刻으로 위미부진萎薇不振하는 조선 극계를 떠나 그렇게 까다롭지 아니하고도 될 수 있음직한, 좀 더 새롭고 조촐한, 돈 안 들이고도 손쉽게 될 수가 있는 무대 형식이 하나 없을까, 하고 서양 것을 책자에서 연구해보고, 중국이나 동경 것을 직접으로 실제 견학도 하여본 결과 드디어 이 만담이란 것을 창안해 가지고 비로소 조선에다 그 시험을 해봤던 것입니다.

한마디로 연극계의 영세성을 누구보다 잘 아는 신불출 자신이 고심 끝에 무대를 떠나지 않고도 관객을 만날 수 있는 수단으로 일본에서 한창 인기를 끌던 만담을 우리 체질에 맞게 변형시켜 시도한 것이 한국의 만담이라는 것이다.

「익살맞은 대머리」만담 음반의 대히트

그렇다면 그가 스스로 조선에다 시험을 해봤다는 신불출식 만담은 어떤 것인지 유성기판에 남아 있는 내용을 살펴보기로 하자. 이에 대해서는 무엇보다「매일신보」에 보도된 바로 그 종로 축음기상회에서 들려왔다는「익살맞은 대머리」를 살펴보기로 한다. 이 작품이야말로 신불출을 하루 아침에 연예계 스타로 만들어주었을 뿐만 아니라 이를 음반에 취입해 판매한 오케레코드사를 굴지의 음반회사 반열에 올려놓았기 때문이다.

신불출이 맡은 영감과 취성좌의 동료배우 윤백단이 맡은 소녀의 대화체에 윤백단이 창가조로 부르는 노래가 섞여 있는 만담은 이렇게 되어 있다.

소녀 : 영감, 올해 몇이슈?

영감 : 나? 그림자하고 둘이다.

소녀 : 아니 연세가 얼마냐 말예요? 나이를 몇이나 잡수셨냐, 이 말예요?

신불출과 윤백단 「익살맞은 대머리」의 명
콤비 신불출과 윤백단. 그들은 취성좌의 동
료배우였다.

영감 : 정월 초하룻날 한 그릇 먹고 여지껏 안 먹었단다.

소녀 : 계시긴 어디 계슈?

영감 : 나 지금 오케 레코드판 속에 들어 있다.

소녀 : 아이, 참. 입담도 어지간하셔. 그런데 왜 그렇게 늙으셨어요?

영감 : 하루 지날 때마다 해져서 그렇단다.

소녀 : 그런데 머리는 왜 그렇게 벗어졌수?

영감 : 알뜰한 세상에 남의 걱정 하다 이남박을 썼단다.

소녀 : 그런데 사람들이 영감님더러 무릎팍 대가리니, 사발 대가리
니, 댄박 대가리니, 엉둥짝 대가리니, 호박 대가리니, 요강
대가리니, 그러던데요?

영감 : 그건 다 요새 사람들이 만든 말이다. 원래 영어로는 데아드
라, 그리고 중국말로는 푸소우라, 일본말로는 하게아다마,
조선말로는 공산명월이란다.

소녀 : 뭐? 공산명월? 그럼 화투판에 가면 돈을 잘 따시겠구려?

영감 : 너 나이에 비해 내던졌구나.

소녀 : 던지다니요?

영감 : 버렸다는 얘기다. 그나저나 대가리 벗겨진 덕분에 너 큰애 기하고 말을 하게 되었으니 한마디 더 들려줄 테니까 들어 보련?

소녀 : 어서 하세요.

영감 : 오냐. 방정맞은 여자 앞에서는 행여 조심해야 한다. 만일 잠을 자다가 다듬잇돌로 잘못 알고 디립다 방망이질을 해대면(큰 소리로 웃는다. 그와 함께 여자 대담자의 노래)

영감님 대가리는 다듬잇돌 대가리
방정맞은 여자 옆엔 못 잔다누나

영감 : 하하, 어디 그뿐이냐? 해수욕을 갔다가 어부들이 문어로 잘 못 알고(큰 소리로 웃는다. 그와 함께 여자 대담자의 노래)

영감님 대가리는 문어 대가리
어부 있는 해수욕장 못 간다누나

영감 : 어디 또 그뿐이야 말이지. 모자를 벗고 행여 해수욕장에는 못 가. 만일 후도뽈로 잘못 알고(큰 소리로 웃는다. 그와 함께 여자 대담자의 노래)

영감님 대가리는 후도뽈 대가리
모자 벗고 운동장엔 못 간다누나

영감 : 하하, 또 어린애 옆에는 자질 못한다. 만일 행여 애가 깨 요

강인줄 알고(큰 소리로 웃는다. 여자 대담자의 노래)

영감님 대가리는 요강 대가리
오줌 벼락 맞을까 봐 걱정이래요

결코 점잖다고 볼 수 없는, 상스럽기조차 한 내용은 만담이 갖춘 기본적인 요소를 모두 구비하고 있다. 나이가 몇이냐고 묻자 그림자하고 둘이라고 한다든가, 버렸다는 뜻을 내던졌다는 말로 표현하는 것은 말을 재미있게 꾸미기 위한 수단으로 이용되는 곁말이라는 것이다.

만담에는 혼자 하는 독만담과 둘 이상이 하는 대화만담이 있는데, 흥행을 위해서는 이 만담처럼 대화만담이어야 한다는 것이 불문율처럼 제시되었다.

이후에 나온 모든 만담들, 이를테면 신불출은 물론 그와 같이 연극배우로 생활해온 사람들이 너도나도 음반에 만담을 취입했을 때도 「익살맞은 대머리」는 하나의 전형을 제시해주었다.

『임꺽정』에 등장한 신불출, 대머리 작가의 익살인가, 복수인가

이 만담 이후 연예계의 판도는 급작스럽게 변했다. 그때까지 흥행성적 1위 자리를 지키고 있던 전통음악은 퇴조를 보이기 시작하고 만담이 그 자리를 차지했다.

이렇게 된 데는 「익살맞은 대머리」를 기획한 오케레코드의 등장이 결정적 요인을 제공했다. 앞서 신불출을 만담계의 일인자로 소개한 「매일신보」의 기사에는 OK레코드로 되어 있지만, 이는 OKEH레코드의 잘못된 표기이다.

오케레코드의 사장은 이철이었는데, 이철과 오케레코드는 한국 연예사에서 지울 수 없는 이름이므로 먼저 그 내역을 알아볼 필요가 있다. 이에 대해서는 조풍연의 『서울잡학사전』에 실린 글을 참고하는 것이 좋을 것이다.

그런데 안동 예배당의 찬양대원이었고 트럼펫 불던 한 청년 이철이 여성 관계의 스캔들로 풍문이 자자해 풀이 죽어 있더니 어느 날 레코드계에 일대 선풍을 일으키며 등장했다. 그때까지 자리잡

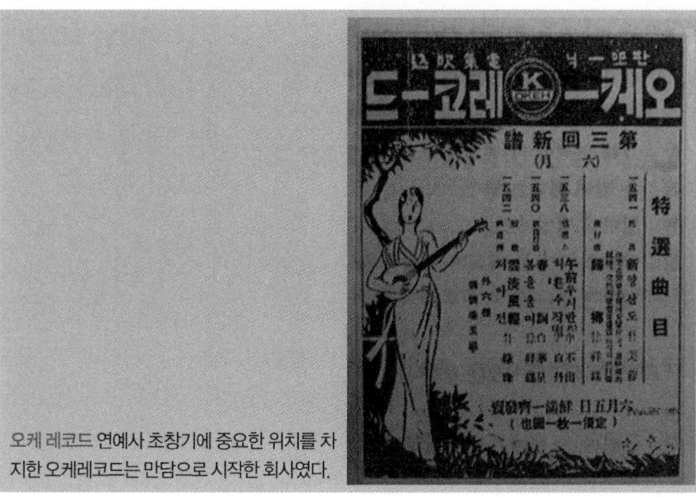

오케 레코드 연예사 초창기에 중요한 위치를 차
지한 오케레코드는 만담으로 시작한 회사였다.

고 활발히 움직이던 일본인 자본의 콜롬비아 및 빅타에 과감히 도
전한 것이다.

그 2개 유명 레코드회사는 빨간 딱지(빅타)와 파란 딱지(콜롬비아)
가 2원씩이며 대중판 검은 딱지는 1원 50전이었다. 거기에 대항해
오케는 1원으로 때려댔던 것.

레코드가격을 1원으로 한 것은 과감한 도전이라고 할 만큼 파격
적이었다. 레코드가 날개 돋친 듯 팔려나가게 된 데는 이 파격적인
가격도 한몫을 했다.

그중에서도 「익살맞은 대머리」는 그보다 더 낮은 50전에 팔아
일대 파란을 일으켰다. 훗날 한국 연예계에서 스타 제조기라는 별
명이 붙을 만큼 수많은 스타급 가수를 배출했던 이철은 이때부터
흥행사로서의 천부적 수완을 발휘했다.

박찬호의 『한국가요사』에 따르면, 이철은 1904년 공주에서 태어

나 가난한 음악도로 학창시절을 보냈다고 한다. 그러던 중 레코드가 호황기를 맞자 레코드회사 경영에 뜻을 두고 일본 오케축음기상회 경성영업소 소장이 되었다. 이후의 일을 『한국가요사』는 이렇게 전하고 있다.

오케는 오사카의 제국축음기주식회사(데이치꾸)의 스튜디오에서 녹음했다고 하는데 고복수의 『가요이면사』에 의하면 이철이 오케 레코드사를 창설하기에 이른 경위는 다음과 같다고 한다.

이철이 신문배달을 하고 있을 무렵 현송자라는 여성과 알게 되어 이윽고 결혼했다. 도쿄 메지로(目白)의 일본 여자대학에 유학한 재원으로 동창생 중에 데이치꾸 중역의 딸이 있었다. 그녀는 남편의 음악에 바치는 정열을 실현시키기 위해 일본으로 건너가 동창생의 아버지를 설득시키고 데이치꾸의 조선지사를 만드는 데 성공했다.

김정구에 의하면 레코드회사를 갖게 된 이철은 일본, 그것도 제국이라는 이름이 붙은 회사의 수하기관이라는 이미지를 싫어하여 오케라고 이름을 붙였다고 한다.

그러니까 오케는 레코드회사의 이름이 아니라 축음기상회의 상호에서 유래한 것이다. 이철은 그렇게 레코드회사를 탄생시키고 맨 먼저 당시 만담으로 인기를 올리던 신불출을 섭외하여 그의 만담을 레코드에 취입하는 파격을 감행함으로써 큰 성공을 거두었다.

이 레코드는 발매 한 달도 안 되어 2만 매 판매를 돌파했다. 당시에는 1만 매 판매를 했다고 하면 그것만으로 화제가 되었다. 대개 2천 매를 판매하면 적자는 면했다고 하던 시절이었던 것이다.

『임꺽정』 연재예고
신불출은 홍명희의
『임꺽정』에도 등장
했다.(「조선일보」, 1932.
11. 25.)

그런데 신불출의 경우는 판매고보다 「익살맞은 대머리」가 더 화제에 올랐다. 남녀노유, 때와 장소를 가리지 않고 그 만담이 입에 오르더니 급기야 신문 연재소설에 신불출의 이름이 등장해 더욱 화제가 되었다.

신문 연재소설이란 「조선일보」에 홍명희가 연재하고 있던 『임꺽정』이었다. 홍명희는 신불출이 「익살맞은 대머리」로 인기몰이를 하던 1932년 12월 '의형제편'을 쓰기 시작했는데, 여기에 느닷없이 만담가 신불출과 똑같은 이름의 산적이 등장한 것이다.

임꺽정의 든든한 의형제로 표창의 명수인 박유복이 청석골로 가기 전 아버지의 묘를 이장하려고 서울로 가던 중 잿마루라는 데서 산적 두 명을 만난다. 그러나 적수가 될 수 없는 산적들은 박유복에게 사과를 하고 그중 한 명이 자기 집에서 묵어가기를 청한다.

홍명희는 이 부분을 이렇게 전개시켰다.

　그날 밤 유복이가 신불출이와 같이 잤다. 신불출이는 그 집 주인의 성명이다. 유복이와 불출이가 하룻밤 동안에 십 년 사귄 이나 다름없이 친숙하여졌다. 유복이는 불출이의 형편을 보고 늙은 어머니와 어린 자식을 데리고 호구하려면 도적질이라도 하는 것이 당연한 일이라고 생각하고 불출이는 유복이의 사정을 알고 종적이 생소한 서울 가서 면례하는 데 내기 시행이 아니라도 가서 보아줄 성의가 생기었다. 이튿날 식전에 유복이가 짐을 끄르고 보니 무명이 네 필이라 네 필 중에 한 필을 꺼내서 양식 바꾸어 먹으라고 불출이 어머니를 주고 불출이와 같이 서울로 떠나갔다.

　독자들은 신불출의 돌연한 등장에 어리둥절했다. 그런데 홍명희가 일부러 그랬을지도 모른다고 생각하는 독자들은 미소를 지으며 연재소설을 읽었다. 그 이유를 듣지 않아도 홍명희의 의도가 분명히 드러난다고 생각했다. 홍명희는 대머리였던 것이다.

　말하자면 만담가가 능청을 떨자 소설가가 익살을 부린 것이었다. 앞뒤 안 가리고 웃기기만 하자 익살로 복수, 아니 경고한 것이라고도 할 수 있다.

혼자 하는 만담과
여럿이 거드는 만담

신불출은 「익살맞은 대머리」 이후 「말씀 아닌 말씀」, 「엉터리 연설」 등 독만담을 비롯해서 「관대한 남편」, 「이렇게 웃어라」, 「가두일경」, 「적막한 인생」, 「경성광상곡」 등 대화만담을 발표하여 레코드계에 지각변동을 일으켰다.

대화만담에는 신은봉, 신일선, 나품심 등 내로라하는 여배우들을 상대역으로 기용해 흥미를 더했다. 여배우뿐만이 아니었다. 성광현, 김진문 등 희극에 능한 동료배우들을 상대역으로 해서 능청스런 만담을 쏟아내 장안의 인기를 독차지했다.

특히 나운규의 명작 「아리랑」에서 여주인공을 맡았던 신일선이 영화출연 이후 7년 만에 결혼에 실패한 뒤 두 아들을 데리고 다시 연예계로 나오자, 신불출은 과감히 그녀를 기용해 만담 「계란강짜」를 취입했다.

이 만담 레코드는 나오자마자 불티나게 팔렸는데, 그것은 신불출보다 신일선의 음성 때문이었다. 이는 신일선에 대한 관심, 나아가 나운규의 영화 「아리랑」에 대한 열기가 아직 식지 않았음을 반증하는 것이기도 했다.

이제 신불출이 다듬어서 내놓은 독만담이란 어떤 것이며, 대화만담은 또 어떻게 이루어져 있는지 유성기판에 있는 내용을 글로 옮겨보기로 한다. 다음은 오케레코드에서 내놓은 「말씀 아닌 말씀」이다.

사람들은 거짓말만 하고 사는 것 같단 말야, 하고 말하는 사람이 있어. 왜 그러느냐고 물어봤더니 무슨 말을 하기만 하면 "정말이야? 그 정말이야?" 하고 반문하니 얼마나 서로 거짓말만 하고 사는 세상이라는 것을 알 수 있느냐는 것이지. 과연 이게 다 말씀 아닌 말씀이지.

걸핏하면 욕 잘하는 사람, 죽어도 더럽게 죽으라거나, 염병을 아주 흉측스럽게 앓다 죽으라는 둥, 부모를 걸어서 하는 욕이나 철없는 애들을 걸어서 욕할 때도 망할 놈이니, 망할 년이니, 망할 자식이니, 심한 경우에는 친한 친구일수록 농지거리가 시종 욕으로 이어져야 웃음이 터져나오고 속이 풀리는 듯하니 생각할수록 딱한 사정이고 말씀 아닌 말씀이죠.

또 길을 가다가 많은 사람을 만나지만 으레 하는 말이 "어디 가나? 어디 가오?" 하니 대답을 들을 수 없는 말을 왜 묻소? 그리고 그뿐입니까? 대답을 하는 사람도 "응, 어디 좀 가네" 그게 무슨 말 대답이요? 말이 모두 현실에 뿌리박은 생생한 언어가 못 되고 공중에서 쌓은 언어입니다요. 그게 다 말씀 아닌 말씀이지요.

지금 조선에서 유행 중인 노래들이 대개가 연애타령인 점은 기막힌 일이지만, 노래마다 그저 아니 놀고는 못 배기겠다고 하니 이

바쁜 세상에 놀기는 왜 논단 말이요? 한심한 노릇이외다. 그 역시 말씀 아닌 말씀이지요. (중간 판독불가)

말씀 아닌 말씀을 엮어내라면 이 레코드판이 백 장, 천 장이라도 뇌까릴 수 있을 것입니다만 다 집어치우고라도 말씀 아닌 말씀 중에도 말씀 아닌 말씀이 하나 있어. 이건 말끝마다 "죽겠네, 죽겠네" 하는 거야. 그 왜 죽는단 말야 대체. 아이고, 팔이 아파 죽겠다, 다리가 아파 죽겠다, 귀가 아파 죽겠다, 배가 아파 죽겠다, 더위 죽겠다, 추워 죽겠다, 심심해 죽겠네. 심심한데 왜 죽느냔 말이요. 아주아주 심한 경우에는 재밌어 죽겠네, 맛있어 죽겠네 하면서 잘도 웃고, 잘도 먹는 거란 말이야. 이런 말씀 아닌 말씀이 없어지는 날 우리들의 살림살이는……. (이하 판독불가)

독만담은 풍자와 해학이 어우러지지 않으면 자칫 강연이나 야담이 될 수밖에 없다. 당연히 어려운 게 독만담이다. 그런데도 신불출은 폭넓은 지식과 풍자성을 유머감각에 얹어 독만담을 자유자재로 구사하고 있다.

이어서 대화만담으로는 빅타에서 취입한 「선술집과 인생」 중 앞부분을 소개하기로 한다. 선술집에 들어온 노주객은 신불출이며, 선술집 여자는 차홍녀이다. 차홍녀는 그 유명한 「홍도야 우지 마라」

「선술집과 인생」을 담은 빅타 광고 만담을 코미디로 표기했다.

의 주연을 맡아 일약 명배우가 되었지만, 1940년 천연두로 사망했다. 이 만담은 그녀가 유명해진 직후 빅타의 기획으로 이루어졌다.

노 : 하, 잘 있었느냐? 에, 이거 참, 유주강산에 다 호걸이라더니 한많은 영웅들이 구름같이 모였구나.

여 : 무슨 술을 부랍쇼?

노 : 헐직한 막걸리 곱빼기로 한 잔 주고, 추탕 한 그릇 듬뿍 떠라!

여 : 네.

노 : 커! 어허, 그 술맛 좋다. 그 색시 이름이 뭐고?

여 : 이름은 알아서 뭘 하세요? 어서 약주나 드세요.

노 : 네 이름이 뚱그런 명월이냐?

여 : 아뇨.

노 : 그럼 뾰족헌 송죽이냐?

여 : 아ー뇨.

노 : 노란 국화냐?

여 : 아니에요.

노 : 빨간 매화겠지.

여 : 후유! 끝없는 수심이랍니다.

노 : 에, 이거 참. 그럴듯하구나. 얼굴 보고 말 들으니 과시 안팎으로 일색이다. 영웅호걸 모인 곳에 절대가인이 없을 수가 있단 말이냐. 술 한 잔 더 따라라! 술 한 잔 더 따라!

여 : 영감님, 선술집을 그렇게 좋아하십니까?

노 : 좋아하다 뿐이냐. 첫째 값싸고 배부르니 경제적이요, 서서 먹어 쉬 내리니 위생적이요, 친구 서로 만나보게 되니 사교적이요, 아무나 오게 되니 대중적이요, 땅에서만 놀게 되니 향토적

이로구나.

여 : 호!

노 : 얘, 그 안주나 하나 다오.

여 : 사과를 드려요, 마메콩(강낭콩)을 드려요?

노 : 잘못된 게 있거든 사과를 주고, 내가 맘에 있거든 마메콩을 주
고, 아니꼽거든 꼴뚜기를 주려무나.

여 : 호!

대화만담에는 곁말이 많이 들어가고 그것이 유효적절하게 사용
되어야 하는데, 이 만담만 보더라도 곁말 사용의 전형을 보여주고
있다. 이런 작품을 취입하기까지 남모르는 연마의 노력이 있었으리
라는 것은 두말할 나위 없다.

신불출이 기획한 전국순회공연

신불출은 인기의 여세를 몰아 1934년부터는 전국순회공연에 나서기 시작했다. 이에 대한 기사는 「조선일보」, 「동아일보」, 「조선중앙일보」, 「매일신보」 등에 그때그때 보도되었다. 그중에서도 특히 신불출의 만담에 지면을 많이 할애한 신문은 단연 「조선일보」였다.

거기에는 이유가 있었다. 경쟁관계에 있던 신문들이 신불출의 만담을 부수를 늘리기 위한 판촉행사의 한 수단으로 삼았기 때문이다. 그 경쟁에서 「조선일보」는 단연 우세를 보였다.

판촉행사는 조선일보 지국으로 하여금 이른바 만담대회라는 것을 열도

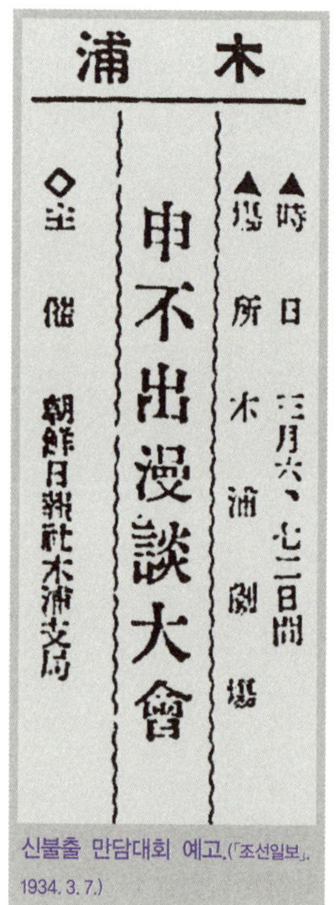

신불출 만담대회 예고.(「조선일보」, 1934. 3. 7.)

록 해서 신불출을 초빙하고 독자에게 우대권을 주는 것으로 이루어
졌다. 당시 신문을 열람해보면 신불출이 출연하는 만담대회 예고기
사가 가장 많은 신문이 「조선일보」이다. 그 내용을 읽어보면 서울,
인천을 비롯해서 평양, 해주, 사리원, 개성, 원산, 황주, 연안 등 가
지 않은 곳이 없었다.

1938년에는 멀리 하얼빈에까지 다녀왔다. 그동안 대전, 전주, 수
원, 목포, 강릉, 부산 등 전국의 주요지역은 그야말로 안 가본 곳이
없다고 할 만큼 널리 찾아다녔다는 것을 알 수 있다.

한 가지 재미있는 것은 공연장소였다. 먼저 「조선일보」(1934년 1월
25일자) 기사 한 편을 보기로 한다.

일찍이 조선의 연극계를 위하여 많은 노력을 하던 신불출 씨는
그후 극계를 떠나 조선에서 첫 시연 만담의 실마리를 풀어놓게 되
었다. 과연 이 만담은 어떠한 것인가. 누구나 한 번 들으려고 기대
하는 바인데 동 씨는 지난 이십일부터 일주간을 두고 경성 화신상
회 누상에서 만담회를 열어 많은 환영을 받고 이번에 인천에 와서
본사 인천지국 후원으로 인천 공회당에서 만담대회를 열기로 하였
나. …… 그 명일 밤은 만담뿐만 아니라 일찍 표정이 웃음과 하형
花形 배우로 이름이 높은 신일선 씨의 독창과 이난영, 윤백단 씨 등
의 독창으로 또한 청중의 비상한 흥미를 주게 되므로 대만원의 성
황을 예기하고 있다 한다.

이로써 지방순회를 하기 전에 먼저 화신상회 옥상에서 만담 시
연회를 한 다음 인천으로 갔다는 것을 알 수 있다. 또 이때의 공연
에는 신일선과 이난영, 윤백단 등 유명한 배우와 가수들이 출연했

다는 것도 알 수 있다.

공연은 대부분 강경극장, 김해극장, 보성극장, 철원극장, 도화극장, 상주극장 등 순회지역의 극장에서 이루어졌다. 그러나 강화에서는 예배당에서 하기도 했고, 경기도 광주에서는 연초경작조합 구내에서 했으며, 성진에서는 읍사무소 옥상에서 했다.

또 부안에서는 전매국창고에서, 안동에서는 공립보통학교에서, 장호원에서는 화춘정미소 광장에서, 괴산에서는 읍내 김정렬 씨 집에서, 둔포에서는 동리시장에서, 그리고 장단에서는 역전 집회장에서 했다.

이는 만담의 인기를 말해주는 것이기도 하지만, 대중이 무엇을 좋아하는가를 자연스럽게 알 수 있게 해주는 것이기도 하다. 신불출은 바로 그 점을 누구보다 잘 파악하여 몸으로 실천한 연예인이었다.

순회공연이 뜸해질 무렵, 그러니까 1940년 무렵부터 신불출은 혼자 다니지 않고 일행을 이루었다. 일행은 박천복과 이은관, 그리고 김윤심이었다.

박천복은 박춘재의 제자로 민요에 능했지만 무엇보다 꼽추춤과 「장님타령」, 발탈을 잘해서 재담가로 기억하는 사람이 더 많았다. 기량이 구성지고 절묘해서 깊은 인상을 심어준 예인이었다.

이은관은 서도재담 「배뱅이굿」의 달인이었다. 당시 「배뱅이굿」에는 웃기는 배뱅이굿과 울리는 배뱅이굿이 있었는데, 이은관은 그 특유의 높은 가성으로 때로는 웃기고 때로는 울리면서 「배뱅이굿」을 잘하는 재담꾼으로 정평이 나 있었다.

김윤심은 원래 연극배우였으나 웃기는 역에 기량을 보이면서 신불출의 만담에 매료된 신진만담가였다. 여성으로서 본격적으로 만

신불출 이후 만담 시대의 단
짝들 오른쪽부터 이은관, 박
천복, 장소팔, 김영필.

담을 배우겠다는 의지를 보이며 신불출을 따랐던 보기 드문 희극인
이었다.

이들의 공연은 먼저 김윤심과 두 재담꾼이 분위기를 고조시켜
놓으면 마지막으로 신불출이 등장하여 만담으로 이끌어나가다 마
무리하는 순서로 진행되었다.

이런 진행은 일본의 만담가들이 하는 방식과 같았다. 즉, 일종의
불문율처럼 제자들이 먼지 시두른 기량으로 떠들썩하게 분위기를
잡아놓으면 주인공인 만담가가 나중에 등장하여 청중을 사로잡는
형식이 자리잡고 있었다.

신불출도 아직 신진인 이들을 데리고 다니면서 만담의 전성기를
구가했다. 이는 박천복, 이은관, 김윤심도 대중적인 인기를 얻는 계
기가 되었다. 박천복은 같은 전통 예능인으로 이은관을 알고 있었
으므로 그를 신불출에게 소개했다고 한다. 그런데 박천복이 어떤
경로를 통해 신불출을 만나 함께 공연을 하게 되었는지는 자세히

알려진 바 없다.

중요한 것은 왜 그들이 만담가 신불출과 함께 공연을 했고, 전국을 돌아다니며 청중을 매료시킬 수 있었는가 하는 점이다. 신불출의 후기 순회공연은 이를테면 재담과 함께한 만담공연이었다. 그것도 재담가로 조선 제일이라 했던 박춘재의 제자 박천복을 뽑아 일행으로 삼았다는 것은 그의 만담이 결코 전통재담에서 자유스럽지 못했다는 사실을 말해준다.

청중은 아직 재담에 더 익숙했고, 거기에 신불출의 만담이 더해지자 새로운 맛을 느끼게 된 것이다. 그것은 어쩌면 신불출의 기획의도와 맞아떨어진 것이었을지도 모른다.

레코드사마다 연예인 영입 경쟁

1930년대 후반기가 되면 신불출의 만담이 숱한 화제작을 남기는 한편, 동료 연극인들에게도 활로를 열어주는 계기가 되었다는 것이 역력히 드러난다. 우선 유성기판에 취입한 그의 대화만담 중 비교적 널리 알려진 작품들을 열거해보기로 한다. 괄호 안의 이름은 상대 만담가이다.

「월급날」(윤백단)

「만주의 지붕밑」(윤백단)

「소문만복래」(성광현, 신일선, 나품심)

「창살기도」(신은봉, 김연실)

「요절 춘향전」(성광현)

「선술집과 인생」(차홍녀, 이동호)

「개똥할머니」(김진문)

「홍백타령」(신은봉)

「국수 한 사발」(신은봉)

「곁말 열쇠통」(신은봉)

「괘사 불여귀」(김진문, 신일선)

「곰보타령」(신은봉)

「여쭤라타령」(신은봉)

만담작품은 200여 편이 발표된 것으로 집계된다. 그중 신불출이 쓰고 연기한 작품은 50여 편에 이른다. 나머지는 모두 동료 연극인들의 작품이었다. 동료 연극인들이란 왕평, 이복본, 김종철, 전경희, 석와불, 임서방, 이경설, 김선초, 석금성, 양태명, 이경환 등 한국 연극사에서 이름이 우뚝한 연극인들이다.

한마디로 당시 좀 유명했다 하면 만담 한두 편 취입하지 않은 연극인이 없을 정도였다. 즉, 전옥이니 복혜숙, 신카나리아, 손일평, 심영, 박제행, 황철, 황재경 등도 만담을 취입했던 것이다.

신불출이 의도한 대로 불황의 극계에 만담이 선풍을 일으키자, 상업성을 띠고 자리를 잡은 레코드회사들은 너도나도 취입이 가능한 연극인들을 부추겨 만담 레코드를 만들었다. 당시 대표적인 레코드회사로는 미국계 자본회사인 빅타와 영국계 자본인 콜롬비아, 독일계 자본인 폴리돌, 그리고 일본계 자본으로 오케와 시에론, 태평레코드가 있었다.

이 회사들은 각기 문화계에 영향력을 미칠 수 있는 인사들을 문예부장으로 채용해 연예인을 섭외하게 했다. 월간 「삼천리」(1933년 12월호)에 실린 「6대 회사 레코드전」을 참고로 하여 1933년 말 현재 그들의 면면과 전속연예인을 알아보면 다음과 같다. 괄호 안의 이름이 문예부장이다.

· 빅타 – 이애리수, 강석연, 최남용, 전옥, 강홍식(이기세)

· 콜롬비아 – 채규엽, 김선초, 임현익, 김선영, 최명주(안익조)

· 폴리돌 – 왕수복, 왕평, 김용환, 신일선(왕평)

· 시에론 – 김연실, 나선교, 김영환, 최향화, 남궁선(이서구)

· 태평 – 이난영(민효식)

· 오케 – 신불출, 전춘우, 신은봉, 서상석, 백화성(김능인)

위의 면면을 살펴보면 한눈에도 한국의 초창기 연예계를 이끈 쟁쟁한 인물들이라는 것을 알 수 있다.

이념의 대립 속에
신불출 만담 시대가 저물다

해방 후 신불출이 월북하면서 이른바 신불출 만담시대는 막을 내리게 되었다. 그는 사회적인 문제에 방관하거나 침묵을 지키지 않은 만담가였다.

창씨개명 때에도 일제의 회유가 있자 '에하라노하라'로 개명을 했는데, 그것은 우리말로 풀이하면 '될 대로 되라'는 뜻이었다. 일제 때도 연극 중간에 느닷없이 일제의 무단적인 통치를 비난하는 발언을 해서 경찰에 끌려가 곤혹을 치르기도 했다.

그러던 신불출은 해방이 되자 사회주의 경향을 드러내더니 어느 날 갑자기 월북해 버렸다. 발단은 1946년 6월 11일 명동의 국제극장(일제 때 시공관)에서 있었던 6·10만세운동 기념공연 때 일어났다. 「중외신보」는 그날의 일을 이렇게 보도했다.

육십만세운동 20년 기념행사로 조선 영화동맹과 예술통신사 주최로 시내 명치정 국제극장에서 연예대회가 열렸는데 그 제2일인 11일 저녁 8시 반경 순서가 신불출 씨의 만담에 들어가 만담이 태극기와 미소전쟁에 미치자 돌연 청중석에서 야료가 나오기 시작하여 장내 소연한 중 수명의 청년이 무대 위에로 뛰어올라 신씨를 끌어내려 연타하였는데, 일방 극장책임자를 무대 위에 끌어내어 사죄를 시킨 후 태극기를 내다걸고, 전 청중을 일으키어 경례, 애국가 합창, 묵도를 행하고, 신씨를 끌어올리려 하는 중에 MP의 출현으로 청중은 해산당하고 말았다.

신씨는 얼굴에 중상을 입어 곧 병원에 입원하고, 현장에서 체포된 학생 1명을 포함한 관계자 3명은 본정서에 인치되어 엄중 취조 중이다.

미군정 때였다. 그 한마디로 당시의 혼란상을 짐작할 수 있다. 먼 훗날 황문평은 월간 「예술세계」(1996년 1월호)에 「한국의 코미디언 열전」을 연재했는데, 신불출이 왜 집단구타를 당하게 되었는지에 대해 이렇게 술회했다.

태극기의 사괘는 현재 모스크바 삼상회담에서 결정한 4대 강국 즉 미, 영, 소, 중의 감시 하에 있는 한국인데 중앙의 태극 모양이 상부는 적색이고, 하부는 감색이다. 세월이 흘러 즉 비바람이 불어 태극기가 물에 젖으면 자연스럽게 위에 있는 붉은 색깔이 녹아 흘러서 감색 부분까지 불그스레해지는 것이 자연현상인 것처럼 현재 3·8선으로 남북이 남과 북으로 갈라져 있지만 차차 세월이 가면 남한도 불그스레해진다. 다시 말해 남한도 공산국가가 되는 것이 자연현상이요, 이것이 아무도 거역할 수 없는 우리 민족의 장차 운명을 예측한다고 설파했다.

객석에서는 웅성거렸고, 저 미친놈 잡아라, 하는 소리와 함께 신불출을 잡아 혼쭐을 내야 한다는 소리가 높아졌다. 객석에서 분노한 사람들이 단상으로 뛰어올라갔다.

뜻밖에도 만담은 이념의 대립 속에서 중단되고 말았다. 신불출은 재판에 회부되어 1만 원 벌금 혹은 6개월 징역에 처해졌다. 그 뒤로 그는 활동을 보이지 않다가 1년 후 북한으로 갔으며, 1970년대에 사망한 것으로 보인다.

악극단과 코미디언의 등장

신불출 이후 연예계에는 악극단이 우후죽순처럼 등장했다. 막간을 통해 만담을 파생시킨 취성좌가 끝내 막을 내린 직후 뒤를 이어 태어난 흥행단체가 삼천가극단三川歌劇團이었다. 이는 곧 춤과 노래 등 막간의 연예만을 독립시켜 흥행하려는 목적으로 생긴 최초의 악극단이었다. 이를 주도한 인물은 취성좌 단장 김소랑의 부인 마호정의 친척 권삼천이었다.

악극은 여러 가지 형태로 이루어졌다. 악극의 출현에서부터 인맥, 단체, 작품 등을 『한국악극사』로 처음 정리했던 자가 바노홍은 악극의 정의를 네 가지로 분류했다.

첫째는 흔히 쇼라고 하는 것으로 몇 안 되는 배우가 촌극, 춤, 노래를 하는 형식이다. 둘째는 오페라타처럼 극적인 대화를 노래로 주고받는 형식으로 음악과 무용이 곁들여진다. 셋째는 두 번째 형식과 같지만 무용이 생략되고 삽입곡도 적다. 넷째는 극적인 장면에서 노래로 분위기를 한껏 높이는 형식으로 작곡한 노래가 들어가기도 하지만 기존의 노래를 편곡하거나 번안하기도 한다.

알고 보면 약간의 차이가 있을 뿐 형식은 비슷한데, 한 가지 공통점이 있다. 어느 경우든 코미디가 빠지지 않는다는 점이다. 극이나 음악, 춤에 비해 비중은 약했지만 코미디가 양념처럼 반드시 들어가야 악극으로서의 면모를 이루었다. 그러다 보니 전문배우가 없이 웃기는 일에 능하면 누구나 잠깐씩 코미디를 했다. 어떨 때는 가수가 웃기는 역을 했고, 어떨 때는 무용수가 나오기도 했다.

그러나 빅타가극단, 콜롬비아가극단을 비롯해서 배구자가극단, 소녀가극단 등이 생기면서 코미디의 비중은 점차 높아졌고, 전문연기자들이 참여하기 시작했다. 이종철, 박옥초, 이복본, 임생원, 전방일, 윤부길, 이성민, 태을민 등이 이때 두각을 나타내며 코미디의 질을 높였다. 만담 부분에서 살펴보았듯이 이들은 대부분 만담 취입이나 공연 경력이 있는 사람들이었다. 신불출만 보이지 않았을 뿐이다.

해방이 되자 악극단은 그야말로 우후죽순처럼 생겨났다. 조선악극단, 반도가극단, 나미라가극단, 백조악극단, 부길부길쇼, 삼천리악극단 등 한국전쟁이 발발하기 직전까지 서울에서만 30여 악극단이 활동했다. 한쪽에서 문을 닫으면 다른 쪽에서 이름을 바꾸어 다시 등장하곤 했다.

당시 코미디 혹은 코미디언이라는 말은 별 거리낌 없이 사용되었다. 그것은 악극을 말할 때는 으레 따라다니는 용어이기도 했다.

이때 태평양가극단에서 한 코미디언이 탄생했다. 코미디 전담배우인 김대봉이 갑자기 펑크를 내자 아코디언을 연주하던 사람이 대타로 출연하여 일약 연기력을 인정받은 것이다. 그가 바로 구봉서였다.

반도가극단에서도 한 코미디언이 탄생했다. 노인역을 맡은 배우

무궁화악극단 코미디 왼쪽부터 이종철, 권덕성, 양훈.

인데, 희극을 맡은 김대봉이 연락도 없이 나오지 않자 대신 출연한
것이 코미디언이 되는 계기가 되었다. 그가 바로 김희갑이었다.

한국전쟁 이후 악극은 시들해지고 그 대신 코미디영화가 붐을
이루었다. '뚱뚱이와 홀쭉이'라는 닉네임으로 더 잘 알려진 양훈,
양석천은 이 무렵의 대표적인 코미디언이었다.

당시 유랑극단은 대부분 악극단이었다. 그리고 이때 춘천에서
여관비가 없어 발이 묶인 민협民協이라는 악극단을 통해 또 한 사람
의 코미디언이 탄생했다. 어머니 쌈짓돈을 훔쳐 여관비를 대신 갚
아주고 악극단을 따라나선 배창순이었다. 단원들은 그에게 '삼룡'
이라는 예명을 붙여주었다.

서울악극단에서도 한 코미디언이 탄생했다. 구봉서 흉내내기가
장기였던 서영춘이었다. 구봉서는 서영춘을 가리켜 그야말로 만년
필로 썼다가 이쑤시개로 썼다가 해도 될 만큼 여러 가지 역할을 잘

소화해내는 코미디언이라고 평한 적이 있다.

한국의 코미디는 바로 이들로 인해 막이 올랐다.

한편 1950년대 중반부터는 만담이 다시 부활하기 시작했다. 김윤심 혼자 만담을 이어오던 중 라디오에서 민요를 내보내면서 사이사이에 만담을 곁들인 것이 반응이 좋자 부활이라는 말이 어울릴 만큼 만담을 자주 다루었다. '민요만담'이라는 용어가 이때 생겼다.

주무대는 국영방송 KBS 라디오였고, 장소팔·김영운·백금녀·고백화·고춘자 등 악극단에서 기량을 닦아온 만담가들이 주축을 이루었다. 그들의 만담 속에는 이따금 신불출 시대의 만담이 들어갈 때도 있었다.

김희갑, 구봉서, 배삼룡, 서영춘은 천부적인 자질을 유감없이 발휘하며 이후 등장하는 텔레비전 화면을 장악하다시피 했다. 그 바람에 만담은 차츰 시대의 뒤안길로 사라졌다.

만담가 장소팔은 그런 변화를 바라보며 "재담의 아들은 만담이요, 만담의 아들은 코미디"라고 했다.

신문

「대한매일신보」(1904~1910), 「독립신문」(1896~1899), 「동아일보」(1920~1935), 「만세보」(1906~1907), 「매일신보」(1910~1920), 「조선일보」(1922~1932), 「조선중앙일보」(1933~1936), 「황성신문」(1898~1910)

잡지

- ·「개벽」, 추醜로 본 경성, 미美로 본 경성, 1924. 6.
- ·———, 형형색색의 경성 첩마굴 가경가증할 유산급의 형태, 1924. 7.
- ·———, 서경야화, 1924. 9.
- ·———, 군산잡화群山雜話, 1926. 6.
- ·———, 대경성의 특수촌, 1929. 10.
- ·「객석」, 고음반 수집 야화, 1989. 7.~1989. 12.
- ·「국악계」, 민족예술의 전용극장 원각사가 개관되기까지, 1959. 7.
- ·「동광」, 기생철폐론(한청산), 1931. 12.
- ·「문화재」, 평양기생의 특이성(이홍근), 1971. 12.
- ·「문화재」, 기생제도에 관한 사적 고찰(이응봉), 1972. 9.
- ·———, 민요 70년의 발자취-추교신 직계를 중심으로(이창배), 1973. 1.
- ·———, 발탈 연희고(심우성), 1979. 제12호.
- ·「별건곤」, 활동사진 이야기, 1926. 12.
- ·———, 기생으로 본 십년 조선(김화중선), 1930. 1.
- ·———, 요리업자로 본 십년 조선(안순환), 1930. 1.
- ·「비판」, 경성 북촌 극장가 성쇠기, 1938. 10.
- ·「뿌리깊은나무」, 왈짜타령, 1976. 5.
- ·———, 김초향 취재기, 1977. 3.
- ·「사해공론」, 오케레코드 취입 예술가 실연의 밤을 구경하고, 1935. 6.

· 「사해공론」, 경성 화류계는 여하, 1937. 8.

· 「삼천리」, 서도 일색이 모인 평양기생학교, 1930. 7.

· ──────, 춤 잘추는 서도 기생, 소리 잘하는 남도 기생, 1931. 9.

· ──────, 동경 명월관의 번창, 1932. 2.

· ──────, 방송야화, 1934. 11.

· ──────, 평양기생학교 구경, 1934. 5.

· ──────, 예술상으로 본 옛 기생, 지금 기생(윤백남), 1935. 10.

· ──────, 선우일선 인터뷰기(왕수복), 1935. 6.

· ──────, 서도 미인과 영남 미인(윤백남), 1935. 6.

· ──────, 권번 유예遊藝담당자, 1936. 6.

· ──────, 명기영화사名妓榮華史-조선권번, 1936. 6.

· ──────, 명기영화사名妓榮華史-한성권번, 1936. 8.

· ──────, 서울 장안 조선인 요정 20년기, 1936. 8.

· ──────, 조선, 한성, 종로, 삼 권번 기생예도개평, 1936. 8.

· ──────, 평양 출신 기생 가수, 1936. 8.

· 「야담과 실화」, 흥부가의 일인자 명창 송만갑, 1965. 2.

· 「예술세계」, 한국 코미디언 열전(황문평), 1996. 1.~1996. 5.

· 「장한長恨」, 1927. 1. 창간호.

· 「조광」, 없어진 민속-사당패, 1936. 8.

· ──────, 유일한 고가古歌의 권위, 하규일 옹의 장서長逝(함화진), 1937. 7.

· ──────, 조선 광대의 사적 발달과 및 그 가치, 1938. 5.

· ──────, 경성 명기점고, 1940. 9.

· 「춘추」, 가곡의 제문제-한성준·이동백 대담, 1941. 3.

· 「한국연극」, 한국악극사(박노홍), 1978. 6.~1978. 10.

단행본

· 고설봉, 『이야기 근대연극사』, 창작마을, 2000.

· 국립문화재연구소, 『발탈』, 국립문화재연구소, 2004.

· 김진향, 『선가善歌 하규일河圭— 선생 약전』, 예음출판사, 1993.

· 노동은,『한국근대음악사1』, 한길사, 1995.

· 대한민국예술원,『한국예술사총서』, 제4권「무용사편」, 1985.

· 문예진흥원,『문예총감』(1976) 중 이보형·한만영,「잡가(좌창), 입창, 민요」

· 박진,『세세년년歲歲年年』, 경화출판사, 1966.

· 박찬호,『한국가요사』, 현암사, 1992.

· 박황,『창극사연구』, 백록출판사, 1976.

· 반재식,『만담백년사』, 만담보존회, 1997.

· 서울시사편찬위원회,『서울육백년사(1~5)』, 1977~1983.

· ─────────────,『한강사』, 1985.

· 신구출판사,『신문화백년』, 신구출판사, 1973.

· 신찬균,『민속의 고향』, 진문출판사, 1978.

· 신현균,『평양기생 왕수복: 10대가수 여왕되다』, 경덕출판사, 2006.

· 안종화,『신극사 이야기』, 진문사, 1955.

· 안종화,『한국영화측면비사』, 춘추각, 1962.

· 유민영,『한국극장사』, 한길사, 1982.

· 윤광봉,『유랑예인과 꼭두각시 놀음』, 밀알, 1994.

· 이노형,『한국 전통대중가요의 연구』, 울산대출판부, 1994.

· 이두현,『한국신극사연구』, 서울대학교출판부, 1968.

· 이서구,『세시기歲時記』, 배영사, 1969.

· 이유선,『한국 양악 80년사』, 중앙대학교출판국, 1968.

· 이창배,『가요집성』 프린트본, 1955.

· ─────,『한국가창대계』, 홍인문화사, 1976.

· 정노식,『조선창극사』, 형일출판사, 1974.

· 정재호,『한국잡가전집 1~4』, 한국인문과학원, 1998.

· 조선연구회,『조선미인보감』, 신구서림, 1918.

· 중앙일보,『남기고 싶은 이야기들』, 1973.

· 최남선,『육당 최남선 전집』, 현암사, 1974.

· 최영년,『해동죽지海東竹枝』, 1925.

· 한국고음반연구회,『명인명창선집(제9집)』 경기명창 박춘재

· 한국고음반연구회, 『유성기음반 가사집』 1~4, 민속원, 1999.
· 한국방송공사, 『한국방송사』, 1977.
· ————, 『한국방송 60년사』, 1987.
· 한국예술종합학교 예술원, 『조선 후기 문집의 음악 사료』, 2000.
· 함화진, 『한국음악소사소고』, 민속원, 1943.
· 황용주, 『경서도창악대계』, 선소리 산타령 보존회, 1992.

학술논문

· 고석규, 「18, 19세기 서울의 왈짜와 상업문화」, 『서울학연구』, 제13호.
· 권도희, 「서도 음악인의 남진 한계」, 『한국음악연구』, 제28집, 2000.
· 김성혜, 「조선일보의 국악기사」(1)(2), 『한국음악사학보』, 제9집, 1993, 1994.
· 김종욱, 「선문鮮文 경성편람(1915년)의 소개」, 『향토서울』, 제46호, 1988.
· 김종철, 「무숙이타령(왈자타령) 연구」, 『한국학보』, 제68집, 일지사, 1992.
· 성경린, 「서울의 속가」, 『향토서울』, 제2호, 1958.
· 손태도, 「경기명창 박춘재론」, 『한국음반학』, 제7호, 1997.
· 송방송, 「매일신보 음악기사 색인」, 『한국음악사학보』, 제9집, 1982.
· 유민영, 「일제의 병탄과 전통연희」, 『국립국악원 논문집』, 제6집, 1994.
· 이노형, 「잡가의 유형과 그 담당층에 대한 연구」, 서울대 석사논문.
· 이문규, 「조선 후기 서울 시정인의 생활상과 새로운 지향의식」, 『서울학연
　　　　　구』, 제5호, 1995.
· 이병기, 「한양가에 나타난 서울의 모습」, 『향토서울』, 창간호, 1957.
· 이보형, 「박팔괘의 생애와 예술」, 『한국음악사학보』, 제20집, 1998.
· 이수정, 「동아일보의 국악기사」(1)(2), 『한국음악사학보』, 제13·14집,
　　　　　1994, 1995
· 조동일, 「발탈 조사보고서」, 『한국민속학보』, 제6호, 1995.
· 조두순, 「경복궁영건가」, 『한국학보』, 제38집, 1985.
· 최상수, 「배뱅이굿(김성님 창본)」, 『한국민속학보』, 제1·2호, 1956.